KiWi
PAPERBACK
912

Über das Buch:

Nach dem völkerrechtswidrigen Krieg gegen den Irak hat die Bush-Administration Syrien, Iran, Nordkorea und andere »Tyrannen- und Terrorstaaten« ins Visier genommen. In diesen Ländern sollen die Entwicklung von Massenvernichtungswaffen verhindert, Freiheit, Demokratie und Menschenrechte gefördert und damit dem Terrorismus der Nährboden entzogen werden. Doch die Androhung und Vorbereitung von Militärschlägen sind ungeeignete, ja kontraproduktive Mittel, um diese Ziele zu erreichen. Tatsächlich geht es der Bush-Administration in erster Linie darum, im zu Ende gehenden Ölzeitalter den Einfluss und die Machtpositionen der USA in der (noch) ölreichsten Weltregion Mittlerer Osten/Zentralasien zu festigen und auszubauen. Und dies in immer schärferer Konkurrenz zu Europa, China und Russland, die ihrerseits zunehmend auf die Entwicklung militärischer Gegengewichte zu den USA setzen. Sind (Welt-)Kriege um Öl noch vermeidbar? Gibt es noch Chancen für den friedlichen Ausgleich von Interessen und die gemeinsame Bewältigung der globalen Probleme im Rahmen der UNO? Diese Fragen beantwortet Andreas Zumach in seinem hochbrisanten neuen Buch.

Über den Autor:

Andreas Zumach, Jahrgang 1954, ist internationaler Korrespondent der Berliner *tageszeitung* und weiterer Zeitungen und Rundfunksender bei der UNO in Genf. In den achtziger Jahren war er Sprecher des bundesweiten Koordinierungsausschusses der Friedensbewegung. Andreas Zumach verfolgt die Entwicklung des Völkerrechts und der internationalen Organisationen seit mehr als 17 Jahren und ist bekannt für seine kenntnisreichen Hintergrundberichte und Analysen. 1997 erschien sein Buch »Vereinte Nationen« und 2003 der gemeinsam mit Hans von Sponeck verfasste Titel »Irak – Chronik eines gewollten Krieges«.

Andreas Zumach

Die kommenden Kriege

Ressourcen, Menschenrechte, Machtgewinn –
Präventivkrieg als Dauerzustand?

Kiepenheuer & Witsch

Meinem Vater

1. Auflage

Umschlaggestaltung: Barbara Thoben, Köln
Umschlagfoto: © zefa/masterfile/Miguel Salmeron
Gesetzt aus der Minion und Frutiger
Satz: Greiner & Reichel, Köln
Druck und Bindearbeiten: Clausen & Bosse, Leck
ISBN 3-462-03641-6

Inhalt

Vorwort

Irak: der letzte Krieg und seine Folgen

Die Kriegslüge Massenvernichtungswaffen 17
Nachkriegsmanipulationen 22
Kriegslüge Terrorismusunterstützung 26
Die Fehler und Defizite der Kriegsgegner 28
Verheerende Kriegsbilanz 29

Taugt die UNO-Charta nur noch für Sonntagsreden?

Irakkrieg: der bislang schwerste Anschlag auf das Völkerrecht 33
Kosovokrieg: der erste Sündenfall 34
11. September als gravierender Einschnitt 40
Der Missbrauch des Menschenrechtsarguments zur selektiven »humanitären Intervention« 46
Quadratur des Kreises: Kofi Annans Reformvorschläge zur Anwendung militärischer Gewalt 50
»Verantwortung zum Schutz« notfalls durch militärische Intervention 55

Die kommenden Kriege

»Erfolgreiche« Präzedenzfälle und transatlantische Gemeinsamkeiten 61
Verengte Bedrohungswahrnehmung und militarisierte Antworten 63

One down, two to go – von den »Schurkenstaaten« zur »Achse des Bösen« ... 66
Iran – von erheblicher geostrategischer Bedeutung für die USA und für Europa ... 71
Der Streit um Teherans Atomprogramm ... 72
Wollen die Mullahs die Atombombe? Iran und der Atomwaffensperrvertrag ... 75
Die Sackgasse des EU-Verhandlungsansatzes mit dem Iran ... 79
Sind Militärschläge gegen iranische Atomanlagen die einzige verbleibende Option? ... 82
Szenarien für einen Krieg gegen den Iran ... 84
Nordkorea – was plant »der Irre mit der Bombe«? ... 90
Krieg gegen Nordkorea – Hirngespinst oder realistische Option? ... 96
Schnell, mobil und tödlich – der gesicherte Zugang zu weltweiten Energieressourcen als Ziel der US-Militärstrategie ... 100
Hindernisse für weitere Kriege der USA ... 111

Das Ende des Ölzeitalters

Der Rohstoff Öl erlangt strategische Bedeutung ... 115
Das Ende der Illusionen von den unerschöpflichen Öl-Ressourcen ... 122
2,50 Euro für den Liter Benzin werden schon bald Realität ... 128
Die EU bereitet sich auf Kriege um Ressourcen vor ... 132

Europa und die USA: »Clash of Civilisations« oder gemeinsame historische Verantwortung?

Die Illusion vom transatlantischen Schulterschluss nach dem 11. September ... 139
Das Propagandamärchen vom amerikanischen Mars und der europäischen Venus ... 144

Kritik aus Europa an der US-Politik ist notwendig, aber nicht hinreichend 148

Präventivkrieg als Dauerzustand?
Wie sinnvoll ist das Konzept einer multipolaren Machtbalance? 155
Emanzipation von den USA durch Militarisierung – der Irrweg der EU 157
Plädoyer für eine strategische Koalition der willigen Multilateralisten 164

Anhang

»Wir dürfen unsere Feinde nicht zuerst zuschlagen lassen«
Die USA schreiben die Militärdoktrin der Präventivschläge klarer denn je fest und relativieren die Abschreckungsstrategie 171

Die Energieversorgung der Großmächte in den kommenden 25 Jahren: mögliche Auswirkungen auf die Geopolitik
Von Walter Haffner 189

»In größerer Freiheit: auf dem Weg zu Entwicklung, Sicherheit und Menschenrechten für alle«
Auszug aus dem Reformbericht von UNO-Generalsekretär Kofi Annan an die Generalversammlung vom 21. März 2005 213

»Eine sichere Welt: unsere gemeinsame Verantwortung«
Auszüge aus dem Bericht der von UNO-Generalsekretär Kofi Annan eingesetzten hochrangigen internationalen Expertengruppe (»High Panel«) zu globalen Bedrohungen, Herausforderungen und Wandel; vorgelegt am 2. Dezember 2004 215

Vorwort

Ende Juni 2005, als diese Zeilen geschrieben wurden, jährte sich der 60. Gründungstag der UNO. Das Ereignis blieb weitgehend unbeachtet von der Öffentlichkeit. Weit mehr Aufmerksamkeit als die gemischte Bilanz und die unsichere Zukunft der reformbedürftigen Weltorganisation fanden in jenen Tagen zwei Nachrichten, bei denen es direkt oder indirekt um Öl ging: Der Weltmarktpreis für ein Barrel (159 Liter) des wichtigsten fossilen Energierohstoffs überschritt erstmals seit Beginn seiner kommerziellen Nutzung vor knapp 150 Jahren die Marke von 60 US-Dollar. Zugleich erreichte der Preis für den Liter Benzin an deutschen Tankstellen die Rekordhöhe von 1,25 Euro – und damit bereits die Hälfte des Betrages, den die bundesdeutschen Grünen in ihrem »5-Mark«-Beschluss auf dem Magdeburger Parteitag im März 1998 zur notwendigen Voraussetzung für eine ökologische Energiewende erklärt hatten. Ein hellsichtiger, richtungweisender Beschluss, den die Grünen angesichts des empörten Aufschreis aller anderen Parteien und fast sämtlicher Medien in der deutschen Autofahrerrepublik damals allerdings sofort wieder kassierten.

Seitdem haben sich die Verteilungskämpfe um die immer knapper werdenden Ressourcen Öl und Gas erheblich zugespitzt und bestimmen zunehmend die internationale Politik. Hinter dem völkerrechtswidrigen Irakkrieg vom Frühjahr 2003 stand in erster Linie das Interesse der USA (in absoluten Zahlen wie pro Kopf ihrer Bevölkerung mit weitem Abstand der größte Konsument fossiler Energien unter den 191 Staaten dieser Erde) an den Ölreserven des Irak und seiner Nachbarländer.

Der angloamerikanische Präventivkrieg gegen den Irak war der bislang schwerste Anschlag gegen das Völkerrecht seit Gründung der UNO. Er wurde geführt auf Basis einer neuen amerikanischen Militärstrategie. Diese reklamiert das »Recht« der USA zu vorbeugenden militärischen Angriffen selbst mit Atomwaffen gegen Staaten, die Washington der Verbreitung von Massenvernichtungswaffen oder der Unterstützung von Terroristen verdächtig. Mit dem Irakkrieg wurde die Erosion der UNO-Charta, die seit dem als »humanitäre Intervention« gerechtfertigten Luftkrieg der NATO von 1999 zu beobachten ist, weiter vorangetrieben.

China mit seinen 1,3 Milliarden Einwohnern und einer seit Jahren um zweistellige Prozentzahlen wachsenden Volkswirtschaft hat seinen Ölbedarf allein zwischen 2000 und 2003 verdoppelt und ist seitdem beim Ölkonsum die Nummer zwei hinter den USA. Im Juni 2005 meldete China sein Interesse an, den größten amerikanischen Ölkonzern Unocal zu kaufen, der insbesondere an der Ausbeutung der Ölvorkommen in Zentralasien beteiligt ist.

Weil China und Russland ihre führende Rolle bei der Ausbeutung der sudanesischen Ölfelder nicht gefährden wollten, blockierten beide Länder im UNO-Sicherheitsrat alle Maßnahmen zugunsten der Flüchtlinge und Vertriebenen in der westsudanesischen Region Darfur, die tatsächlich Druck auf die Regierung in Khartum ausgeübt hätten.

Nicht nur in Washington, auch in der EU-Hauptstadt Brüssel, in Peking oder Moskau wird die Sicherung der eigenen Energieversorgung immer deutlicher als Begründung für künftige militärische Interventionen im Ausland und für die Schaffung der dazu notwendigen militärischen Kapazitäten und Fähigkeiten angeführt. Zugleich sprechen europäische Außen- und Sicherheitspolitiker immer häufiger von der künftigen »weltpolitischen Rolle« der EU und betonen die Notwendigkeit eigenständiger militärischer Kapazitäten und Fähigkeiten – unabhängig von oder gar in

Konkurrenz zu jenen der USA. Auch in Peking und Moskau stoßen Vorstellungen einer nicht nur politischen und wirtschaftlichen, sondern auch militärischen Gegenmachtbildung zu den USA zunehmend auf Unterstützung.

Noch mehr als die Aufwärtsentwicklung der Öl- und Benzinpreise sorgten Ende Juni 2005 die Nachrichten aus Teheran für Aufregung – insbesondere im Westen: Die Einwohner des Iran, des Landes mit den drittgrößten Ölreserven der Welt (nach Saudi-Arabien und dem Irak) und den zweitgrößten Gasvorräten (nach Russland), wählten den islamischen Hardliner Machmud Achmadinedschad mit großer Mehrheit zu ihrem neuen Präsidenten. Zumindest die westlichen Beobachter hatten hingegen fest mit der Wahl des als »Pragmatiker« geltenden Ex-Präsidenten Ali Akbar Haschemi Rafsandschani gerechnet. Infolge des Wahlergebnisses wurde eine weitere Verschlechterung des seit Jahrzehnten schwer belasteten Verhältnisses zwischen dem Iran und den USA befürchtet.

Bereits im Januar 2002 hatte US-Präsident George Bush Iran gemeinsam mit Irak und Nordkorea zur »Achse des Bösen« in der Welt erklärt. In der Folge drohte Washington mehrfach unverhüllt mit militärischen Maßnahmen gegen Teheran. Der neue iranische Präsident Achmadinedschad kündigte unmittelbar nach seiner Wahl an, er werde sich nicht um die Verbesserung der Beziehungen zum »großen Satan USA« bemühen und auch das von Washington kritisierte Atomprogramm uneingeschränkt fortsetzen. Nach offizieller Darstellung will Teheran mit diesem Programm ausschließlich atomare Energie gewinnen, um die Öl- und Gasvorräte des Landes zu strecken. Die USA und Israel geben sich hingegen davon überzeugt, dass der Iran heimlich Atomwaffen entwickelt.

»Der Krieg der USA gegen den Iran hat bereits begonnen«, schrieb nur wenige Tage vor der iranischen Präsidentenwahl Scott Ritter, der ehemalige führende US-amerikanische Waffeninspekteur im Irak, dem westlichen Nachbarland des Iran. Ritter zufolge führte die einst von Saddam Husseins Geheimdienst ausgebildete und kontrollierte iranische Oppositionsgruppe Mudschahedin el Khaly im Auftrag des amerikanischen Geheimdienstes CIA Anschläge im Iran durch, die das Land destabilisieren und zu einem Sturz der Teheraner Regierung führen sollten.

Doch trotz aller schlechten Nachrichten: Die Eskalation der verschärften Verteilungskämpfe um Öl und andere Ressourcen zu militärischen Auseinandersetzungen – durchaus denkbar in einigen Jahrzehnten sogar zwischen Europa und den USA – ist zwar möglich, aber keineswegs ein unabwendbares Schicksal. Ob die ökologische Wende hin zu nachhaltigen Energien rechtzeitig, auf internationaler Ebene und in ausreichendem Umfang stattfindet, um die Verteilungskämpfe um die immer knapperen fossilen Energien zu entschärfen und die ökologischen Folgeschäden ihrer Verbrennung (wie die Erwärmung des globalen Klimas) zumindest zu begrenzen – das alles ist keine Frage der technologischen Machbarkeit, sondern ausschließlich des politischen Willens.

Ob die wichtigen Weichenstellungen in diese Richtung, die die wirtschaftsstarke Mittelmacht Deutschland seit 1998 unter der rot-grünen Regierung vorgenommen hat (u. a. mit dem Gesetz über erneuerbare Energien, der Ökosteuer, dem Solardächer-Programm und dem Ausstieg aus der Atomenergie), unter der neuen Bundesregierung beibehalten werden oder nicht, ist dabei durchaus von großer internationaler Relevanz.

Ähnliches wie für die Machbarkeit einer ökologischen Energiewende gilt auch für die Möglichkeit einer Deeskalation und einer politischen Lösung des Konflikts um das iranische Atomprogramm sowie anderer Konflikte, die derzeit scheinbar unausweichlich auf kriegerische Auseinandersetzungen zusteuern. UNO-Generalsekretär Kofi Annan hat im März 2005 eine präzise Analyse der wichtigsten globalen Herausforderungen vorgelegt sowie konkrete Vorschläge, wie diesen Herausforderungen begegnet werden könnte: nicht durch Krieg und militärische Machtkonkurrenz, sondern allein durch deutlich verbesserte kooperative Maßnahmen im Rahmen einer durch Reformen gestärkten UNO.

Es liegt an den Bürgerinnen und Bürgern der 191 UNO-Mitgliedsstaaten, ob diese Vorschläge umgesetzt werden.

Andreas Zumach *Genf, 26. Juni 2005*

1 Irak: der letzte Krieg und seine Folgen

Die Kriegslüge Massenvernichtungswaffen

Selten hat eine politische Lügenkampagne so lange und so intensiv die internationale Diskussion beherrscht wie die Behauptungen der Regierungen in Washington und London von der Existenz irakischer Massenvernichtungswaffen (MVW) und der angeblich davon ausgehenden »unmittelbaren Bedrohung«. Seit Sommer 2002 gehörten diese Behauptungen ein gutes Jahr lang zu den zehn Spitzenthemen der Berichterstattung und Kommentierung in den internationalen Medien. Inzwischen sind sie eindeutig und öffentlich widerlegt und als gezielte Lügen entlarvt. Auch die USA konnten nach Ende des Irakkrieges in über einjähriger intensiver Suche keine Beweise für die Behauptungen finden, mit denen die Regierungen Bush und Blair ihren völkerrechtswidrigen Krieg zu rechtfertigen gesucht hatten.

Nachdem Präsident Bush am 1. Mai 2003 das siegreiche Ende des Krieges verkündet hatte, durchsuchten rund 1.400 US-Rüstungsinspekteure systematisch das gesamte Territorium des Irak und verhörten Hunderte ehemaliger Regierungsmitglieder, Wissenschaftler, Offiziere und Beschäftigte der Rüstungsindustrie zum Thema verbotener Waffen(-programme). Der erste Leiter der US-Rüstungsinspekteure, David Kay, der vor dem Krieg bereits das ranghöchste US-Mitglied in der UNO-Waffenkontrollmission (UNMOVIK) war, trat im Januar 2004 mit der Feststellung von seinem Posten zurück, es gebe im Irak weder Massenvernichtungswaffen noch Produktionsanlagen für derartige Waffen. »Wir haben fast alle falsch gelegen, und ich schließe mich dabei mit ein«, erklärte Kay Ende Januar 2003 vor einem Untersuchungsausschuss des US-Senats.

Kays Nachfolger auf dem Posten des Leiters der US-Rüstungsinspekteure, der ehemalige CIA-Mitarbeiter Charles Duelfer, musste in seinem Abschlussbericht vom Oktober 2004 einräumen, dass das Regime von Saddam Hussein vor Beginn des angloamerikanischen Irakkrieges vom März 2003 nicht im Besitz von Massenvernichtungswaffen und Langstreckenraketen gewesen ist. Auch existierten keine Programme zur Herstellung derartiger Waffen, hält der Duelfer-Bericht fest; Irak hat seine »illegalen Waffenkapazitäten bereits Ende 1991 grundlegend zerstört«.

Genau dieses hatte bereits am 7. August 1995 der damalige Rüstungsminister des Irak, Hussein Kamal, ein Schwiegersohn Saddam Husseins, nach seiner Flucht in die jordanische Hauptstadt Amman ausgesagt. Kamal (der nach der Rückkehr in seine Heimat von Killern des Regimes ermordet wurde) machte diese Aussagen in einem Verhör durch die drei führenden Waffeninspekteure der damaligen UNO-Sonderkommission im Irak (UNSCOM). Das Protokoll dieses Verhörs wurde von der UNSCOM innerhalb weniger Tage an die CIA und an den britischen Auslandsgeheimdienst MI6 weitergeleitet. Die beiden Geheimdienste verhörten Kamal daraufhin ebenfalls – womit dessen Aussagen seit Spätsommer 1995 auch den Regierungen in Washington und London bekannt waren. Ansonsten blieb das Protokoll allerdings geheim, bis es im Februar 2003 von der Berliner *tageszeitung* veröffentlicht wurde.

Laut Duelfers Bericht zerstörte der Irak seine letzte Fabrik zur Herstellung verbotener Waffen – eine geheime Anlage zur Produktion biologischer Massenvernichtungsmittel – im Jahre 1996. Duelfers Erkenntnisse für die Zeit vom zweiten Golfkrieg im

Frühjahr 1991 bis zum Abzug der UNSCOM Ende 1998 sind bereits sämtlich in den Anfang 1999 erstellten Abschlussberichten der UNSCOM sowie der Internationalen Atomenergieorganisation (IAEO) enthalten. Doch diese Berichte sind auf Grund einer Entscheidung der fünf ständigen Mitglieder des UNO-Sicherheitsrates (USA, Großbritannien, Frankreich, Russland und China) unter Verschluss – bis heute. Für diese Geheimhaltung hat sich auch die deutsche Bundesregierung seit 1991 mehrfach eingesetzt.

Die offizielle Begründung der New Yorker UNO-Zentrale für dieses Vorgehen: Die Rüstungsinspekteure der UNSCOM und der IAEO seien bei der Aufspürung verbotener Waffen(-programme) im Irak auf die Kooperation der zahlreichen Firmen angewiesen, die bis 1991 und zum Teil noch danach Waffen sowie militärisch nutzbare Produkte, Maschinen und Know-how für die Aufrüstung mit atomaren, chemischen und biologischen Massenvernichtungsmitteln an den Irak geliefert hatten. Die Namen dieser Firmen sowie die Tricks, mit denen sie versucht haben, ihre Geschäfte mit dem Regime in Bagdad zu verheimlichen oder als harmlos erscheinen zu lassen, sind in den Berichten der UNSCOM und der IAEO (in die der Autor vollständigen Einblick hatte) im Detail dokumentiert.

Die wichtigsten und umfangreichsten Lieferungen für die Aufrüstung des Regimes von Saddam Hussein mit atomaren, chemischen und biologischen Massenvernichtungsmitteln sowie mit Raketen und anderen konventionellen Waffen kamen aus Deutschland sowie aus den fünf ständigen Mitgliedsstaaten des UNO-Sicherheitsrates. In den allermeisten Fällen waren diese Lieferungen ein klarer Verstoß gegen internationale Verbotsabkommen und/oder gegen nationale Exportbestimmungen. Dennoch erfolgten diese Lieferungen häufig mit Wissen, Duldung oder gar Unterstützung der Regierungen in Bonn, Washington, London, Paris, Moskau und Peking. Das ist ganz offensichtlich der Grund dafür, dass die Abschlussberichte der UNSCOM und der IAEO von Anfang 1999 auch heute noch unter Verschluss gehalten werden.

Für die inspektionsfreie Zeitspanne nach Abzug der Rüstungskontrolleure von UNSCOM und IAEO aus dem Irak Ende 1998 bis zur Stationierung der »UNO-Überwachungs-, Inspektions- und Kontrollmission« (UNMOVIK) im November 2002 konzentriert sich Duelfers Bericht auf »potenzielle Brüche« der Rüstungsverbotssanktion der UNO durch ausländische Unternehmen, Regierungen und Privatpersonen. Im Detail und jeweils mit Klarnamen werden Firmen oder Personen aus Russland, Frankreich, China, Nordkorea, Polen, Rumänien, der Ukraine, Belorussland, Syrien und Jordanien benannt, die den Irak »vermutlich« bei der Beschaffung von Waffen oder militärisch nutzbarer Technologie unterstützt oder zumindest entsprechende »Angebote« an Bagdad gemacht haben. In diesem Zusammenhang taucht auch – allerdings ohne Namen – ein deutsches Unternehmen auf.

Duelfer unterschlägt in diesem Kapitel seines Berichts allerdings die US-Firmen, die mutmaßlich oder gar nachweislich zwischen 1998 und 2002 an Sanktionsbrüchen beteiligt waren. Diese Firmen und ihre illegalen Aktivitäten sind jedoch in dem knapp 12.000-seitigen Waffenbericht enthalten, den das Regime von Saddam Hussein dem UNO-Sicherheitsrat auf dessen Verlangen im Dezember 2002 vorlegte. Auf allein 9.000 Seiten beschreibt der Bericht aus Bagdad detailliert die Aufrüstung des Irak durch ausländische Firmen und Regierungen seit 1979. In diesem Jahr, in dem eine islamische Revolution die vom Westen unterstützte Diktatur des Schahs von Persien stürzte, wurde der Irak unter Saddam Hussein im Mittleren Osten zum wichtigsten Bündnispartner und Öllieferanten des Westens wie auch der Sowjetunion. Für die Jahre 1979 bis Ende 1998 decken sich die Angaben in dem Waffenbericht aus Bagdad mit den Erkenntnissen in den Abschlussberichten von UNSCOM und IAEO.

Nachdem der irakische Waffenbericht am 8. Dezember 2002 in New York eingetroffen war, wurde er allerdings gleich von US-

Diplomaten beschlagnahmt und zensiert. Lediglich die anderen vier ständigen Mitglieder des Rates erhielten von Washington eine vollständige Kopie. Die damaligen zehn nichtständigen Ratsmitglieder (sowie Deutschland und die anderen vier Staaten, die dem Rat am 1. Januar 2003 für zwei Jahre als nichtständige Mitglieder beitraten) mussten mit einer stark bereinigten Fassung vorlieb nehmen. Darin fehlen die 9.000 Seiten mit den Informationen über die ausländische Unterstützung für das Rüstungsprogramm des Irak. Dieser Zensurvorgang ist in der 60-jährigen Geschichte der UNO einmalig.

Dem Autor dieses Buches liegen die zensierten 9.000 Seiten vor. Daraus veröffentliche die *tageszeitung* Mitte Dezember 2002 wesentliche Auszüge mit den Namen zahlreicher deutscher und anderer ausländischer Lieferfirmen. Darauf kündigte Bundesaußenminister Joseph Fischer in einem Fernsehinterview an, dass Deutschland »von seinen Verbündeten umfassend über den gesamten Text des irakischen Waffenberichts informiert« werde. Das ist jedoch bis heute nicht geschehen. Auch über zwei Jahre nach dem offiziellen Ende des Irakkrieges halten die USA und die anderen vier ständigen Mitglieder des Sicherheitsrates die 9.000 Seiten des Berichts unter Verschluss.

Geheimdienstfehler oder gezielte Regierungslügen?

Unter dem Druck der anhaltenden öffentlichen Kritik am Irakkrieg und bohrender Nachfragen nach den Beweisen für irakische Massenvernichtungswaffen sahen sich Präsident George Bush und Premierminister Tony Blair im Februar 2004 gezwungen, die Einrichtung »unabhängiger« Untersuchungskommissionen zu verkünden. Die Kommissionen sollten herausfinden, wer für die falschen Behauptungen über die Massenvernichtungswaffen verantwortlich war. Das Kalkül von Bush und Blair war, dass die Kommissionen den Geheimdiensten den schwarzen Peter zuschieben und die Regierungen damit entlasten würden. Doch dieses Kalkül ist nur sehr begrenzt aufgegangen. In den USA machte der nach den Präsidentschaftswahlen vom November 2004 veröffentlichte Untersuchungsbericht deutlich, dass die maximal vagen Vermutungen des CIA und der anderen Geheimdienste über irakische MVW oder entsprechende Entwicklungsprogramme von der Bush-Administration zwecks Rechtfertigung eines Krieges zu harten Tatsachenbehauptungen verfälscht und aufgebauscht worden waren. Dies geschah oftmals gegen den ausdrücklichen Widerspruch von Geheimdienstmitarbeitern. Für die Fälschungen verantwortlich war in erster Linie die »Spezialabteilung zur Aufklärung«, die US-Verteidigungsminister Donald Rumsfeld und sein Vize Paul Wolfowitz im Pentagon eingerichtet hatten.

Ähnliche Manipulationen geheimdienstlicher Erkenntnisse zum Zwecke der Kriegsrechtfertigung betrieb die britische Regierung. Auch Premierminister Blair konnte weder das eigene Volk noch auch nur die eigene Labour-Partei davon überzeugen, dass seine Regierung lediglich unschuldiges Opfer von falschen Erkenntnissen der Geheimdienste gewesen sei. Kurz vor der Parlamentswahl am 5. Mai 2005 kam zudem heraus, dass Blair die Abgeordneten und das britische Volk glatt belogen hatte mit seiner kurz vor Beginn des Irakkrieges aufgestellten Behauptung, der oberste Rechtsberater der Regierung halte ein militärisches Vorgehen gegen den Irak auch ohne Ermächtigung durch den UNO-Sicherheitsrat für völkerrechtskonform.

Nachkriegsmanipulationen

Da Charles Duelfer, zwischen Januar und Oktober 2004 Chef der 1.400 US-Rüstungsinspekteure im Irak, keine Beweise für verbotene Massenvernichtungswaffen(-programme) im Irak finden konnte, blieb ihm nur die »Überzeugung«, dass Saddam Hussein »den Ehrgeiz nie aufgegeben« habe, die verbotenen Waffenprogramme nach einer Aufhebung der gegen den Irak verhängten Wirtschaftssanktionen der UNO wieder aufzunehmen. Ein wesentliches Indiz für diesen angeblichen »Ehrgeiz« sieht Duelfer in den Bemühungen des Bagdader Regimes zur illegalen Finanzbeschaffung. Allerdings geht er auch bei diesem Thema sehr selektiv vor und unterschlägt Aspekte, die ein kritisches Licht auf das Verhalten der US-Regierungen seit 1991 sowie US-amerikanischer Firmen und Einzelpersonen werfen könnten.

Duelfer beschreibt in seinem Bericht zum einen die Finanzbeschaffung des Bagdader Regimes durch »Korruption« des 1996 gestarteten Programms »Öl für Nahrungsmittel« (ÖfN) der UNO. Durch Manipulation der Verkaufspreise für Öl sowie der Einkaufspreise für humanitäre Güter zur Versorgung der Bevölkerung, die Bagdad im Rahmen des ÖfN-Programms im Ausland bestellen durfte, konnte das Regime nach den Erkenntnissen der Volcker-Kommission von Mitte 1996 bis Anfang 2003 illegale Einnahmen in Höhe von rund 2,2 Milliarden US-Dollar verbuchen. (Die Kommission unter dem ehemaligen US-Notenbankchef Paul Volcker untersucht seit April 2004 im Auftrag von UNO-Generalsekretär Kofi Annan den Missbrauch des ÖfN-Programms. Der Abschlussbericht der Kommission war für August 2005 angekündigt.)

Charles Duelfer veröffentlicht in seinem Bericht im Faksimile die englische Übersetzung von Listen des früheren irakischen Ölministeriums, die im Januar 2004 in Bagdad aufgetaucht waren. Auf diesen Listen stehen die Namen von 270 Firmen, Organisationen und Personen, die im Rahmen des ÖfN-Programms Ölgutscheine vom Regime erhalten haben sollen. An der Authentizität dieser Listen gibt es Zweifel. Zwar soll der seit Kriegsende im Mai 2003 von den US-Truppen in Bagdad inhaftierte ehemalige Außenminister des Irak, Tarek Azis, nach Darstellung der Bush-Administration bei seinen Verhören bestätigt haben, dass diese Listen im Ölministerium tatsächlich geführt wurden und dass die darauf aufgeführten Personen, Firmen und Organisationen Ölgutscheine erhalten hätten. Die arabischen Originale der Listen sind allerdings bis heute nicht aufgetaucht.

Doch selbst wenn diese Listen tatsächlich authentisch sind: Diese Transaktion von Ölgutscheinen und ihre Einlösung auf dem Weltmarkt waren zunächst durchaus legal, solange sich die Empfänger gegenüber Bagdad nicht zur Zahlung illegaler Preisaufschläge oder zu politischen Gefälligkeiten verpflichteten. Welche der 270 Empfänger dies taten, untersucht die Volcker-Kommission. Zumindest bei einigen der auf den Listen aufgeführten Empfänger von Ölgutscheinen besteht der begründete Verdacht, dass sie sich von Bagdad bestechen ließen, damit sie sich für die Aufhebung der UNO-Wirtschaftssanktionen gegen den Irak einsetzen. Das gilt zum Beispiel für den früheren Leiter des Irak-Büros in der New Yorker UNO-Zentrale, Benon Sevan.

Duelfer hat die in seinem Bericht abgedruckte englische Übersetzung der Listen manipuliert, indem er die Klarnamen von 35 Firmen und Einzelpersonen aus den USA schwärzte und durch anonymisierte Angaben (»US company« und »US citizen«) ersetzte. In einer Fußnote rechtfertigte Duelfer diese Manipulation mit »Gesetzen der USA zum Schutz der Privatsphäre«. Das Kalkül dieser Manipulation ging auf. Als der Duelfer-Bericht Anfang Oktober 2004 veröffentlicht wurde, gingen vor allem die Namen französischer, russischer und chinesischer Firmen und Einzelpersonen durch die Medien – oftmals verbunden mit dem auch durch Kommentare einiger US-Politiker und -Medien geschürten Verdacht, der Widerspruch der Regierungen in Paris, Moskau und Peking gegen den angloamerikanischen Irakkrieg sei durch Bestechung aus Bagdad bewirkt worden.

Die »Korruption« und Manipulation des Programms »Öl für Nahrungsmittel« wurde seit Anfang 2004 in zahlreichen Politiker-Statements und Medienberichten – vor allem, aber nicht nur in den USA – pauschal und undifferenziert als »UNO-Skandal« behandelt und dem New Yorker Apparat unter Generalsekretär

Kofi Annan angelastet. Dabei lag die Hauptverantwortung bei den USA und den anderen 14 Mitgliedern des Sicherheitsrates. Denn sämtliche Verträge zum Verkauf von Öl und zum Einkauf humanitärer Güter, die ihm Rahmen des ÖfN-Programms zwischen 1996 und 2003 abgeschlossen wurden, lagen dem Sicherheitsrat zur Genehmigung vor. Doch der Rat erhob nicht ein einziges Mal Einspruch gegen einen Vertrag wegen Manipulationen bei den Verkaufs- oder Einkaufspreisen – und dies, obwohl die für die Abwicklung des ÖfN-Programms verantwortlichen UNO-Mitarbeiter gegenüber dem Rat in über 70 Fällen den Verdacht auf derartige Manipulationen äußerten.

Noch bedeutend höhere illegale Einnahmen als die 2,2 Milliarden Dollar durch Manipulationen beim ÖfN-Programm konnte sich das Regime von Saddam Hussein durch den Schmuggel von billigem Öl in Nachbarländer des Irak verschaffen. Ab 1991 wurden Rohöl und Benzin zu irakischen Inlandpreisen (der Liter Benzin kostete an irakischen Tankstellen in den neunziger Jahren umgerechnet rund 2 Eurocent) per Tankwagen in die Türkei und nach Jordanien und ab Ende 2000 über eine Pipeline auch nach Syrien geliefert. Nach dem Erkenntnisstand der Volcker-Kommission vom April 2005 brachte der Ölschmuggel Bagdad mindestens 14,4 Milliarden US-Dollar ein. Damit war auch der Schaden für die irakische Zivilbevölkerung sehr viel größer als in Folge der Preismanipulationen beim ÖfN-Programm. Denn hätten die Nachbarländer des Irak das Öl regulär im Rahmen des ÖfN-Programms kaufen müssen (zu einem damals vom UNO-Sicherheitsrat festgelegten Preis von rund zehn Prozent unter Weltmarktniveau), dann wäre ein Vielfaches der 14,4 Milliarden Dollar in die Kasse des ÖfN-Programms geflossen. Dieses Geld hätte dann zum Ankauf humanitärer Güter für die irakische Bevölkerung zur Verfügung gestanden.

Charles Duelfer verschweigt diese Zahlen und Zusammenhänge in seinem Bericht. Vor allem aber unterschlägt er eine brisante Tatsache: Der Ölschmuggel zwischen dem Irak und den US-Verbündeten Türkei und Jordanien – ein klarer Verstoß aller drei beteiligten Staaten gegen die UNO-Wirtschaftssanktionen – erfolgte zwölf Jahre lang mit Wissen, Duldung und Förderung durch die Regierungen in Washington und London. »Der Schmuggel geschah unter den Augen der USA und Großbritanniens«, erklärte UNO-Generalsekretär Kofi Annan Ende April 2005. Denn US-amerikanische und britische Luftstreitkräfte überwachten von März 1991 bis zum Krieg im März 2003 den gesamten Nordirak inklusive der Grenzen zur Türkei und zu Jordanien und bombardierten ab Ende der neunziger Jahre immer häufiger militärische Bodenziele in dieser Region. Doch den auch aus der Luft gut zu beobachtenden Öl-Schmuggel durch Tanklastzüge, die auf den beiden Hauptverkehrsstraßen Richtung türkische und jordanische Grenze oft viele Kilometer lange Schlangen bildeten, ließen die USA und Großbritannien ungestört laufen.

Nach US-Gesetzen hätte die Regierung in Washington wegen des Bruchs der UNO-Sanktionen durch die Türkei und Jordanien ihrerseits Wirtschaftssanktionen gegen diese beide Staaten verhängen müssen. Doch das US-Außenministerium verfügte von 1991 bis 2003 Jahr für Jahr eine Ausnahmeregelung von dieser Bestimmung. Im Gegenzug erhielten die US-Streitkräfte von der Türkei das Recht, den südanatolischen Luftwaffenstützpunkt Incirlik für ihre Überwachungs- und Angriffsflüge über irakischem Territorium zu nutzen.

Kriegslüge Terrorismusunterstützung

Als zweite Rechtfertigung für den Irakkrieg diente Washington und London die Behauptung einer angeblichen Kooperation zwischen dem Regime von Saddam Hussein und dem von Osama Bin Laden geführten Terrornetzwerk al-Qaida. Diese Behauptung wurde von den Regierungen Bush und Blair auch dann noch aufrechterhalten, als Experten der eigenen wie auch anderer westlicher Geheimdienste zum Teil öffentlich darauf hinwiesen, dass alle Indizien und Erfahrungen der Vergangenheit eher auf eine Gegnerschaft zwischen Saddam Hussein und Bin Laden denn auf Kooperation hinwiesen. Die Regierungen Bush und Blair konnten keinerlei stichhaltige Beweise für ihre Vorwürfe vorlegen. Alle öffentlich erhobenen Behauptungen (wie zum Beispiel die eines Treffens zwischen irakischen Agenten und Vertretern von al-Qaida in Prag) hielten einer Nachprüfung nicht stand und mussten von Washington und London zurückgezogen werden.

Die Regierungen Bush und Blair haben ihre zahlreichen Lügen und Manipulationen im Zusammenhang mit dem Irakkrieg politisch überlebt. Beide wurden seitdem bei Wahlen im Amt bestätigt. Im Fall von Bush sogar mit einem Zugewinn gegenüber den Wahlen von 2000, den der US-Präsident als ausdrückliche Unterstützung seines Irakkrieges und darüber hinaus seiner Politik im Nahen und Mittleren Osten verbuchte. Ein wesentlicher Grund für dieses Wahlergebnis war die schwache und widersprüchliche Opposition der demokratischen Partei und ihres Präsidentschaftskandidaten John Kerry gegen den Krieg. Zum Zweiten waren die harten Fakten über die Lügen und Manipulationen der Bush-Administration – die die US-Bürgerinnen und -Bürger bis zu den Wahlen im November 2004 durchaus auch aus US-Medien erfahren konnten – nicht mehr ausschlaggebend für die Stimmabgabe. Die Haltung zum Irakkrieg war zu diesem Zeitpunkt für eine Mehrheit der US-Bevölkerung längst zu einer durch Tatsachen nicht mehr zu beeinflussenden Glaubensfrage geworden.

Zum Wahlsieg Bushs beigetragen hat auch, dass die Regierung in Washington die Gewalttaten und Terrorakte, die im Irak seit Ende des Krieges gegen amerikanische Soldaten und andere Ausländer sowie gegen irakische Sicherheitskräfte und Zivilbürger verübt werden, erfolgreich zur nachträglichen Rechtfertigung des Krieges instrumentalisieren und nutzen konnte – nämlich als angeblichen Beweis für die vor dem Krieg behauptete Zusammenarbeit zwischen dem Regime von Saddam Hussein und dem al-Qaida-Netzwerk.

Die Fehler und Defizite der Kriegsgegner

Wie kaum ein Ereignis zuvor stieß der Irakkrieg vom Frühjahr 2003 bereits in seinem Vorfeld weltweit auf überwältigende Ablehnung. Das zeigten unter anderem die Antikriegsdemonstrationen, die am 15. Februar 2003 in rund 600 Städten auf dem ganzen Globus stattfanden – darunter allein an 150 Orten in den USA. London, Sydney und Berlin erlebten an diesem Tag die größten Demonstrationen ihrer Geschichte. Weltweit gingen am 15. Februar über neun Millionen Menschen gegen den drohenden Irakkrieg auf die Straße. »Es wurde eine neue Supermacht geboren, die öffentliche Meinung«, schrieb die *New York Times* am nächsten Tag auf ihrer Titelseite.

Meinungsumfragen, die zwischen Herbst 2002 und Sommer 2003 in fast sämtlichen der 191 UNO-Staaten durchgeführt wurden, zeigten, dass die Bevölkerung in fast allen diesen Ländern den Krieg mit Mehrheiten von bis zu 90 Prozent ablehnte. Das gilt auch für die Bevölkerung fast all derjenigen Länder, deren Regierungen das Kriegsvorhaben der Bush-Administration politisch unterstützten oder gar Streitkräfte für die Kriegskoalition bereitstellten (wie zum Beispiel Spanien, Großbritannien und Italien). Polen ist eines der ganz wenigen Länder, in denen die Umfragen zumindest zeitweilig eine mehrheitliche Unterstützung des Krieges ergaben.

Innerhalb der UNO führte der Streit über die richtige Politik gegenüber dem Irak zwischen Spätsommer 2002 und Kriegsbeginn am 20. März 2003 zu den schärfsten und intensivsten Kontroversen in der 60-jährigen Geschichte der Weltorganisation. Dabei verkündeten während der zahlreichen Debatten im Sicherheitsrat und in der Generalversammlung maximal 20 der 191 Mitgliedsstaaten ihre Unterstützung für einen Krieg.

Doch den Kriegsgegnern gelang es nicht, über die Ablehnung der angloamerikanischen Kriegsabsichten hinaus eine Alternative zu entwickeln, die es den Regierungen Bush und Blair vielleicht unmöglich gemacht hätte, diesen Krieg zu führen. Eine Chance hierzu hätte es nur gegeben, wenn die Kriegsgegner das unbestreitbar gravierende Problem der Diktatur in Bagdad und ihrer schwerwiegenden Menschenrechtsverletzungen nicht den Regierungen Bush und Blair zur Rechtfertigung für einen völkerrechtswidrigen Präventivkrieg überlassen und einen Vorschlag zur Überwindung dieses gravierenden Problems mit völkerrechtskonformen Mitteln unterbreitet hätten.

Frankreich, Deutschland und Russland – die drei erklärten Kriegsgegner im UNO-Sicherheitsrat – hätten einen Resolutionsantrag einbringen können mit konkreten, zeitlich befristeten Forderungen an das Regime von Saddam Hussein zur Verbesserung der Menschenrechtslage sowie zur Durchführung von Wahlen unter UNO-Aufsicht. Die von den USA aufgebaute militärische Drohkulisse in der Region um den Irak hätte zur Durchsetzung dieser Forderungen genutzt werden können. Doch die Regierungen in Paris, Berlin und Moskau waren zu einer solchen Initiative nicht willens, und aus der friedensbewegten Öffentlichkeit kam ebenfalls kein Druck in diese Richtung.

Verheerende Kriegsbilanz

Zwar gelang den Streitkräften der angloamerikanischen Kriegskoalition auf Grund ihrer haushohen Überlegenheit auf sämtlichen militärischen Ebenen zunächst ein schneller Sieg gegen die offiziellen Verbände der irakischen Armee (irakische Luftstreitkräfte waren bereits seit dem Krieg von 1991 praktisch nicht mehr einsatzfähig, und ihre noch verbliebenen Kapazitäten wurden durch den systematischen Beschuss durch angloamerikanische Kampfflugzeuge bereits seit Anfang 2002 zerstört). Auch wurde die blutige Diktatur von Saddam Hussein gestürzt, deren Errichtung die USA und Großbritannien in den siebziger Jahren kräftig gefördert und die sie bis in den Sommer 1990 hinein aktiv unterstützt hatten. Doch davon abgesehen ist die politische Bilanz dieses Krieges verheerend. Fast sämtliche Befürchtungen der Kritiker und Gegner dieses Krieges wurden bestätigt oder sogar noch übertroffen:

- Die Versorgungslage für die Menschen im Irak ist auch über zwei Jahre nach dem Krieg in weiten Teilen des Landes immer noch schlechter als vor Kriegsbeginn.
- Die Aussicht auf eine Befriedung und Stabilisierung der Lage zumindest in absehbarer Zukunft ist gering – ganz zu schweigen von der Errichtung einer Demokratie, womit Bush und Blair den Krieg nachträglich zusätzlich zu rechtfertigen suchten.
- Erst seit dem Krieg und wegen der Besatzung insbesondere durch US-amerikanische Truppen ist der Irak zum Anziehungspunkt und Operationsfeld für ausländische Terroristen geworden.
- Anders als von Bush und Blair als Kriegsziel proklamiert, ist die Gefahr der Weiterverbreitung von MVW – vor allem atomarer – nicht eingedämmt, sondern vergrößert worden. In vielen Staaten hat der Irakkrieg den Einfluss derjenigen gestärkt, die die Entwicklung oder Beschaffung atomarer Waffen als einzige Versicherung dagegen sehen, Ziel eines präventiven Krieges der USA zu werden.
- Eine Lösung des israelisch-palästinensischen Konflikts, die sowohl zur verlässlichen Anerkennung der Existenz Israels in gesicherten Grenzen durch die arabische Welt führt wie zur Gründung eines – auch wirtschaftlich überlebensfähigen – Staates Palästina auf einem zusammenhängenden Territorium, ist durch den Irakkrieg nicht erleichtert, wie seine Befürworter insbesondere in Washington behaupten, sondern eher erschwert worden. Denn die verhängnisvolle Politik des isra-

elischen Premierministers Ariel Scharon wurde durch den Irakkrieg gestärkt. Mit der angloamerikanischen Besatzungspolitik im Irak steht die israelische Regierung mit ihrer Besatzungspolitik in den palästinensischen Gebieten erstmals nicht mehr allein da. Doch nichts gefährdet auf Dauer die Existenz Israels stärker als eine Fortsetzung der Politik, wie sie Scharon bislang betreibt. Der Abzug der Siedler aus dem Gazastreifen sollte darüber nicht hinwegtäuschen.

Taugt die UNO-Charta nur noch für Sonntagsreden?

Irakkrieg: der bislang schwerste Anschlag auf das Völkerrecht

Der Irakkrieg, den die USA und Großbritannien im Frühjahr 2003 geführt haben, war der schwerste Anschlag auf das Völkerrecht und die UNO seit ihrer Gründung im Jahre 1945. Zwar verstießen – mit Ausnahme der 1950 von der Generalversammlung und 1991 vom Sicherheitsrat legitimierten Kriege in Korea und gegen den Irak – sämtliche mehr als 250 bewaffneten Auseinandersetzungen, die in den letzten 60 Jahren weltweit geführt wurden, gegen das Gewaltverbot der UNO-Charta. Doch niemals zuvor ist ein solcher Verstoß so kalkuliert und unter so absichtsvoller Missachtung des Willens der überragenden Mehrheit der UNO-Mitgliedsstaaten erfolgt. Zudem wurde der Irakkrieg entsprechend der neuen Nationalen Sicherheitsstrategie der USA vom September 2002 mit der Abwehr einer Bedrohung gerechtfertigt, die überhaupt nicht existierte – weder unmittelbar noch mittelbar.

Damit sind das Völkerrecht und die Institution der UNO grundsätzlich in Frage gestellt. Doch auf diesen Umstand und auf die Völkerrechtswidrigkeit des Irakkrieges hat bislang lediglich UNO-Generalsekretär Kofi Annan einigermaßen deutlich hingewiesen, und zwar in seiner Eröffnungsrede zur Generalversammlung im September 2003 sowie in einem Interview mit der BBC im September 2004. Selbst einstmals erklärte Kriegsgegner unter den UNO-Mitgliedsregierungen halten sich mit Kritik an der Präventivkrieg-Doktrin wie auch grundsätzlich an der Völkerrechtswidrigkeit des Krieges immer noch auffallend zurück. Das gilt auch für die rot-grüne Koalition in Berlin, von der derartige Kritik weder vor noch während oder nach dem Krieg zu hören war. Hätte die Bundesregierung das Kriegsvorhaben für völkerrechtswidrig erklärt, dann hätte sie damit eingeräumt, dass auch die logistische und militärische Unterstützung, die sie der Bush-Administration für diesen Krieg geleistet hat, ein Verstoß gegen das Völkerrecht wie auch gegen das Grundgesetz waren. Oder aber die Bundesregierung hätte diese Unterstützungsleistungen verweigern müssen.

Kosovokrieg: der erste Sündenfall

Nicht nur wegen ihrer logistischen Unterstützung für den Angriffskrieg gegen den Irak hält sich die Bundesregierung mit Kritik an der Völkerrechtswidrigkeit dieses Krieges zurück. Sie ist, ebenso wie die Regierungen Frankreichs und anderer NATO-Länder, die das militärische Vorgehen gegen den Irak ohne Mandat des UNO-Sicherheitsrates ablehnten, zusätzlich befangen wegen ihrer Teilnahme am ebenfalls völkerrechtswidrigen Kosovokrieg – dem Luftkrieg der NATO gegen Serbien/Montenegro im Frühsommer 1999. US-amerikanische Befürworter des Irakkrieges haben Kritik aus Deutschland, Frankreich und anderen NATO-Staaten häufig mit dem Hinweis auf den Krieg gegen Serbien/Montenegro zurückgewiesen. Tatsächlich steht der NATO-Krieg von 1999 am Beginn der Erosion des Völkerrechts, die mit dem angloamerikanischen Irakkrieg vom Frühjahr 2003 seinen (bisherigen) Höhepunkt erreicht hat.

Die NATO rechtfertigte ihren Krieg seinerzeit als »humanitäre Intervention« zum Schutz der Kosovo-Albaner vor der Vertreibung und schweren Menschenrechtsverletzungen durch Armee-

und Polizeieinheiten des serbischen Regimes von Slobodan Milosevic. Vertreibungen und andere schwere Menschenrechtsverletzungen fanden seinerzeit ohne Zweifel statt. Doch die Einstufung als »Völkermord« und der Vergleich mit Auschwitz waren maßlose Übertreibungen zu dem Zweck, die Unterstützung der westlichen Öffentlichkeit für ein militärisches Vorgehen gegen Serbien/Montenegro zu gewinnen. Dabei tat sich insbesondere die rot-grüne Koalition in Deutschland hervor. Verteidigungsminister Rudolf Scharping und Außenminister Joseph Fischer traten zudem mit zahlreichen Falschaussagen und gefälschten Dokumenten zum angeblichen Beweis serbischer Gräueltaten und Vertreibungspläne an die Öffentlichkeit. Das »Massaker von Racak« vom 16. Januar 1999 und andere bis heute nicht aufgeklärte Vorfälle in den Monaten vor Beginn der NATO-Luftangriffe am 24. März 1999 wurden umstandslos und ohne Untersuchung der serbischen Seite angelastet. Der Anteil der kosovo-albanischen »Befreiungsbewegung« UÇK an der Eskalation der Gewalt wurde von der NATO-Propaganda systematisch unterschlagen. Und dies, obwohl der Bundesnachrichtendienst, die US-amerikanische CIA, der britische MI6 und andere westliche Geheimdienste den Regierungen hierzu detaillierte Erkenntnisse lieferten.

Wie fragwürdig und unhaltbar die Behauptungen waren, mit denen die NATO-Regierungen den Luftkrieg gegen Serbien/Montenegro zu rechtfertigen suchten, machte im Dezember 2000 auch ein seinerzeit von den Medien kaum beachteter detaillierter Bericht der Parlamentarischen Versammlung der NATO deutlich (»Die Folgen des Kosovokonflikts und seine Auswirkungen auf Konfliktprävention und Krisenmanagement«). Die Parlamentarische Versammlung der NATO fungiert als Bindeglied zwischen dem Militärbündnis und den Parlamenten seiner inzwischen 26 Mitgliedsstaaten.

Der vom SPD-Bundestagsabgeordneten Markus Meckel verantwortete Bericht vom Dezember 2000 befasst sich in erster Linie mit der Zeitphase ab Oktober 1998. Damals begann auf

Grund einer Vereinbarung zwischen Serbiens Präsident Slobodan Milosevic und dem Chefdiplomaten der Clinton-Administration für den Balkan, Richard Holbrooke, die Stationierung von Beobachtern der OSZE im Kosovo, der »Kosovo Verification Mission« (KVM).

In dem Bericht der NATO-Parlamentarierversammlung heißt es: »Die UÇK strebte eine Verschärfung der Notlage an, um die Bevölkerung zum Aufstand für die Unabhängigkeit zu bewegen. So nutzte die UÇK das Holbrooke-Milosevic-Abkommen als Atempause, um ihre Kräfte nach den Rückschlägen des Sommers zu verstärken und neu zu gruppieren. Die serbischen Repressionen ließen unter dem Einfluss der *Kosovo Verification Mission* der OSZE in der Zeit von Oktober bis Dezember 1998 nach. Dagegen fehlte es an effektiven Maßnahmen zur Eindämmung der UÇK, die weiterhin in den USA und Westeuropa – vor allem in Deutschland und der Schweiz – Spenden sammeln, Rekruten werben und Waffen über die albanische Grenze schmuggeln konnte. So nahmen die Angriffe der UÇK auf serbische Sicherheitskräfte und Zivilisten ab Dezember 1998 stark zu. Der Konflikt eskalierte neuerlich, um eine humanitäre Krise zu erzeugen, welche die NATO zur Intervention bewegen würde.«

Der Bericht der NATO-Parlamentarier geht auch auf das »Massaker von Racak« vom 16. Januar 1999 ein, das seinerzeit nach übereinstimmenden öffentlichen Erklärungen von US-Außenministerin Madeleine Albright und ihrem deutschen Amtskollegen Joseph Fischer den »Wendepunkt zum Krieg« bedeutete: »Mit dem bis heute nicht restlos aufgeklärten angeblichen Massaker von Racak entstand das *Gefühl* eines Handlungsbedarfs, das nach dem Scheitern der Rambouillet-Verhandlungen zu den von der UÇK herbeigesehnten NATO-Luftangriffen führte.«

In Artikel 91 ihres Berichtes bekennen die NATO-Parlamentarier schließlich selbstkritisch: »Die Staatengemeinschaft darf sich ihr Handeln nicht von einer extremistischen Minderheit aufzwingen lassen.«

Bis heute rechtfertigen die NATO-Regierungen ihre militärische »humanitäre Intervention« ohne ein Mandat des UNO-Sicherheitsrates mit der Behauptung, dass die beiden ständigen Ratsmitglieder Russland und China ein solches Mandat mit ihrer Vetodrohung verhindert und damit die Handlungsfähigkeit der UNO blockiert haben würden. Doch diese Legende von der russisch-chinesischen Blockade des UNO-Sicherheitsrates im Herbst 1998 hält einer Nachprüfung nicht stand.

Um die Eskalation der Gewalt im Kosovo einzudämmen, hatte der UNO-Sicherheitsrat am 31. März 1988 mit seiner Resolution 1160 ein Waffenembargo gegen das damals noch aus Serbien und Montenegro bestehende Ex-Jugoslawien ausgesprochen. Am 23. September 1998 verabschiedete der Sicherheitsrat seine Resolution 1199. Diese verlangte einen umgehenden Waffenstillstand im Kosovo, den sofortigen Rückzug von jugoslawischen und serbischen Einheiten, die zur Unterdrückung der Zivilbevölkerung eingesetzt wurden, freien Zugang für humanitäre Organisationen sowie die uneingeschränkte Zusammenarbeit der Regierung Milosevic in Belgrad mit dem Jugoslawien-Tribunal der UNO in Den Haag. Russland stimmte den beiden Resolutionen 1160 und 1199 zu. China enthielt sich der Stimme. Grund für diese Stimmenthaltung waren allerdings nicht etwa Bedenken Pekings gegen den Inhalt dieser beiden Resolutionen. China hatte sich vielmehr mangels eigener Interessen an den Konflikten im ehemaligen Jugoslawien bei sämtlichen der zahlreichen Resolutionen der Stimme enthalten, die der Sicherheitsrat seit 1991 zu diesem Thema verabschiedet hatte. (Das Interesse Pekings war lediglich berührt, als Mazedonien in der Hoffnung auf Kapitalhilfe aus Taipeh 1997 Taiwan anerkannte. In Reaktion auf diese Entscheidung Mazedoniens votierte China gegen eine Verlängerung des Mandats der UNO-Mission in der exjugoslawischen Republik.)

Hätte Russland weitergehende Maßnahmen gegen Serbien/Montenegro – notfalls auch eine militärische Intervention der

UNO – mitgetragen oder zumindest toleriert, wenn die Regierung Milosevic die Forderungen der Ratsresolution 1199 vom 23. September 1998 nicht erfüllt hätte? Seriöse Diskussionen über ein gemeinsames Vorgehen mit Russland im Rahmen der UNO haben die drei NATO-Staaten im Sicherheitsrat – USA, Frankreich und Großbritannien – damals mit Moskau erst gar nicht geführt. Stattdessen erließ die NATO bereits am 24. September 1998 – also nur einen Tag nach Verabschiedung der Resolution 1199 im Sicherheitsrat – die Aktivierungswarnung für ihre Luftstreitkräfte. Das war die erste Maßnahme zur Einleitung des Luftkrieges, der dann am 24. März 1999 begann. Diese Aktivierungswarnung der NATO war in zweierlei Hinsicht eine zentrale und fatale Weichenstellung: Zum einen wurde Moskau spätestens an diesem Punkt bedeutet, dass die NATO auch ohne russische Einbindung und Zustimmung agieren würde. Zweitens verengte sich die Diplomatie auf eine militärisch abgestützte Drohpolitik. Dabei gab es seit Frühsommer 1998 durchaus verschiedene Vorschläge, wie die Zielsetzungen der Resolution 1199 des UNO-Sicherheitsrates gemeinsam mit Russland hätten umgesetzt werden können – zum Beispiel durch die Errichtung eines UNO-Protektorats über Kosovo.

Der damalige US-Botschafter bei der NATO in Brüssel, Alexander Vershbow, legte der Clinton-Administration in Washington am 7. August 1998 einen detaillierten Plan unter der Überschrift »Kosovo: Es ist Zeit für eine andere Lösungsstrategie« vor. Die entscheidende Voraussetzung »für eine schnelle Befriedung« der Situation im Kosovo und danach beginnende Verhandlungen über eine politische Lösung sei »eine enge Zusammenarbeit zwischen der NATO und Russland«, schrieb der US-Botschafter und betonte: »Ich meine es ernst: Die Initiative zur Lösung des Kosovo-Konflikts könnte zum Modellfall einer Kooperation zwischen der NATO und Russland werden.«

Vershbows Plan sah vor, dass sich die Regierungen in Washington und Moskau zunächst gemeinsam um ein Mandat des UNO-

Sicherheitsrates zur »Schaffung eines internationalen Protektorats« im Kosovo bemühen. Nach Erteilung dieses Mandats sollte in der südserbischen Provinz eine zu gleichen Teilen von der NATO und von Russland gestellte und auch gemeinsam kommandierte internationale Schutztruppe stationiert werden.

Für diese Truppe hätten nach Ansicht von US-Botschafter Vershbow 30.000 Soldaten ausgereicht, falls vor ihrer Stationierung bereits eine Vereinbarung zwischen der Regierung Milosevic und den Albanern über den künftigen Status des Kosovo zustande gekommen wäre und falls Belgrad einer internationalen Militärpräsenz im Kosovo zugestimmt hätte. Falls die internationale Truppe ohne eine solche Vereinbarung und ohne das Plazet Belgrads hätte stationiert werden müssen, wären nach Vershbows Einschätzung hingegen 60.000 Soldaten erforderlich gewesen. »Früher oder später werden wir uns der Frage einer Stationierung von Bodentruppen stellen müssen«, sagte Vershbow am Ende seiner Nachricht an die Clinton-Administration voraus. Die USA hätten »ein zu großes Interesse an politischer Stabilität im südlichen Balkan, um diesen Konflikt noch länger schwelen zu lassen«.

Botschafter Vershbow war keineswegs ein Anfänger auf dem Gebiet der Balkanpolitik. Als Mitarbeiter im Stab des Nationalen Sicherheitsrates der USA hatte er sich in der ersten Hälfte der neunziger Jahre intensiv mit dem Bosnien-Konflikt befasst. Dennoch stieß sein Vorschlag für ein gemeinsam von Russland und der westlichen Allianz etabliertes internationales Protektorat im Kosovo damals in Washington nur auf geringes Interesse. Stattdessen drängte die Clinton-Administration die Regierung in Moskau, im UNO-Sicherheitsrat einer Resolution mit der ultimativen Androhung militärischer Maßnahmen gegen Serbien/Montenegro zuzustimmen, falls die Regierung Milosevic die Forderungen des Sicherheitsrates bis zu einem bestimmten Zeitpunkt nicht erfüllen würde. Einen derartigen Automatismus militärischer Maßnahmen lehnte Russland allerdings ab. Auch bestand Moskau entgegen der Forderung Washingtons darauf, etwaige vom Sicherheitsrat mandatierte militärische Maßnahmen gegen Serbien/Montenegro unter politischer Kontrolle des Rates und mit von ihm bestimmten militärischen Kommandeuren und nicht von der NATO und unter NATO-Kommando durchführen zu lassen.

Fazit: Der elfwöchige Luftkrieg der NATO gegen Serbien/Montenegro vom Frühjahr 1999 wäre vermeidbar gewesen. Es hätte im Herbst 1998 durchaus die Möglichkeit gegeben für eine vom UNO-Sicherheitsrat mandatierte und kontrollierte Mission zur Eindämmung der Gewaltauseinandersetzungen im Kosovo sowie für die dazu erforderlichen Druckmaßnahmen auf die Regierung Milosevic. Dies scheiterte nicht an den Ratsmitgliedern Russland und China. Es war vielmehr nicht gewollt von den NATO-Staaten, insbesondere nicht von den USA.

11. September als gravierender Einschnitt

»Mit dem 11. September 2001 hat sich alles grundsätzlich verändert. Nichts ist mehr, wie es war.« Selbst wer diese weit verbreitete Behauptung für politisch ebenso falsch und intellektuell unredlich hält wie die nach dem Berliner Mauerfall zeitweise populäre These vom »Ende der Geschichte«, kommt um eine Tatsache nicht herum: Kein Ereignis seit der Verabschiedung der UNO-Charta im Jahre 1945 hat derart weitreichende Auswirkungen auf die Interpretation und die Anwendung des Völkerrechts sowie menschenrechtlicher Normen gehabt.

Zentrale Bestimmung der UNO-Charta ist das Verbot der »Androhung und Anwendung von Gewalt« zwischen den Staaten (Artikel 2, Absatz 4). Nach dem Scheitern des 1919 gegründeten UNO-Vorläufers Völkerbund und dem Rückfall in die Barbarei zwischenstaatlicher Beziehungen, die schließlich in den von Hitlerdeutschland begonnenen Zweiten Weltkrieg eskalierte, war diese Bestimmung der wichtigste zivilisatorische Fortschritt des 20. Jahrhunderts. Weitere wesentliche Fortschritte sind die Betonung der individuellen Menschenrechte (Präambel und Artikel 1 der UNO-Charta) sowie die in Kapitel 7 der Charta geregelten Befugnisse des Sicherheitsrates, »eine Bedrohung oder einen Bruch des Friedens oder eine Angriffshandlung festzustellen« (Artikel 39) und in Reaktion darauf politische und wirtschaftliche oder militärische Sanktionen zu verhängen (Artikel 40) oder militärische Maßnahmen zu beschließen (Artikel 41).

Die Befugnis des Sicherheitsrates, militärische Maßnahmen zu beschließen und die UNO-Mitgliedsstaaten zur Anwendung derartiger Maßnahmen zu ermächtigen, ist die eine Ausnahme vom strikten Gewaltverbot der UNO-Charta. Die andere Ausnahme ist das »naturgegebene Recht auf individuelle oder kollektive Selbstverteidigung im Falle einer Angriffshandlung«, das jedem Mitgliedsstaat der UNO in Artikel 51 der Charta garantiert wird. Allerdings gilt dieses Recht auf Selbstverteidigung nur so lange, »bis der Sicherheitsrat die zur Wahrung des Weltfriedens und der internationalen Sicherheit erforderlichen Maßnahmen getroffen hat«.

Die Autorinnen und Autoren der UNO-Charta dachten bei der Formulierung »bewaffneter Angriff« in Artikel 51 ausschließlich an das Szenario der klassischen militärischen Aggression von Land A gegen Land B. Das zeigen die Protokolle der UNO-Gründungsversammlung vom 25. April bis 26. Juni 1945 in San Francisco, auf der die 111 Artikel der UNO-Charta von Diplomaten aus 50 Staaten ausgehandelt und beschlossen wurden. Auch in den ersten 57 Jahren der Anwendung der UNO-Charta galt ausschließlich diese Interpretation vom »bewaffneten Angriff«.

Infolge der Terroranschläge vom 11. September 2001 wurde diese Interpretation buchstäblich über Nacht und ohne nennenswerte Diskussion unter den inzwischen 191 UNO-Mitgliedsstaaten über den Haufen geworfen. Am 12. September 2001 verabschiedete der UNO-Sicherheitsrat auf Antrag der USA einstimmig und ohne lange Debatte Resolution 1368. Entgegen mancher Behauptung enthält diese Resolution keine ausdrückliche Ermächtigung zur Anwendung militärischer Maßnahmen. Allerdings unterstreicht der Rat zu Beginn zunächst das »naturgegebene Recht auf individuelle und kollektive Selbstverteidigung in Übereinstimmung mit der Charta« und »verurteilt« die Terroranschläge dann als »Bedrohung des internationalen Friedens und der Sicherheit«.

Dieser Resolutionstext galt (und gilt) den USA als völkerrechtliche Legitimation für die militärischen Angriffe gegen Ziele in Afghanistan, die am 7. Oktober 2001 unter dem Namen »Enduring Freedom« begannen. Wer das Vorgehen der USA in diesem Fall als völkerrechtswidrig kritisiert, steht auf ziemlich verlorenem Posten. Denn bis heute hat keine einzige der anderen 190 Mitgliedsregierungen der UNO der Interpretation von Resolution 1368 durch die Bush-Administration widersprochen. Und eine Reihe von Staaten – darunter die Bundesrepublik Deutschland – war oder ist immer noch am Krieg der USA in Afghanistan beteiligt.

Damit scheint die bis zum 11. September 2001 gültige Interpretation der UNO-Charta, wonach nur bewaffnete Angriffe, die von Staaten ausgeführt werden – und nicht solche, die Terroristen oder andere nichtstaatliche Akteure begehen –, dem angegriffenen Land das Recht auf militärische Selbstverteidigung gemäß Artikel 51 geben, überholt. Unter den Völkerrechtsexperten hält nur eine kleine Minderheit an der ursprünglichen Interpretation von Artikel 51 fest. Eine etwas größere Minderheit sieht zwar die militärischen Maßnahmen der USA gegen in Afghanistan befindliche Mitglieder und Logistik des Terrornetzwerkes al-Qaida durch Resolution 1368 des Sicherheitsrates völkerrechtlich gedeckt, nicht aber die von Washington im November 2001 vorgenommene Ausdehnung des Krieges mit dem Ziel der Beseitigung des Taliban-Regimes. Diese Ausweitung, so die Kritiker, hätte einer ausdrücklichen Ermächtigung durch eine neue Resolution des Sicherheitsrates bedurft. Doch hierzu gab es seinerzeit von keiner Seite eine Initiative. Die Ausweitung der Kriegsziele stieß bei einer Reihe der anderen Mitgliedsregierungen der UNO auf ausdrückliche Unterstützung, bei der großen Mehrheit auf Schweigen. Ein Schweigen, das in Washington ebenfalls als Zustimmung verbucht wurde. Zumindest öffentlich wurde von keiner einzigen Regierung Kritik geübt.

Selbstverteidigung ohne Grenzen

Die Autorinnen und Autoren der UNO-Charta dachten bei der »Selbstverteidigung« gemäß Artikel 51 an militärische Abwehrmaßnahmen eines angegriffenen Landes in den Stunden und Tagen unmittelbar nach Beginn einer Aggression und eben nur so lange, »bis der Sicherheitsrat die zur Wahrung des Weltfriedens und der internationalen Sicherheit erforderlichen Maßnahmen getroffen hat«. Auch diese zeitlichen Parameter für militärische Maßnahmen der »Selbstverteidigung« scheinen seit dem 11. September 2001 obsolet. Zum einen haben die USA ihren Krieg gegen Ziele in Afghanistan erst am 7. Oktober begonnen, knapp vier Wochen nach den Terrorschlägen gegen Ziele in New York und Washington, D.C. Und zum anderen hält der Krieg der USA in Afghanistan unter Berufung auf Resolution 1368 vom 12. September 2001 nun schon fast vier Jahre an. Auch hieran gibt es bislang keine öffentliche Kritik von Seiten anderer UNO-Regierungen.

Unter Völkerrechtsexperten ist die lange Dauer des Krieges allerdings umstritten. Diejenigen, die sie für »legitim« halten, verweisen auf die angeblich »latente Gefahr« erneuter terroristischer Angriffe. Auch seien die wiederholten Hinweise des Sicherheitsrates in späteren Resolutionen (nach Resolution 1368) auf das Selbstverteidigungsrecht als »stillschweigende Zustimmung« zu begreifen. Doch ein Ende dieses Selbstverteidigungskrieges ist weiterhin nicht absehbar. Kriterien für Erfolg oder Scheitern dieses Krieges sind nicht definiert – zumindest nicht im internationalen Konsens, und offensichtlich nicht einmal innerhalb der Bush-Administration in Washington. Der UNO-Sicherheitsrat hat keinerlei Kontrolle oder auch nur Mitsprache über die Umsetzung seiner Resolution 1368. Alle Entscheidungen über Strategie, Methoden und Eskalation oder Deeskalation des Krieges in Afghanistan werden in Washington getroffen.

Selbst Völkerrechtsexperten, die der Ansicht sind, Resolution 1368 sowie nachfolgende Resolutionen des Sicherheitsrates und seine »stillschweigende Zustimmung« seien eine ausreichende Legitimationsbasis für den Krieg nicht nur gegen al-Qaida, sondern auch gegen das Taliban-Regime sowie für die zeitliche Ausdehnung dieses Krieges, widersprechen allerdings der Anwendung von Resolution 1368 auf Ziele außerhalb Afghanistans. Der Rat habe mit dieser Resolution keinen Präzedenzfall geschaffen. Das sah die Bush-Administration bereits wenig Wochen nach dem 11. September 2001 erklärtermaßen anders.

Am Morgen des 8. Oktober 2001, unmittelbar nach Beginn der Angriffe gegen Ziele in Afghanistan, überbrachte der damalige New Yorker UNO-Botschafter der USA, John Negroponte, dem UNO-Sicherheitsrat ein Schreiben von Präsident Bush. Darin kündigte Bush an, eventuell mache »die Selbstverteidigung der USA weitere Aktionen gegen andere Organisationen und Staaten erforderlich«. Die Ermittlungen seit den Anschlägen vom 11. September hätten zwar »klare und zwingende Hinweise erbracht, dass das Terrornetzwerk al-Qaida, das von dem Taliban-Regime in Afghanistan unterstützt wird, eine zentrale Rolle bei diesen Anschlägen gespielt« habe, hieß es in dem Schreiben weiter. Doch die Ermittlungen seien »noch in einem Frühstadium«, es gebe »noch vieles, was wir nicht wissen«.

Keiner der Botschafter der 14 anderen Ratsmitglieder widersprach damals oder stellte auch nur eine kritische Frage zu dem Brief von Präsident Bush. Nach der Sitzung des Rates verkündete sein damaliger Vorsitzender vor den UNO-Journalisten in New York, der Rat stünde »geschlossen hinter den USA«. Auch in der UNO-Generalversammlung regte sich seinerzeit keine Kritik an der interpretatorischen Ausweitung der Resolution 1368 auf Ziele außerhalb Afghanistans.

Ein knappes Jahr später kündigte die Bush-Regierung in ihrer neuen »Nationalen Sicherheitsstrategie« (NSS) vom 20. September 2002 (siehe Anhang 1, S. 171) ganz offiziell die Entschlossenheit der USA an, künftig militärisch »vorbeugend« – das heißt mit Erstschlägen und ohne Mandat des UNO-Sicherheitsrates – gegen Staaten vorzugehen, die die USA noch gar nicht angegriffen haben, aus der Sicht Washingtons jedoch Terroristen unterstützen oder Massenvernichtungswaffen entwickeln bzw. verbreiten und damit eine »Bedrohung« für die USA darstellen. Als potenzielle Ziele »vorbeugender« militärischer Erstschläge der USA nannte die Bush-Administration seinerzeit Afghanistan, Irak, Nordkorea und Iran und daneben pauschal weitere »60 Staaten«, die das al-Qaida-Terrornetzwerk bis dato bereits unmittelbar oder mittelbar unterstützt hätten. Die Liste dieser 60 Staaten ist nie veröffentlicht worden. Schon im Januar 2002 hatte Präsident Bush in seiner alljährlichen »State of the Union«-Rede vor dem US-Kongress Hinweise auf die künftige neue Sicherheitsstrategie gegeben. Unter anderem bezeichnete Bush die Staaten Irak, Iran und Nordkorea als »Achse des Bösen«, die den internationalen Weltfrieden bedrohe.

Im März 2002 zitierte die *Los Angeles Times* aus einem 56-seitigen geheimen Planungspapier des Pentagon, das den Einsatz von so genannten Mini-Atombomben vorsah – selbst gegen Ziele in Staaten, die selbst nicht über Atomwaffen verfügen. Auch in diesem Pentagon-Dokument wurden mehrere Staaten als potenzielle Ziele US-amerikanischer Atomwaffen genannt – darunter erneut Irak, Iran und Nordkorea. Auf den Bericht der *Los Angeles Times* folgten zwar zunächst heftige Dementis der Bush-Administration. Doch in einem im Dezember 2002 veröffentlichten Nachtrag zur NSS wurde der in dem Pentagon-Planungspapier beschriebene »vorbeugende« Ersteinsatz von Atomwaffen offiziell zum Teil der neuen Sicherheitsstrategie erklärt.

Die unverhohlenen Drohungen mit militärischen Erstschlägen (inklusive des Einsatzes atomarer Waffen) gegen andere Länder wegen des puren Verdachts einer Bedrohung, die im Laufe des Jahres 2002 in offiziellen Strategiedokumenten sowie in Erklärungen führender Vertreter der Bush-Administration formuliert wurden, stellen bereits einen Verstoß gegen Artikel 2, Absatz 4 der UNO-Charta dar. Doch diese völkerrechtswidrigen Drohungen stießen ebenso wie die Interpretation und die Anwendung der Resolution 1368 des Sicherheitsrats durch die Bush-Administration kaum auf Kritik bei Regierungen anderer UNO-Staaten. Für die Erosion völkerrechtlicher Normen, die in den sechs Jahren seit dem Kosovokrieg von 1999 und insbesondere seit den Terroranschlägen vom 11. September 2001 unter Federführung der USA stattgefunden hat, tragen die anderen 190 Subjekte des Völkerrechts daher eine erhebliche Mitverantwortung.

Der Missbrauch des Menschenrechtsarguments zur selektiven »humanitären Intervention«

Mit einem Festakt wurde Anfang November 2000 in Rom das 50-jährige Bestehen der Europäischen Menschenrechtskonvention gefeiert – der wichtigsten Übereinkunft des 1949 gegründeten Europarats. Die Konvention schützt die 800 Millionen Bürgerinnen und Bürger in den 41 Mitgliedsländern des Europarats in ihren Grundrechten. Sie ist der weltweit einzige völkerrechtliche Vertrag, gegen dessen Verletzung Einzelpersonen vor einem Gericht klagen können.

Doch das öffentliche Interesse an dem Festakt in Rom war gering. Zwei Jahre zuvor, als am 10. Dezember 1998 der 50. Geburtstag der »Allgemeinen Erklärung der Menschenrechte« begangen wurde, waren das Interesse und die Beteiligung von Medien, Politikern und Nichtregierungsorganisationen noch weitaus größer gewesen. Zwischen diesen beiden Daten lag der völkerrechtswidrige Krieg der NATO gegen Serbien/Montenegro vom Frühsommer 1999. Von seinen Betreibern wurde dieser Krieg seinerzeit als »humanitäre Intervention« zu Gunsten der Kosovo-Albaner gerechtfertigt, zu der es angeblich keine Handlungsalternative gab. Dieser Krieg hat den Aufschwung, den das Menschenrechtsargument seit Ende des Kalten Krieges erfahren hatte, gestoppt.

Deutlich wurde dieser Aufschwung zunächst an der Wiener Welt-Menschenrechtskonferenz der UNO im Juni 1993. Zum Ende dieser Konferenz unterschrieben immerhin 172 der damals 186 Mitgliedsländer den Satz: »Alle Menschenrechte sind universell gültig und unteilbar.« Zudem beschloss die Konferenz eine Reihe von Maßnahmen, um die Menschenrechtsarbeit der UNO institutionell zu stärken. Unter anderem wurde das Amt eines UN-Hochkommissars für Menschenrechte geschaffen.

Nach über 40 Jahren des Kalten Krieges, während derer das Thema Menschenrechte zur Waffe im Kampf der Blöcke und Ideologien verkommen war, markierte die Wiener Konferenz einen erheblichen Fortschritt. Insbesondere das Bekenntnis aller Teilnehmerstaaten zur »Universalität und Unteilbarkeit« ausnahmslos aller Menschenrechtsnormen, die seit der Allgemeinen Erklärung von 1948 international vereinbart worden waren, weckte große Hoffnungen.

Als weiterer Meilenstein folgte schon bald die Etablierung der UN-Kriegsverbrechertribunale zu Ex-Jugoslawien und Ruanda durch den UNO-Sicherheitsrat. Damit waren die ersten Institutionen internationaler Strafjustiz seit den Gerichtshöfen der alliierten Siegermächte des Zweiten Weltkriegs in Nürnberg und Tokio geschaffen. Aus der Etablierung dieser beiden Tribunale erwuchs eine politische Dynamik, die schließlich im Sommer 1998 auf einer Konferenz in Rom zur Verabschiedung des Statuts für einen ständigen Internationalen Strafgerichtshof (ICC) zur Verfolgung von künftigen Verbrechen gegen die Menschlichkeit, Völkermord und Kriegsverbrechen führte. Seit 1946 hatte eine von der UNO-Generalversammlung beauftragte Völkerrechts-

Kommission vergeblich über die Schaffung eines Internationalen Strafgerichtshofs diskutiert.

Die Etablierung der beiden UNO-Tribunale zu Jugoslawien und Ruanda, vor allem aber die Gründung des Internationalen Strafgerichtshofs markierten zweifellos einen historischen Fortschritt bei der Anwendung und Durchsetzung menschenrechtlicher Ziele und Prinzipien, die bereits in der UNO-Charta von 1945 (Präambel sowie Artikel 1, Absatz 2) formuliert worden waren.

Doch spätestens bei der ICC-Konferenz 1998 in Rom setzte auch die Ernüchterung ein, die inzwischen zu erheblichen Zweifeln an der universellen Gültigkeit und Durchsetzbarkeit der Menschenrechte geführt hat. Denn die Weltmacht USA beharrte in Rom auf Ausnahmeregeln für ihre Staatsbürger. Als die anderen Staaten diesem Ansinnen nicht nachgaben, verweigerten die USA die Zustimmung zu dem ICC-Statut. Durch dieses Verhalten fühlten sich all jene bestätigt – nicht nur im Propagandaapparat des damaligen serbischen Präsidenten Slobodan Milosevic, sondern auch unter westeuropäischen Kritikern –, die bereits die Schaffung des UNO-Kriegsverbrechertribunals für Jugoslawien als »selektiven Akt« verurteilt hatten. Warum – so lautete die Kritik – wurden nicht auch UNO-Tribunale geschaffen zur Untersuchung vergangener Völkermord- und Kriegsverbrechen anderer Staaten – sei es der Amerikaner in Vietnam, der Sowjets in Afghanistan oder der Franzosen in Algerien? Diese immer wieder formulierte Kritik an der selektiven Anwendung menschenrechtlicher Prinzipien ist schwer von der Hand zu weisen – zumal es der 1948 verabschiedeten Genozid-Konvention zufolge bei Völkermord keine Verjährung gibt.

Eine weitere Dimension der Selektivität bei der Durchsetzung menschenrechtlicher Grundsätze wird seit vielen Jahren von den Ländern des Südens kritisiert, zunehmend aber auch von Gewerkschaften und Nichtregierungsorganisationen im Norden: Die Industriestaaten interessieren sich fast ausschließlich für die Umsetzung der zivilen und politischen Freiheitsrechte, die 1966 in Konkretisierung der »Allgemeinen Erklärung der Menschenrechte« von 1948 international vereinbart wurden. Die damals ebenfalls verkündeten wirtschaftlichen, sozialen und kulturellen Menschenrechte – wozu für viele Millionen Bewohner dieser Erde das elementare Recht gehört, nicht zu verhungern – wurden vom Norden bislang vernachlässigt. Die Globalisierung und die weltweite Handelsliberalisierung der letzten Jahre haben, anders als von den Befürwortern dieser Entwicklung im Norden behauptet, bislang nicht zu einer Verbesserung der wirtschaftlichen, sozialen und kulturellen Menschenrechtslage im Süden geführt. Das wiederum dient zahlreichen undemokratischen Regimes als Vorwand, ihren Bürgern auch zivile und politische Freiheitsrechte weiter vorzuenthalten.

Die »humanitäre Intervention« der NATO gegen Serbien/Montenegro von 1999 bedeutete einen historischen Einschnitt. Erstmals wurde ein Angriffskrieg offiziell mit menschenrechtlichen Motiven gerechtfertigt. Grundsätzlich ist eine militärische Intervention, um Völkermord und andere schwere Menschenrechtsverstöße zu verhindern oder zu beenden, zwar nicht auszuschließen – auch wenn diese Intervention die Souveränität und die territoriale Integrität eines Staates verletzt. UNO-Generalsekretär Kofi Annan hat in seinen im März 2005 unterbreiteten Vorschlägen zur UNO-Reform (siehe Anhang 3, S. 213) Voraussetzungen und Kriterien für eine derartige Intervention benannt. Beim Krieg der NATO gegen Serbien/Montenegro waren jedoch all diese Voraussetzungen und Kriterien nicht erfüllt.

Die »humanitäre Intervention« der NATO zu Gunsten der Albaner im Kosovo erfolgte bei gleichzeitiger Tatenlosigkeit oder gar völligem Schweigen der NATO-Staaten gegenüber weit gravierenderen Menschenrechtsverstößen anderswo. Beispiele hierfür seit den neunziger Jahren sind der Völkermord in Ruanda und die Kriegsverbrechen russischer Truppen in Tschetschenien. Dies nährt den Verdacht, dass der Westen zwar die Universalität und Unteilbarkeit der Menschenrechte predigt, in der Praxis aber selektiv vorgeht und überdies bei militärischen Interventionen den Menschenrechtsschutz nur zum Vorwand nimmt, um andere Motive und Interessen zu kaschieren. Dieser Verdacht unterminiert den Glauben an die Universalität und die Unteilbarkeit der Menschenrechte.

Der angloamerikanische Irakkrieg von 2003, der von den Regierungen in Washington und London zumindest nachträglich ebenfalls mit der Durchsetzung von Menschenrechten gerechtfertigt wurde, hat diese Entwicklung noch weiter vorangetrieben. Denn die Kriegsverbrechen und Menschenrechtsverletzungen der Aggressoren während der sechswöchigen Kriegsphase bleiben offensichtlich völlig folgenlos und werden von keiner nationalen oder internationalen Institution untersucht und geahndet. Und die schweren Menschenrechtsverletzungen und Verstöße gegen die Genfer Konvention, die bislang aus der Phase der anhaltenden Besatzung des Irak bekannt wurden (zum Beispiel die Misshandlungen und Folterungen in Abu Ghraib und anderen Gefängnissen), wurden nur völlig unzureichend untersucht und geahndet.

Quadratur des Kreises: Kofi Annans Reformvorschläge zur Anwendung militärischer Gewalt

»Präventivkrieg oder Völkerrecht« – vor diese historische Alternative sieht sich die in der UNO organisierte internationale Staatengemeinschaft gestellt, seitdem die Bush-Administration im September 2002 in ihrer neuen »Nationalen Sicherheitsstrategie« (NSS) für die USA ausdrücklich das Recht auf den »vorbeugenden« (präemptiven) Einsatz militärischer Mittel gegen »neue Bedrohungen« (Terrorismus, Massenvernichtungswaffen) reklamierte. Der Irakkrieg vom Frühjahr 2003 war bereits die erste praktische Inanspruchnahme dieses »Rechts« – auch wenn sich die Bush-Administration bei der Begründung dieses Krieges nicht ausdrücklich auf die NSS berief.

Seitdem brechen vielerorts die Dämme. Russlands Präsident Wladimir Putin kündigte nach dem blutig verlaufenden Geiseldrama in Beslan den »präventiven Krieg gegen den Terrorismus« an. Die Option auf den »vorbeugenden« Einsatz militärischer Mittel (ohne eindeutige Bindung an ein Mandat des Sicherheitsrates) hat Eingang gefunden in die im Dezember 2003 verabschiedete erste gemeinsame Sicherheitsstrategie der Europäischen Union »Ein sicheres Europa in einer besseren Welt« – wenn auch zurückhaltender formuliert als in der amerikanischen NSS. Russland, Frankreich, Südafrika und andere Staaten sehen bei der derzeit laufenden Neuformulierung ihrer nationalen Militärstrategien ebenfalls die ausdrückliche Aufnahme dieser Option vor.

Doch wenn das »Recht« einzelner Staaten auf den vorbeugenden Einsatz militärischer Mittel zur Norm wird, wird das Völkerrecht zerstört. UNO-Generalsekretär Kofi Annan hat diese Gefahr erkannt. Daher beauftragte er im Herbst 2003 eine hochrangige Expertenkommission damit, eine Bestandsaufnahme der wichtigsten globalen Bedrohungen vorzunehmen. Die Kommission sollte Vorschläge zur Stärkung des kollektiven Systems der UNO machen, damit die Weltorganisation künftig erfolgreicher auf die erkannten Bedrohungen und Herausforderungen reagieren kann und die Versuchung für einzelne Staaten, im militärischen Alleingang zu handeln, möglichst minimiert wird. Auf Basis des Berichts »Eine sichere Welt: unsere gemeinsame Verantwortung«, den die Kommission im Dezember 2004 vorlegte, formulierte der Generalsekretär dann seinen umfassenden Vorschlag zur Reform der UNO »In größerer Freiheit: auf dem Weg zu Entwicklung, Sicherheit und Menschenrechten für alle«, den er im März 2005 den Mitgliedsstaaten zur Umsetzung vorlegte.

Der Reformvorschlag von Generalsekretär Annan und der ihm zu Grunde liegende Kommissionsbericht sind ohne Frage die umfassendste und klügste Blaupause zur Reform und Stärkung der UNO, die seit Gründung der Weltorganisation vor 60 Jahren gezeichnet wurde. Die Ausführungen zum Thema »Kollektive Sicherheit und die Anwendung von Gewalt« sind allerdings unpräzise, sehr interpretationsfähig und dürften kaum dazu führen, das Völkerrecht zu stärken.

Das zeigte sich bereits in der öffentlichen Rezeption des Berichts. So überschrieb zum Beispiel eine große deutschsprachige Tageszeitung auf ihrer Titelseite eine Agenturmeldung mit der Schlagzeile: »UNO-Kommission für Präventivschläge«. Der ausführliche Artikel des New Yorker UNO-Korrespondenten der Zeitung auf der Auslandsseite trug hingegen die Überschrift: »UNO gegen Bushs Angriffsdoktrin«.

Am nächsten Tag druckte die Zeitung auf der Titelseite eine Korrektur unter der Überschrift: »Präventivschlag als Ausnahme«. Im dazugehörigen Artikel hieß es: »Auf Grund einer irreführenden Interpretation des UNO-Reformberichtes ist in der gestrigen Meldung ›UNO-Kommission für Präventivschläge‹ der falsche Eindruck entstanden, die Experten befürworteten die Art von Präventivschlag, den die USA im Irak gewählt haben. Richtig ist, dass sie keinem einzelnen Staat das Recht zubilligen, ohne Mandat des Sicherheitsrates eine vorbeugende Militäraktion auszuführen. In gut begründeten Einzelfällen kann der Sicherheitsrat aber einen Präventivschlag beschließen.«

Doch auch nach dieser Korrektur waren die Leser dieser Zeitung nicht vollständig und daher nicht richtig informiert. Das gilt auch für die Konsumenten fast aller anderen Zeitungen, Sender und Nachrichtenagenturen, so diese im Dezember 2004 überhaupt über die Aussagen der Reformkommission zum Thema »Gewaltanwendung« berichteten und sich nicht – wie die meisten deutschen Medien – am Gängelband der Bundesregierung und ihrer New Yorker Diplomaten auf die Erweiterung des UNO-Sicherheitsrates als angeblichem Kernstück des Reformberichts beschränkten. In fast sämtlichen Medienberichten blieb unerwähnt, dass der Kommissionsbericht in dem Kapitel »Kollektive Sicherheit und die Anwendung von Gewalt« eine Unterscheidung macht zwischen »präemptiven« militärischen Maßnahmen gegen »unmittelbar drohende oder nahe Gefahren« und »präventiven« militärischen Maßnahmen gegen Gefahren, die noch »nicht unmittelbar drohen und noch weiter entfernt« sind.

Den »präemptiven« Einsatz militärischer Mittel halten die Autoren des Berichts durchaus für legitim. Unter Verweis auf das Recht eines Staates zur Selbstverteidigung gegen einen bewaffneten Angriff gemäß Kapitel 51 der UNO-Charta schreiben sie, »nach lange etablierten Regeln des Völkerrechts« könne ein bedrohter Staat unilateral präemptive militärische Maßnahmen ergreifen, »solange der angedrohte Angriff unmittelbar bevorsteht, durch kein anderes Mittel abzuwenden ist und die Maßnahmen verhältnismäßig sind«.

Einwände erheben die Autoren des Berichts jedoch gegen den »präventiven« unilateralen Einsatz militärischer Mittel zwecks Abwehr einer »nicht unmittelbaren« Gefahr. Allerdings verwerfen sie auch einen »präventiven« Einsatz nicht eindeutig und unter allen Umständen als völkerrechtswidrig. Wenn ein Staat sich einer solchen »nicht unmittelbaren« Bedrohung gegenübersieht, »sollte« er dem UNO-Sicherheitsrat »durch handfeste Beweise erhärtete Argumente für militärische Präventivmaßnahmen« vorlegen, heißt es in dem Bericht. Der Rat könne derartige militärische Präventivmaßnahmen dann nach seinem Gutdünken genehmigen. Tue der Rat dies nicht, bleibe – da es sich ja nicht um eine unmittelbare Bedrohung handele – Zeit genug, um andere Strategien zur Gefahrenabwehr zu verfolgen, darunter Überzeugungsarbeit, Verhandlungen, Abschreckung und Eindämmungspolitik, und erst danach die militärische Option erneut zu prüfen. Denjenigen, »die einer solchen Antwort mit Ungeduld begegnen«, hält der Bericht entgegen, dass in dieser Welt voll potenzieller Bedrohungen die Gefahr für die globale Ordnung und die Norm der Nichtintervention, auf der diese Ordnung nach wie vor aufbaut, einfach zu groß sei, als dass einseitige Präventivmaßnahmen, im Unterschied zu kollektiv gebilligten Maßnahmen, als rechtmäßig akzeptiert werden könnten. Einem Staat zu gestatten, so zu handeln, bedeute, es allen zu gestatten.

Das Problem ist nur, dass der Bericht die von ihm eingeführten Begriffe nicht definiert und nicht eindeutig voneinander abgrenzt. Was eine »unmittelbare, nahe Bedrohung« ist und was nur eine »mittelbare, entferntere«, wo erlaubte militärische »Präemption« aufhört und verbotene »Prävention« anfängt – all das bleibt unklar und damit für die politische Praxis der Entscheidung einzelner Staaten überlassen.

Spätestens seit Veröffentlichung der neuen »Nationalen Sicherheitsstrategie« der USA besteht jedoch die dringende Notwendigkeit einer eindeutigen und für die politische Anwendung handhabbaren Definition und Abgrenzung der Begriffe »Präemption« und »Prävention«. Denn das nationale Strategiedokument der USA erklärt einerseits den »präemptiven« Einsatz militärischer Instrumente zum Kern der Sicherheitspolitik Washingtons. Zum anderen rechtfertigt es die Ausweitung der Präemption auf so genannte »neue Gefahren«, vor allem auf die Bedrohung durch Terroristen, Schurkenstaaten und die Verbreitung von Massenvernichtungswaffen.

Wörtlich heißt es in der NSS: »Wir müssen unsere Vorstellung davon, zu welchem Zeitpunkt eine unmittelbare Bedrohung vorliegt, an die Möglichkeiten und Ziele unserer gegenwärtigen Feinde anpassen. Schurkenstaaten und Terroristen streben nicht danach, uns mit konventionellen Waffen anzugreifen. Stattdessen setzen sie Terrorakte und möglicherweise Massenvernichtungswaffen ein – Waffen, die leicht versteckt werden können und die sich ohne Vorwarnung abfeuern lassen.«

Seit dem Herbst 2002 hatten die Regierungen Bush und Blair zur Rechtfertigung ihres geplanten Krieges gegen den Irak eine Reihe »unmittelbarer« Bedrohungen angeführt – darunter die angebliche Fähigkeit des Regimes von Saddam Hussein, westeuropäisches Territorium innerhalb von 45 Minuten mit chemischen oder biologischen Massenvernichtungswaffen erreichen zu können. Als die UNO-Rüstungsinspektoren im Irak keinerlei Beweise für die Behauptungen fanden und der Sicherheitsrat sich weigerte, die Ermächtigung für militärische Maßnahmen gegen den Irak zu beschließen, erklärten Washington und London die UNO kurzerhand für handlungsunfähig und führten eigenmächtig Krieg. Dieser Krieg war ein völkerrechtswidriger »Präventionskrieg«, ein Angriffskrieg, der von den Regierungen Bush und Blair aber als angeblich völkerrechtskonforme »präemptive« Maßnahme gerechtfertigt wurde.

Zwar hat UNO-Generalsekretär Kofi Annan den Irakkrieg inzwischen öffentlich als »illegal« und als Verstoß gegen die UNO-Charta bewertet. Die von ihm berufene Expertenkommission zur UNO-Reform, zu deren 16 Mitgliedern auch Bent Scowcroft gehörte, der ehemalige Sicherheitsberater von Präsident George Bush senior, fand in dieser Frage keinen Konsens. Folgerichtig bleiben auch die Aussagen für die künftige Praxis, die Annan für seinen Reformbericht übernommen hat, zumindest ambivalent. Einerseits lässt sich aus den beiden Berichten zwar eine Ablehnung zumindest von unilateralen (ohne Mandat des Sicherheitsrates durchgeführten) »Präventivkriegen« herauslesen. Andererseits könnte aber auch die Administration von George Bush den Bericht als Bestätigung ihrer seit der NSS offiziell formulierten Position reklamieren. So wird das Verbot der Androhung und Anwendung zwischenstaatlicher Gewalt immer weiter aufgeweicht – und damit der wichtigste Pfeiler der 1945 mit der UNO-Charta begründeten Völkerrechtsordnung langsam zerstört.

»Verantwortung zum Schutz« notfalls durch militärische Intervention

Die Reformberichte von UNO-Generalsekretär Kofi Annan und der von ihm eingesetzten Expertenkommission enthalten auch den Vorschlag, eine neue völkerrechtliche Norm der »Verantwortung zum Schutz« von Bürgerinnen und Bürgern eines Staates gegen gravierende Verletzungen ihrer Menschenrechte zu schaffen. In einer völkerrechtlich verbindlichen Resolution der Generalversammlung sollen alle 191 UNO-Staaten ausdrücklich ihre »Verantwortung zum Schutz« ihrer Bürgerinnen und Bürger vor »Genozid und anderen Formen von Massenmord, ethnischen Säuberungen oder schweren Verstößen gegen das internationale humanitäre Recht« anerkennen.

Annan und seine Reformkommission haben mit diesen Vorschlägen weitgehend die Empfehlungen des Reports »Responsibility to Protect« übernommen, den eine internationale Kommission unter Vorsitz des kanadischen Ex-Außenministers Lloyd Axworthy im Jahr 2001 vorgelegt hatte.

Diese »Verantwortung zum Schutz« soll der Souveränität der Staaten und dem Prinzip der territorialen Unverletzlichkeit gleichgestellt werden. Annan und seine Expertenkommission berufen sich bei diesem Vorschlag auf die UNO-Charta von 1945. In Artikel 1 der Charta wird als »Ziel und Grundsatz« der Weltorganisation – entgegen weit verbreiteter Ansicht – keineswegs nur die »Bewahrung von Frieden und internationaler Sicherheit« definiert, sondern auch die »Förderung und Festigung der Achtung vor den Menschenrechten und Grundfreiheiten für alle ohne Unterschied der Rasse, des Geschlechts, der Sprache oder der Religion«. Und bereits in der Präambel zur Charta bekräftigen die »Völker der Vereinten Nationen« ihren »Glauben an die Grundrechte des Menschen, an Würde und Wert der menschlichen Persönlichkeit«.

Notfalls, heißt es in den Berichten von Annan und seiner Reformkommission, müsse der Schutz vor gravierenden Menschenrechtsverletzungen Vorrang haben vor den Prinzipien der Nichteinmischung in »innere Angelegenheiten« und der territorialen Unverletzlichkeit eines Staates. Nämlich dann, wenn ein Staat »nicht in der Lage oder nicht willens ist«, seine »Verantwortung zum Schutz« seiner Bürgerinnen und Bürger wahrzunehmen.

Für diesen Fall müssten die UNO und ihr Sicherheitsrat diese Verantwortung übernehmen – »vorzugsweise« durch den Einsatz »politischer und diplomatischer, humanitärer, menschenrechtlicher und polizeilicher Instrumente«. Scheitern all diese Instrumente, solle der Sicherheitsrat »als letztes Mittel« aber auch den Einsatz militärischer Gewalt beschließen können.

Zwar untersagt Artikel 2, Absatz 7 der UNO-Charta ausdrücklich das Eingreifen »in Angelegenheiten, die ihrem Wesen nach zur inneren Zuständigkeit eines Staates gehören«. Und nach Kapitel 7 der UNO kann der Sicherheitsrat diplomatische, wirtschaftliche oder militärische Zwangsmaßnahmen gegen souveräne Staaten nur autorisieren, um »den Weltfrieden und die internationale Sicherheit zu wahren oder wiederherzustellen«. Doch Generalsekretär Annan und seine Expertenkommission verweisen darauf, »dass die UNO-Staaten bereits 1948 mit der Verabschiedung der völkerrechtlich verbindlichen Konvention über die Verhütung und Bestrafung des Völkermordes (Genozid-Konvention) übereingekommen sind, dass Völkermord, ob in Friedens- oder Kriegszeiten begangen, nach dem Völkerrecht ein Verbrechen ist, zu dessen Verhütung oder Bestrafung sie sich verpflichten«. Seither herrsche »die Auffassung, dass Völkermord, unabhängig davon, wo er verübt wird«, eine »Bedrohung der internationalen Sicherheit darstellt« und »niemals toleriert werden darf«.

Die Souveränität der Nationalstaaten, ihre territoriale Unverletzlichkeit und das Verbot der äußeren Einmischung in innere Angelegenheiten von Staaten gehören zu den Gründungsnormen der UNO und seit über 40 Jahren zu den wichtigsten Eckpfeilern des Völkerrechts. Doch seit Ende des Kalten Krieges wurde in einer Reihe von Ländern militärisch interveniert mit der Begründung, Völkermord oder andere schwere Menschenrechtsverletzungen zu beenden oder zu verhindern. Die Glaubwürdigkeit dieser Begründung variierte von Fall zu Fall erheblich. Sie war unter anderem davon abhängig, wer jeweils intervenierte und ob die Intervention mit oder ohne Mandat des UNO-Sicherheitsrates erfolgte.

Der Kosovokrieg der NATO hat die Idee einer Intervention aus »humanitären Gründen« für viele Beobachter sicher am stärksten diskreditiert. Wäre die Intervention 1994 in Ruanda erfolgt und hätte diese Intervention den Völkermord an fast einer Million Menschen verhindert, hätte dies wohl kaum Anlass zur Kritik gegeben. Damals stand die Frage der völkerrechtlichen Legitimation einer militärischen Intervention zum Schutz der deutlich erkennbar und unmittelbar von Völkermord bedrohten Menschen überhaupt nicht zur Debatte. Die Intervention in Ruanda scheiterte schlicht am Desinteresse der 15 Mitglieder des UNO-Sicherheitsrates.

Im Fall des Konflikts in der westsudanesischen Provinz Darfur, der seit Mitte 2004 breitere öffentliche Aufmerksamkeit gefunden hat, stellen sich all diese Fragen erneut – und zum Teil noch komplizierter als in den vorangegangenen Konfliktszenarien. Denn in diesem Fall war es nicht das gemeinsame Desinteresse aller 15 Ratsmitglieder an einer »humanitären Intervention« zu Gunsten von rund 1,5 Millionen an Leib und Leben bedrohten Menschen, sondern das Gegeneinander von Interessen der fünf Vetomächte.

UNO-Generalsekretär Kofi Annan und seine Expertenkommission argumentieren, dass die »aufeinander folgenden humanitären Katastrophen« der letzten 14 Jahre »in Bosnien-Herzegowina, Somalia, Ruanda, im Kosovo und jetzt in Darfur« zur »Herausbildung« der neuen völkerrechtlichen Norm der »Verantwortung zum Schutz« geführt hätten.

Es wäre wünschenswert, dass eine Resolution zur verbindlichen Vereinbarung dieser Norm von der UNO-Generalversammlung im Konsens verabschiedet wird, zumindest aber mit einer Zweidrittelmehrheit ihrer 191 Mitglieder. Das ist allerdings unwahrscheinlich. Denn Motive, Berechtigung, Verlauf und Ergebnisse der »humanitären Interventionen«, die in den letzten 14 Jahren erfolgten, werden ebenso wie die Gründe, warum manche Interventionen unterblieben sind, in der Generalversammlung nach wie vor sehr unterschiedlich eingeschätzt. Wahrscheinlich ist, dass auch ohne eine neue völkerrechtliche Norm und ohne Mandatierung durch den Sicherheitsrat weiterhin einzelne Staaten oder Staatengruppen Kriege mit humanitären Notwendigkeiten begründen. Sei es als Vorwand, hinter dem sich andere Interessen verstecken, oder sei es tatsächlich in Wahrnehmung der Verantwortung für den Schutz von Menschen vor Völkermord und anderen gravierenden Menschenrechtsverletzungen.

Die kommenden Kriege

»Erfolgreiche« Präzedenzfälle und transatlantische Gemeinsamkeiten

Mit den drei seit 1999 geführten Kriegen gegen Serbien/Montenegro, Afghanistan und den Irak haben die USA und ihre NATO-Verbündeten Präzedenzfälle für den Einsatz militärischer Gewalt unter drei neuen Begründungen bzw. Rechtfertigungen gesetzt: humanitäre Intervention, Bekämpfung von Terroristen und sie unterstützende Regierungen sowie vorbeugende Ausschaltung einer Bedrohung durch Massenvernichtungswaffen in Händen eines »Schurkenstaates«.

Die Bilanz dieser drei Kriege ist in fast jeder Hinsicht überaus negativ.

Die Kriege waren ein eindeutiger Verstoß gegen die UNO-Charta (im Fall Serbien/Montenegro) oder zumindest völkerrechtlich höchst fragwürdig (im Fall Afghanistan), die Begründungen haben sich zum Großteil als falsch erwiesen (im Fall Irak). Nichtmilitärische Instrumente zur Überwindung der tatsächlich vorliegenden wie der fälschlich behaupteten Probleme und Bedrohungen wurden überhaupt nicht oder nur völlig unzureichend eingesetzt.

Diese drei Kriege haben zwar zumindest in Kabul und Bagdad zur Beseitigung totalitärer Regimes geführt. Doch davon abgesehen haben sich die politischen und wirtschaftlichen Lebensbedingungen der Menschen im Irak, in Afghanistan und im Kosovo nach diesen Kriegen kaum verbessert. Zum Teil sind die Bedingungen sogar noch schlechter geworden. Frieden, Freiheit, Sicherheit, Durchsetzung der Menschenrechte, Minderheitenschutz, wirtschaftliche Stabilität – die meisten der hehren Versprechungen und wohlklingenden Ziele, mit denen diese Kriege begründet wurden, haben sich bislang nicht erfüllt.

Der Krieg gegen den Irak und die anhaltende Besatzung des Landes haben sich darüber hinaus sogar als kontraproduktiv erwiesen – bezogen auf die behaupteten Kriegsziele »Eindämmung der Weiterverbreitung von Massenvernichtungswaffen« sowie »Bekämpfung des Terrorismus«. Und es wurden neue Probleme und Konflikte geschaffen, die vor dem Krieg nicht existierten. Denn inzwischen ist der Irak tatsächlich zum Anziehungspunkt und Betätigungsfeld für ausländische Terroristen geworden. Und in den Hauptstädten mancher Länder, die auf Washingtons Liste der »Schurkenstaaten« stehen oder sich dort verzeichnet wähnen, hat der Irakkrieg den Anreiz zur Entwicklung eigener Atomwaffen nicht geschwächt, sondern gestärkt. Denn A-Waffen gelten diesen Ländern als einzige verlässliche Versicherung gegen einen Angriff der USA.

Schließlich sind die finanziellen Kosten, die die Steuerzahler in den USA und den anderen NATO-Staaten für die Kriege und für die anhaltende Besatzung bzw. militärische Präsenz in den drei Konfliktregionen zu tragen haben, um vieles höher, als zunächst veranschlagt.

Doch trotz dieser überaus negativen Bilanz werden die drei Kriege von den Regierungen, die sie jeweils geführt haben, nach wie vor als »richtig« und »notwendig« gerechtfertigt, als »unumgänglich« und »alternativlos«, als »völkerrechtskonform« und »erfolgreich«. So spricht Bundesaußenminister Joseph Fischer über den Kosovokrieg der NATO und die deutsche Beteiligung daran. Und so bewertet US-Präsident George Bush den Irakkrieg.

Dass es über den Irakkrieg vom Frühjahr 2003 zu erheblichen Kontroversen zwischen den Regierungen in Berlin und Washington kam, war keineswegs Ausdruck einer grundsätzlichen Differenz über den Einsatz militärischer Mittel, sondern lediglich unterschiedlichen Interessenlagen und realpolitischen Einschätzungen in dem konkreten Fall geschuldet.

Auch mit Blick auf künftige Kriege überwiegen zunächst einmal noch die Gemeinsamkeiten – nicht nur zwischen Deutschland und den USA, sondern zwischen Nordamerika und allen europäischen Staaten sowie auch Russland. Das gilt für die Wahrnehmung und die Analyse von Bedrohungen sowie für die Bereitschaft, gegen diese Bedrohungen und auch zur Durchsetzung eigener strategischer und wirtschaftlicher Interessen militärisch vorzugehen.

Hinsichtlich der Kapazitäten und Fähigkeiten zu militärischen Interventionen – zumal im weltweiten Maßstab – gibt es bislang hingegen noch ein erhebliches Gefälle zwischen den USA und den anderen für die künftige Globalpolitik relevanten Akteuren Europa, China, Russland, Indien und Japan. Dieses Gefälle gewinnt in dem Maße an Bedeutung, in dem sich die Schere zwischen der globalen Nachfrage und dem Angebot an Öl und anderen fossilen Energieträgen in den nächsten Jahren dramatisch öffnen wird. Entsprechend wird sich der Verteilungskampf um die immer knapperen fossilen Ressourcen erheblich verschärfen. Damit und angesichts der bislang viel zu geringen politischen Bereitschaft, in nennenswertem Umfang auf nachhaltige Energieressourcen (Sonne, Wind, Wasser, Biomasse) umzuschalten, wächst der Druck bei den globalen Akteuren, sich für diesen Verteilungskampf und die Sicherung der benötigten fossilen Energieressourcen auch militärisch zu rüsten.

Verengte Bedrohungswahrnehmung und militarisierte Antworten

Die transatlantischen Gemeinsamkeiten (unter Einschluss Russlands) zeigen sich sehr deutlich bei der verengten Wahrnehmung globaler Bedrohungen und Herausforderungen sowie bei der Schwerpunktsetzung auf militärische Antworten.

Zunächst definierte die Bush-Administration in ihrer neuen »Nationalen Sicherheitsstrategie« (NSS) vom 20. September 2002 zwei »Hauptbedrohungen«: Terrorismus und die Verbreitung von atomaren, chemischen und biologischen Massenvernichtungswaffen. Als »Worst-case«-Szenario gelten »Schurkenstaaten«, die über Massenvernichtungswaffen verfügen und diese an Terroristen weitergeben. Andere globale Herausforderungen wie Hunger, Unterentwicklung, Aids oder Umweltzerstörung, die für die große Mehrheit der Menschen in den Ländern des Südens die drängendste alltägliche Bedrohung darstellen, werden in der NSS nur ganz am Rande erwähnt.

Nicht nur das weiterhin wesentlich von den USA dominierte Militärbündnis NATO hat die in der amerikanischen NSS formulierte Beschreibung und Gewichtung der globalen Bedrohungen fast wortgleich übernommen (zum Beispiel in den Abschlusserklärungen der NATO-Ratssitzungen vom 3. Juni und 4. Dezember 2003). Auch die Europäische Union hat in ihrer im Dezember 2003 vom EU-Rat verabschiedeten ersten gemeinsamen Sicherheitsstrategie »Für ein sicheres Europa in einer besseren Welt« eine ähnliche Gewichtung vorgenommen. Auf globale sozioökonomische und ökologische Herausforderungen geht die EU-Strategie zwar etwas ausführlicher ein als die amerikanische NSS. Doch auch die EU-Strategie identifiziert schließlich »Terrorismus« und die »Weiterverbreitung von Massenvernichtungswaffen« als die beiden Hauptbedrohungen der heutigen Zeit. Sehr stark gewichtet sie auch das Problem so genannter »gescheiterter Staaten« – Länder ohne funktionierende zentrale Regierungsgewalt, deren Territorien als logistische Basis für organisierte Kriminalität, Drogenhandel und Terroristen dienen könnten.

Die von den USA, der NATO und der EU formulierten Bedrohungswahrnehmungen haben auch Eingang gefunden in die Dokumente, die seit 2003 gemeinsam mit Russland und anderen osteuropäischen Staaten beschlossen wurden. Beispiele hierfür sind die Abschlusserklärung des Gipfeltreffens EU – Russland vom 31. Mai 2003 sowie des Euro-Atlantischen Partnerschaftsrats der NATO vom 5. Dezember 2003. Auch die Organisation für Sicherheit und Zusammenarbeit in Europa (OSZE) verabschiedete am 2. Dezember 2003 ein Strategiepapier, in dem Terrorismus und die Weiterverbreitung von Massenvernichtungswaffen als Hauptbedrohungen definiert werden.

Die amerikanische NSS und die EU-Sicherheitsstrategie ähneln sich auch bei der Beschreibung der Instrumente, mit denen auf die als zentral angesehenen Bedrohungen reagiert werden soll: Es sind in erster Linie militärische. Zwar werden politische, wirtschaftliche und andere zivile Instrumente zur Prävention und Bearbeitung von Konflikten sowie zur Überwindung erkannter Bedrohungen durchaus benannt – im Strategiedokument der EU wiederum ausführlicher als in der amerikanischen NSS. Doch das bleiben im Wesentlichen unverbindliche Lippenbekenntnisse. Die Beschreibung konkreter Institutionen, Ressourcen, Kapazitäten, Aufgaben und Fähigkeiten findet in der NSS ausschließlich und im EU-Dokument überwiegend im Hinblick auf militärische Instrumente statt. In den außen- und sicherheitspolitischen Kapiteln des Entwurfs für eine EU-Verfassung findet sich eine ähnliche Schieflage wie in der EU-Sicherheitsstrategie.

In der NSS wird der »vorbeugende« (präemptive) Einsatz militärischer Mittel ausdrücklich und ausführlich gerechtfertigt als unerlässliche Maßnahme zur Abwehr der »neuen« Hauptbedrohungen. Die EU-Sicherheitsstrategie ist etwas zurückhaltender formuliert. Im ersten (englischen) Entwurf des Dokuments vom Juni 2003 war zwar in direkter Anlehnung an die NSS noch der Satz enthalten: »preemptive engagement can avoid more serious problems in the future«. Doch in der im Dezember 2003 verabschiedeten endgültigen Fassung ist dieser Satz entfallen. Aus dem Gesamtzusammenhang des ansonsten unveränderten Kapitels, in dem dieser Satz ursprünglich stand, wird jedoch deutlich, dass sich die EU die Option auf »vorbeugende« militärische Handlungen durchaus offen hält.

One down, two to go – von den »Schurkenstaaten« zur »Achse des Bösen«

»Staaten wie Irak, Iran und Nordkorea und ihre terroristischen Verbündeten bilden eine Achse des Bösen. Sie bewaffnen sich, um den Weltfrieden zu bedrohen.«

So konkret, öffentlich und an so prominenter Stelle wie George Bush in seiner »State of the Union«-Rede vom 28. Januar 2002 hatte noch nie ein US-Präsident andere Länder zu »Schurkenstaaten« erklärt, seit der Begriff Ende der siebziger Jahre erstmals im amerikanischen Politikvokabular aufgetaucht war. Damals hatte das *Wall Street Journal* den US-Bundesstaat Ohio wegen seiner Umweltpolitik als »rouge state«, Schurkenstaat, gegeißelt. Nach seiner Wahl im Jahr 1980 richtete der republikanische Präsident Ronald Reagan den »Schurkenstaat«-Vorwurf an Länder mit repressiven Regimes – allerdings nur an solche, die damals im gegnerischen ideologischen Lager standen oder für die USA keine strategische oder geopolitische Bedeutung besaßen.

Nicht nur Reagans republikanischer Nachfolger George Bush, auch der 1992 zum Präsidenten gewählte Demokrat Bill Clinton übernahm den Begriff – und zwar für Staaten, die sich aus Sicht Washingtons »international unverantwortlich« verhielten. Clintons Außenministerin Madeleine Albright erklärte den Kampf gegen die »Schurkenstaaten« im September 1997 zu »einer der größten Herausforderungen unserer Zeit, weil es der einzige Existenzzweck dieser Staaten ist, unser System zu zerstören«.

Doch trotz der häufigen Verwendung des Begriffs hat Washington niemals eine offizielle »Schurkenstaaten«-Liste vorgelegt. Auf Grund verschiedener offiziöser Äußerungen und Dokumente ist davon auszugehen, dass bis zu 20 verschiedene Staaten zeitweise die Ehre hatten bzw. noch haben, auf dieser Liste geführt zu werden. Darunter Iran, Libyen, Nordkorea, Irak, Syrien, Pakistan, Sudan, Afghanistan, Kuba und Indien. Eine präzise Definition des Begriffs legte Washington nicht vor. Das erlaubte dessen willkürliche Anwendung etwa zur Begründung der Wirtschaftssanktionen gegen den Iran.

Selbst der Bericht einer Regierungskommission unter Vorsitz des heutigen Verteidigungsministers Donald Rumsfeld, mit dem die »Schurkenstaaten«-Theorie 1998 immerhin zur offiziellen Doktrin der USA erklärt wurde, lieferte weder eine Definition, noch wurde eine Liste vorgelegt. Der Bericht warnte vor »Bemühungen einer Reihe offen oder potenziell feindlicher Staaten, sich Raketen mit biologischen oder nuklearen Sprengköpfen zu beschaffen«. Die daraus abgeleitete »wachsende Bedrohung der USA und ihrer Verbündeten« wurde zur Begründung für die Pläne Washingtons für ein nationales Raketenabwehrsystem genutzt.

Im Juni 2000 erklärte Außenministerin Albright dann überraschend, die Clinton-Regierung habe Iran, Libyen und Nordkorea von der Liste der »Schurkenstaaten« gestrichen. Eine Begründung lieferte Albright nicht. Allerdings betonte sie, Washington bleibe »besorgt darüber, dass die drei Länder weiterhin den internationalen Terrorismus fördern, Raketenprogramme entwickeln und danach trachten, das internationale Zusammenleben zu stören«.

Wenig später wurde der Begriff »rouge states« von Washington offiziell ganz aufgegeben und ersetzt durch die vermeintlich mildere Bezeichnung von den »Staaten, die Besorgnis erregen« (»states of concern«). Auch hierzu gibt es bis heute weder eine offizielle Definition noch eine Liste.

Keineswegs willkürlich oder beliebig, sondern ein sehr bewusster Akt war die Stigmatisierung des Irak, des Iran und von Nordkorea als »Achse des Bösen« durch Präsident Bush im Januar 2002. Denn die drei Länder beziehungsweise ihre Regierungen stellen aus Sicht Washingtons (nicht nur der Bush-Administration und der Republikaner) ein Hindernis dar für die Durchsetzung wichtiger geopolitischer Interessen der USA in der ressourcenreichen Region Mittlerer Osten/Zentralasien sowie in Ostasien.

Bush fügte der Stigmatisierung der drei Staaten eine konkrete Drohung an: »Das Bemühen dieser Regimes um Massenvernichtungswaffen bedeutet eine schwerwiegende und wachsende Gefahr. Sie könnten diese Waffen an Terroristen weitergeben. Ich werde dieser wachsenden Gefahr nicht tatenlos zusehen.«

Öl war das Hauptmotiv für den Regimesturz in Bagdad

Im Fall Irak hat Bush seine Drohung inzwischen in die Tat umgesetzt. Bei der Beseitigung des Regimes von Saddam Hussein ging es Washington – allen anders lautenden Behauptungen zum Trotz – in erster Linie um Öl. Und zwar in mehrfacher Hinsicht.

Zum einen ging es um das irakische Öl selbst. Mit bekannten Vorkommen von rund 112 Milliarden Barrel ist der Irak das Land mit den zweitgrößten Ölreserven der Welt (hinter Saudi-Arabien mit rund 220 Mrd. Barrel und vor dem Iran mit 90 Mrd. sowie Kuwait und den Golfemiraten mit zusammen auch noch einmal rund 90 Mrd. Barrel).

Nirgendwo auf der Welt ist die Förderung von Öl preiswerter als im Irak, weil die Ölfelder hier sehr dicht unter der Erdoberfläche liegen, die wiederum fast ausschließlich aus Sand besteht. (Zum Vergleich: Im Jahr 2000 kostete die Förderung eines Barrels Öl im Irak umgerechnet rund sieben US-Dollar, in den russischen Ölfeldern in Sibirien hingegen über 16 Dollar.) Die irakischen Ölfelder gehören zu den wenigen in der Welt, die den »Peak Point«, den Spitzenwert der Förderung, noch nicht überschritten haben und wo sich – eine Reparatur der im Golfkrieg von 1991 zerstörten Ölanlagen und eine politische Befriedung des Landes vorausgesetzt – die Ölproduktion noch erheblich steigern lässt.

Das Interesse der USA an irakischem Öl wird angesichts des

prognostizierten Mehrbedarfs an Importen um mindestens 60 Prozent bis zum Jahr 2020 in Zukunft erheblich zunehmen. Zumal die USA mit der realistischen Möglichkeit rechnen müssen, dass Saudi-Arabien, seit dem irakischen Überfall auf Kuwait im Jahre 1990 (neben Israel) ihr wichtigster Verbündeter in der Nahostregion, demnächst als verlässlicher Öllieferant ausfällt, weil die Monarchie in Riad durch eine islamistische Revolution gestürzt wird – so wie 1979 das (ebenfalls von den USA und dem ganzen Westen gestützte) Schahregime im Iran.

Eben diese Befürchtung einer islamistischen Revolution in Saudi-Arabien hatte Richard Perle – Vize-Verteidigungsminister unter Präsident Reagan in den achtziger Jahren und während der ersten Amtszeit von Präsident Bush Vorsitzender des wichtigsten Beratungsausschusses für das Pentagon – bereits im Juni 1996 ausgesprochen. In einem Beratungspapier für den damals gerade gewählten israelischen Premierminister Benjamin Netanjahu plädierte Perle für einen »klaren Bruch« (»clean break«) mit der damaligen Nahostpolitik Washingtons und für eine »neue Strategie zur Erhaltung der Vorherrschaft« der USA und Israels in der Region.

Punkt eins des Beratungspapiers: Israel solle den Oslo-Friedensprozess mit den Palästinensern beenden, sich nicht mehr auf ähnliche Verhandlungen einlassen und seine Interessen gegenüber den Palästinensern wie den arabischen Staaten kompromisslos durchsetzen.

Punkt zwei: Ausgehend von der Erwartung einer islamistischen Revolution in Riad drängte Perle darauf, dass die USA Saudi-Arabien rechtzeitig durch den Irak ersetzen. Dem dafür unerlässlichen Sturz nicht nur von Saddam Hussein, sondern des gesamten Regimes der Baath-Partei im Irak werde – so Perles Prognose – als Domino-Effekt über kurz oder lang der Kollaps des Baath-Regimes in Syrien folgen. Damit gerate dann auch der Libanon endlich wieder unter die volle Kontrolle Israels und der USA, schrieb Perle in seinem Beratungspapier für Netanjahu, das sich wie eine Blaupause für die Entwicklung liest, die seitdem in der Nahostregion eingetreten ist.

Neben dem unmittelbaren Interesse an irakischem Öl selbst war wesentliches Kriegsziel für die USA aber auch die Kontrolle über den gesamten Irak wegen seiner wichtigen geostrategischen Lage: als Transitland für den Transport von Öl aus anderen Ländern. Der Irak verfügt über lange Grenzen zum Iran, zu Saudi-Arabien, zu Syrien und zur Türkei sowie über Häfen am Persischen Golf, einer der wichtigsten Schifffahrtsstraßen für den internationalen Öltransport. Die Bush-Administration hat mit der derzeitigen Übergangsregierung in Bagdad bereits die militärische Präsenz amerikanischer Streitkräfte im Irak auf Dauer sowie die Nutzung von mindestens sechs Militärbasen auf irakischem Territorium vereinbart. Damit können die USA nicht nur die Kontrolle über die Ölfelder, die Pipelines und strategischen Verkehrsverbindungen im Irak behalten, sondern das irakische Territorium künftig auch für militärische Interventionen in benachbarte Länder nutzen.

Schließlich gab es für Washington einen weiteren, ebenfalls mit Öl-Fragen verbundenen Grund, das Regime in Bagdad zu stürzen. Seit dem Jahr 2000 fakturierte Saddam Hussein das Öl, das sein Regime unter dem UNO-Programm »Öl für Nahrungsmittel« verkaufen durfte, nicht mehr in US-Dollar, sondern in Euro. Andere Ölförderländer – darunter Venezuela – folgten Bagdads Beispiel. Weitere Staaten bekundeten ihre Absicht, ihr Öl auf den Weltmärkten ebenfalls gegen Euro zu verkaufen. Diese Entwicklung hätte mittelfristig die Funktion des US-Dollars als globale Leitwährung gefährdet. Denn diese Funktion gründet – nicht ausschließlich, aber in erster Linie – auf der Tatsache, dass Öl bislang auf dem Weltmarkt in Dollar fakturiert wird.

Verliert der Dollar aber seine Funktion als globale Leitwährung, könnten die USA nicht länger wie bislang ihr riesiges Haushaltsdefizit auf den Rest der Welt abwälzen. Und dieses Haushaltsdefizit ist von lediglich 20 Milliarden Dollar zum Ende der

Clinton-Administration im Dezember 2000 bis Anfang 2005 auf über 700 Milliarden Dollar angewachsen. Eine wesentliche Ursache hierfür sind die Kosten des Irakkrieges und der nachfolgenden Besatzung. Zusätzlich zu dieser Haushaltsverschuldung verzeichneten die USA Anfang 2005 ein Außenhandelsdefizit in derselben Größenordnung.

Iran – von erheblicher geostrategischer Bedeutung für die USA und für Europa

Der Iran ist von mindestens ebenso großem geostrategischen Interesse wie der Irak – nicht nur für die USA, sondern auch für Europa. Denn der Iran verfügt über die drittgrößten Ölreserven der Welt sowie (nach Russland) über die zweitgrößten Vorräte an Erdgas. Das Land hat gemeinsame Grenzen mit dem Irak, mit Pakistan, Afghanistan und der zentralasiatischen Ex-Republik der Sowjetunion, Turkmenistan. Zudem ist der Iran neben Russland, Aserbeidschan, Kasachstan und Turkmenistan Anrainerstaat des Kaspischen Meeres mit seinen großen Öl- und Gasvorkommen. Schließlich kontrolliert der Iran die gesamte Ostküste des Persischen Golfs. Mit knapp 70 Millionen Einwohnern, davon rund zwei Drittel unter 30 Jahren, ist der Iran die bedeutendste Regionalmacht in Zentralasien mit einem ungeheuren wirtschaftlichen und politischen Potenzial und einer reichen, jahrtausendealten Kultur. Allerdings haben die 27-jährige blutige Diktatur des Schah-Regimes, die islamische Revolution von 1979, der Krieg mit dem Irak (dem über eine Million Iranerinnen und Iraner zum Opfer fielen) sowie drei Erdbeben größten Ausmaßes (1990, 2003, 2005) in der iranischen Gesellschaft tiefe Traumata und Depressionsspuren hinterlassen. Hinzu kommen die Folgen der umfassenden Sanktionen, die die USA in Reaktion auf den Sturz der Schah-Diktatur und die Machtergreifung der Ayatollahs in Teheran im Jahre 1979 gegen den Iran verhängt haben.

Der Streit um Teherans Atomprogramm

Washingtons Wirtschaftssanktionen sind allerdings nur ein Grund für das historisch schwer belastete Verhältnis zwischen dem Iran und den USA, ohne das die Irrationalitäten und die – scheinbare – Ausweglosigkeit des aktuellen Konflikts um das iranische Atomprogramm nicht verständlich werden.

Die Anfänge liegen schon über 50 Jahre zurück. Im August 1953 wurde im Iran die zwei Jahre zuvor demokratisch gewählte Regierung von Ministerpräsident Mohammad Mossadegh mit Hilfe der Geheimdienste der USA und Großbritanniens gestürzt und durch die blutige Diktatur des Schahs von Persien ersetzt. Mossadegh hatte sich den Unwillen der Regierungen in Washington und London zugezogen, weil er die Ölfelder des Iran, die bis zu seiner Wahl von britischen und US-amerikanischen Konzernen kontrolliert und ausgebeutet wurden, verstaatlicht hatte, damit die Erlöse aus dem Ölverkauf dem iranischen Volk zugute kamen.

Viele ältere Iranerinnen und Iraner, die den Sturz ihrer demokratisch gewählten Regierung noch miterlebt haben, konnten das Trauma bis heute nicht überwinden. Und es klingt wie bitterer Hohn in ihren Ohren, wenn die heutige Regierung der USA den Krieg gegen den Irak und ihre gesamte Politik gegenüber dem Mittleren Osten mit der Notwendigkeit des Demokratie-Exports begründet, weil die Völker und Staaten dieser Region bislang nicht zur Demokratie aus eigener Kraft fähig gewesen seien. Die 26 Jahre der blutigen Unterdrückung durch die von den USA (und vom gesamten Westen) unterstützte Schah-Diktatur haben bei vielen Iranerinnen und Iranern ein tiefes Misstrauen gegenüber jeder Form äußerer Einmischung in die Angelegenheiten des Landes hinterlassen.

Die islamische Revolution von 1979 hingegen traf die US-Politik völlig unvorbereitet. Der Schock in Washington wurde noch verstärkt durch die nachfolgende Geiselnahme in der Teheraner US-Botschaft und Präsident Jimmy Carters missglückte Militäraktion zur Befreiung der Geiseln. 1980 griff der Irak unter Saddam Hussein den Iran an und wurde in diesem achtjährigen Krieg vom Westen einschließlich der USA unterstützt. Das Pentagon lieferte den irakischen Streitkräften sogar die Zieldaten für den Einsatz von Chemiewaffen. Insgesamt 63 Mal während des achtjährigen Krieges setzte der Irak chemische Massenvernichtungswaffen gegen iranische Truppen ein. Diese Einsätze hatten verheerende Folgen und waren letztlich kriegsentscheidend, weil sie die ansonsten sichere Niederlage des Angreifers Irak verhinderten. Im März 1988 griff Saddam Husseins Luftwaffe zudem das Dorf Halabscha im kurdischen Norden des Irak an und tötete über 5.000 seiner Einwohner.

Die Verwendung chemischer Waffen durch die irakischen Streitkräfte war ein klarer Verstoß gegen das Völkerrecht. Zwar existiert ein umfassendes weltweites Verbot für die Entwicklung, Herstellung, Lagerung und den Einsatz von C-Waffen erst seit 1993. Der Ersteinsatz – und darum handelte es sich bei jedem der 64 irakischen Einsätze – war jedoch bereits durch das Genfer Giftgasprotokoll von 1925 verboten. Dennoch stießen die zahlreichen Proteste Teherans gegen die irakischen Chemiewaffeneinsätze beim UNO-Sicherheitsrat auf taube Ohren. Als der irakische Giftgasangriff gegen die Kurden von Halabscha im März 1988 weltweite Empörung auslöste, setzte die US-Regierung – um die Kritik von ihrem damaligen Verbündeten Saddam Hussein abzulenken – sogar die Propagandalüge in die Welt, dieser Angriff sei von der iranischen Luftwaffe verübt worden.

Diese Erfahrung aus dem Krieg mit dem Irak hat das Vertrauen der Iraner auf Schutz gegen ausländische Aggression durch das kollektive System der UNO und durch multilaterale Rüstungskontrollabkommen nachhaltig erschüttert. Zumindest für die militärischen und sicherheitspolitischen Eliten in Teheran ist es seitdem die wichtigste Zielsetzung, eine strategische Unterlegenheit und Verwundbarkeit, wie sie das Land in den achtziger Jahren erlebte, in der Zukunft unter allen Umständen auszuschließen. Zumindest eine Minderheitsfraktion unter den Eliten hält dies nur für möglich, wenn sich der Iran atomar bewaffnet. Sie verweist dabei unter anderem auf die Bedrohung durch das Atomwaffenarsenal Israels.

Diese Fraktion in Teheran ist seit den Terroranschlägen vom 11. September 2001 deutlich gestärkt worden. Zum einen durch die seitdem eskalierenden Drohgebärden der Regierungen Scharon und Bush gegen den Iran. Zum anderen hat sich in Teheran die Wahrnehmung der Bedrohung und der militärischen Einkreisung durch die USA verstärkt, nachdem der Sturz der Regimes in Kabul und Bagdad durch die US-Streitkräfte militärisch relativ problemlos und schnell erfolgte und seitdem die USA (zusätzlich zur schon zuvor bestehenden US-Militärpräsenz im Südosten der Türkei und im Persischen Golf) weitere Stützpunkte in Irans unmittelbaren Nachbarländern Afghanistan, Irak sowie in drei ex-sowjetischen Republiken im Nordosten des Landes errichtet haben.

Noch zusätzlich verstärkt wurde diese Wahrnehmung, als im Januar 2005 durch Recherchen des US-Journalisten Seymour Hersh bekannt wurde, dass die US-Luftwaffe bereits Aufklärungsmissionen über iranischem Territorium geflogen und geheime Kommandos ins Land geschickt hat, um potenzielle Ziele für Luftangriffe auszuspionieren.

Doch der US-amerikanische Druck auf den Iran stärkt nicht nur diejenigen in Teheran, die tatsächlich aktuell eine Atombewaffnung anstreben oder die diese Option zumindest vorläufig offen halten wollen – zumindest bis zu einem Abkommen über eine von ABC-Waffen freie Region Naher und Mittlerer Osten, das auch zu einer Beseitigung der israelischen Atomwaffenarsenale führt. Der Druck aus Washington erleichtert es auch den konservativen Hardlinern, unter Verweis auf Außenbedrohungen die Repression gegen die Reformkräfte und die demokratische Opposition im Iran zu verschärfen.

Die Vorstellung neokonservativer Ideologen und Strategen in der Bush-Administration, militärische Drohungen oder gar tatsächliche Angriffe gegen den Iran führten zu einer Revolte des Volkes gegen das Regime und zu dessen Sturz, sind mindestens so abwegig wie die inzwischen gründlich widerlegten Fehleinschätzungen Washingtons im Hinblick auf den Irak. In der aktuellen Streitfrage des iranischen Atomprogramms stehen nach allen verfügbaren Umfragen mindestens 90 Prozent der iranischen Bevölkerung hinter der Haltung der Regierung, das Programm zur Nutzung der Atomkraft inklusive des Verfahrens der Urananreicherung fortzusetzen und keinerlei Einschränkungen zuzustimmen – schon gar nicht unter US-amerikanischem Druck. Auch das Parlament steht fast völlig geschlossen hinter dieser Haltung. Im Vorfeld der Präsidentschaftswahlen vom Juni 2005 nutzten der siegreich daraus hervorgegangene neue Präsident Ahmadinedschad wie auch der unterlegene Gegenkandidat Rafsandschani den Konflikt um das iranische Atomprogramm zur Aufheizung nationalistischer Stimmungen, um damit ihre Wahlchancen zu erhöhen.

Wollen die Mullahs die Atombombe? Iran und der Atomwaffensperrvertrag

Wollen die Mullahs in Teheran die Atombombe? Haben sie sie vielleicht sogar schon? Für die neokonservativen Ideologen aus den USA, die auf militärische Maßnahmen gegen den Iran drängen, ist die Antwort auf diese Frage klar und die Beweislage eindeutig. Eine Kostprobe ihrer Argumentation lieferte Jeff Gedmin am 20. Januar 2005 in der *BILD*-Zeitung. Gedmin, langjähriger Mitarbeiter des American Enterprise Instituts, eine der führenden neokonservativen Denkfabriken in Washington, und seit Dezember 2002 Direktor des Berliner Aspen-Instituts, nutzt seine Funktionen intensiv und mit großem, zumeist unkritischem Medienecho zur Verbreitung neokonservativer Propaganda in Deutschland.

Unter der Überschrift »Haben die Mullahs die Bombe? Präsident George W. Bush schließt einen Militärschlag gegen Iran nicht aus« nannte der »US-Außenpolitik-Experte Jeff Gedmin« in der *BILD*-Zeitung »10 Gründe, warum das Reich der Mullahs so gefährlich ist«. In dem Artikel hieß es unter anderem:

»1) Die Mullahs bauen die Bombe: Es gibt keinen Zweifel daran, dass die Mullahs die Bombe bauen wollen. Das könnte in fünf bis zehn Jahren der Fall sein, vielleicht auch früher. (...)
5) Die Mullahs bedrohen Israel: Die geistlichen Führer in Teheran nennen Israel in ihren Reden ein ›Krebsgeschwür‹, das es ›auszurotten‹ gilt. Und sie drohen: ›Eine einzige Atombombe hat die Kraft, den Staat Israel vollständig auszulöschen.‹ Der Iran kann seinen Erzfeind bereits jetzt mit Langstreckenraketen angreifen. (...)
7) Die Mullahs könnten auch Europa angreifen: Westliche Geheimdienste gehen davon aus, dass der Iran schon bald über Langstreckenraketen verfügen könnte, die europäische Länder wie Griechenland, Polen, genauso wie Indien, Russland und die Türkei erreichen. Auch eine Fernrakete mit 2.600 Kilometern Reichweite könnte in Planung sein – damit wären sogar Ziele in Sachsen und Bayern bedroht.
8) Die Mullahs haben auch Chemie- und Biowaffen: Die renommierte, unabhängige US-Organisation Globalsecurity.org geht davon aus, dass der Iran bereits zu militärischen Einsätzen mit Chemiewaffen in der Lage ist und auch an Biowaffen forscht.
9) Die Mullahs belügen die Welt systematisch: Niemand kann ernsthaft bestreiten, dass uns diese gewaltbesessene Diktatur in den vergangenen 18 Jahren systematisch über ihr Atomprogramm belogen hat. Deshalb ist es nur ehrlich, dass US-Präsident Bush nicht alle Optionen ausschließt. Denn würde er das nicht sagen, würde er automatisch mit schlechteren Karten spielen.
10) Die Mullahs wollen einen Keil zwischen Amerika und Europa treiben: Die Mullahs spielen mit Europa und den Vereinigten

Staaten Katz und Maus. Sie versuchen zu spalten. Hier verhandeln, dort drohen, dann wieder einlenken. Sie täuschen, tricksen und tarnen, um Zeit für ihre Aufrüstung zu gewinnen.«

Mit ähnlichen simpel gestrickten Argumenten und sachlich weitgehend falschen Behauptungen hatte Gedmin in den Jahren 2002 und 2003 auch für einen Krieg gegen den Irak und für die Beteiligung Deutschlands daran plädiert.

Gedmins Behauptungen über bereits vorhandene iranische B- und C-Waffen haben sich inzwischen ebenso als falsche »Erkenntnisse« der US-Geheimdienste herausgestellt wie die »Beweise« für irakische Massenvernichtungswaffen vor dem Krieg vom Frühjahr 2003.

Für die Behauptung, der Iran habe unter Verstoß gegen den Atomwaffensperrvertrag (»Non Proliferation Treaty«, NPT) bereits damit begonnen, Atomwaffen zu entwickeln, hat die für die Überwachung der iranischen Atomanlagen zuständige Internationale Atomenergieorganisation (IAEO) in Wien bis heute keinerlei Beweise finden können – trotz regelmäßiger Kontrollen, zu deren Verschärfung Teheran sich im Herbst 2004 mit der Unterzeichnung eines NPT-Zusatzprotokolls zudem bereit erklärt hat.

In der Vergangenheit hat die IAEO Teheran zweimal wegen Verletzungen des Vertrags kritisiert. Zum einen betrieb der Iran das Verfahren der Urananreicherung zunächst, ohne die IAEO darüber zu informieren. Die Anwendung dieses Verfahrens ist unter dem NPT nicht verboten, solange das Uran zum ausschließlichen Zweck der atomaren Energiegewinnung nur gering angereichert wird. Die Urananreicherung wird von zahlreichen NPT-Staaten praktiziert. Doch nach den Bestimmungen des NPT muss die IAEO spätestens bei Beginn der Inbetriebnahme von Anreicherungsanlagen informiert werden, welche dann den IAEO-Inspektoren für regelmäßige Kontrollen geöffnet werden müssen.

Die zweite Verletzung des Atomwaffensperrvertrags bestand darin, dass der Iran Ende der neunziger Jahre einmal einige

Gramm hoch angereichertes, waffenfähiges Uran produzierte – allerdings eine viel zu geringe Menge, um damit auch nur einen einzigen Atomsprengkopf herstellen zu können.

Die Bush-Administration argumentiert, mit den Mitteln der Rüstungskontrolle, die der NPT vorsieht, lasse sich nicht verlässlich feststellen, ob ein Land in seinen Atomanlagen Uran nur niedergradig zur Energiegewinnung oder hochgradig zur Entwicklung atomarer Waffen anreichert. Zudem sei dem Iran wegen der beiden früheren Verletzungen des NPT und wegen aggressiver Absichten Israel gegenüber grundsätzlich nicht über den Weg zu trauen. Daraus leitet die amerikanische Regierung die ultimative, mit militärischen Drohungen unterfütterte Forderung ab, Teheran müsse das Verfahren der Urananreicherung vollständig und endgültig aufgeben und die entsprechenden Anlagen unter internationaler Kontrolle wieder abbauen. Zudem erhebt die Bush-Administration – bislang ohne jeden Beweis – den Vorwurf, der Iran unterhalte über die Einrichtungen hinaus, die der IAEO bekannt sind und von ihr regelmäßig kontrolliert werden, weitere hochgeheime unterirdische Anlagen, in denen die Atomwaffenentwicklung betrieben werde.

Unter dem NPT-Vertrag hat der Iran ausdrücklich das Recht, alle existierenden Verfahren und Technologien zur atomaren Energiegewinnung – einschließlich der Urananreicherung – ohne Einschränkung zu nutzen. Die Regierung in Teheran besteht auf diesem souveränen Recht. Sie begründet die Notwendigkeit einer stärkeren Nutzung der Atomenergie mit dem Ziel, die Abhängigkeit des Iran vom Öl zu verringern. Die Bush-Administration weist diese Begründung unter Verweis auf die reichen Erdölvorkommen als unglaubwürdig zurück. »Iran braucht keine Kernkraftwerke, denn das Land verfügt über ausreichend Öl und Gas für die nächsten 400 Jahre«, schrieb Jeff Gedmin in seinem *BILD*-Artikel. Das sind allerdings Phantasiezahlen, die nur die Ahnungslosigkeit des Autors belegen. Nach allen Prognosen der Internationalen Energieagentur (IEA) werden die iranischen Ölreserven (wie auch alle anderen Ölvorräte auf der Welt) bis Mitte dieses Jahrhunderts aufgebraucht sein – wenn nicht in den nächsten 20 Jahren weltweit in tatsächlich großem Maßstab von fossilen auf nachhaltige Energieträger umgeschaltet wird, wovon bislang keine einzige Prognose ausgeht.

Aber völlig unabhängig davon, bis wann genau die iranischen Öl- und Gasvorräte aufgebraucht sein werden, ist es natürlich das souveräne Recht jedes Landes (auch eines so erdölreichen wie derzeit noch Iran), sich zu jedem ihm genehmen Zeitpunkt auf seinem Territorium neue Energieträger zunutze zu machen. Befürworter nachhaltiger und umweltfreundlicher Energien kritisieren zwar völlig zu Recht, dass der Iran, anstatt die riesigen Potenziale des Landes an Solar-, Wind- und Wasserkraft zu nutzen, auf Atomenergie setzt. Doch das ist ja keineswegs der Grund, warum die Bush-Administration ultimativ ein Ende der Urananreicherung im Iran verlangt.

Die Sackgasse des EU-Verhandlungsansatzes mit Iran

Als der Konflikt um das iranische Atomprogramm im Herbst 2004 eskalierte, setzte die Europäische Union – im Unterschied zu den USA – zunächst ausschließlich auf diplomatische Verhandlungen mit Teheran und schloss ein militärisches Vorgehen ausdrücklich aus. Nur dieser Ansatz der EU machte es der Regierung in Teheran möglich, ohne Gesichtsverlust zumindest vorübergehend in die Aussetzung der Urananreicherung einzuwilligen.

Doch im Verlauf der Verhandlungen machte die EU – vertreten durch das Trio Deutschland, Frankreich und Großbritannien – den eigenen Ansatz zunichte, indem sie Teheran gegenüber dieselbe fragwürdige und unrealistische Forderung wie die USA erhob: der Iran solle vollständig und endgültig auf die Urananreicherung verzichten – selbst für nichtmilitärische Zwecke der Energiegewinnung. Auf eine solche Forderung, die eine Diskriminierung Irans anderen Ländern gegenüber bedeutet, würde sich jedoch auch eine demokratisch gewählte Regierung in Teheran nicht einlassen. David Kay, der ehemalige Chefwaffeninspekteur der USA im Irak, stellte Anfang 2005 völlig zu Recht fest, »die Eliminierung der heute im Iran vorhandenen atomaren Kenntnisse, Fähigkeiten und Kapazitäten wäre – wenn überhaupt – nur möglich um den Preis eines Krieges und der Besetzung des Landes«.

Mit seinem fragwürdigen und unrealistischen Verhandlungsansatz wird das EU-Trio früher oder später zwangsläufig scheitern. Damit wäre dann scheinbar der Nachweis erbracht, dass Washingtons Ansatz der militärischen Drohpolitik gegenüber Teheran richtig und alternativlos war.

Im März 2005 wurde in Brüssel, Berlin und anderen EU-Hauptstädten stolz verkündet, die Bush-Administration habe sich mit einem an Teheran gerichteten Angebot wirtschaftlicher Anreize an die Verhandlungslinie der EU angenähert. Das Gegenteil war der Fall. Die EU war mit der Zusage an Washington, im Fall eines Scheiterns ihrer Verhandlungen eine Verurteilung des iranischen Atomprogramms durch den UNO-Sicherheitsrat (als ersten Schritt hin zu wirtschaftlichen sowie eventuell militärischen Zwangsmaßnahmen) zu unterstützen, auf die harte Linie der USA eingeschwenkt.

Die EU übernahm in diesem Zusammenhang zudem die – von Gegnern multilateraler Rüstungskontrollabkommen in Washington schon seit Mitte der neunziger Jahre vertretene – Behauptung der Bush-Administration, mit den Kontrollinstrumenten, die der Atomwaffensperrvertrag bietet, lasse sich »nicht verlässlich sicherstellen«, dass Teheran seine Urananreicherungsanlagen nicht zu militärischen Zwecken missbrauche. Diese Haltung läuft in der Konsequenz auf eine grundsätzliche Absage an den Atomwaffensperrvertrag hinaus.

Die wirtschaftlichen Anreize der USA für Teheran waren hingegen kaum relevant. Zum einen stellte die Bush-Administration in

Aussicht, sie werde künftig den Wunsch des Iran auf Beitritt zur Welthandelsorganisation (WTO) unterstützen. Zum anderen gab Washington die – sehr vage formulierte – Zusage, die Lieferung dringend benötigter Ersatzteile für die veralteten Boeing-Flugzeuge der zivilen iranischen Luftfahrtgesellschaft künftig wieder zuzulassen. Allerdings sollen derartige Lieferungen erst nach einer endgültigen Einstellung der Urananreicherung im Iran und dem vollständigen Abbau der dazu genutzten Anlagen erfolgen – und auch dann nur nach Einzelprüfung jeder Ersatzteilbestellung aus Teheran durch die Regierung in Washington. Der Export von Ersatzteilen fällt unter die umfassenden Wirtschaftssanktionen, die die USA nach der islamischen Revolution von 1979 gegen den Iran verhängt hatten. Diese Sanktionen verlängerte US-Präsident George Bush im Februar 2005 per Exekutivverfügung um weitere zehn Jahre.

Die letzte Verhandlungsrunde zwischen Vertretern des EU-Trios und der iranischen Regierung vor Abschluss dieses Buches fand Ende Mai 2005 in Genf statt. Bei dieser Gelegenheit machten die drei EU-Außenminister dem Iran erstmals detaillierte Vorschläge für die Lieferung von Leichtwasserreaktoren, die nicht zur Entwicklung von Atomwaffen genutzt werden können. Die Minister versprachen, ihre zunächst nur mündlich erläuterten Vorschläge bis Ende Juli in verbindlicher, schriftlicher Form zu unterbreiten. Im Gegenzug sagte Teheran zu, das seit November 2004 unterbrochene Verfahren der Urananreicherung zumindest bis August 2005 nicht wieder aufzunehmen.

Mit dieser Vereinbarung konnte das allseits erwartete endgültige Scheitern der Verhandlungen zwischen der EU und dem Iran zunächst einmal um zwei Monate verschoben werden und damit über das Datum der iranischen Präsidentschaftswahlen am 17./24. Juni hinaus. Die EU-Regierungen gaben sich der Hoffnung hin, unter dem vermeintlichen Sieger dieser Wahlen, Ex-Präsident Rafsandschani, werde Teheran einen »gemäßigteren« Kurs in der Atomfrage einschlagen und eventuell doch noch den endgültigen Verzicht auf die Urananreicherung erklären. Die meisten Kenner und Beobachter der iranischen Innenpolitik hielten diese Hoffnung allerdings schon vor den Wahlen, die dann einen anderen Ausgang nahmen, für eine Illusion.

Sind Militärschläge gegen iranische Atomanlagen die einzige verbleibende Option?

Bedeutet das Scheitern des EU-Verhandlungsansatzes auch das Ende aller diplomatischen Möglichkeiten? Bleibt – wie in Washington suggeriert wird – jetzt nur noch die Strategie der Eskalation von Drohungen und Sanktionen bis hin zu militärischen Maßnahmen, um den Bau einer iranischen Atombombe zu verhindern? Keineswegs.

Eine realitätstaugliche diplomatische Strategie, um den Iran zu einer verlässlichen Absage an Atomwaffen zu bewegen, müsste die folgenden Punkte enthalten:

- Die EU sollte – gemeinsam mit den USA – die Verhandlungen mit dem Iran einbetten in ein Gesamtkonzept, das auf die Schaffung einer Region Mittlerer Osten/Zentralasien abzielt, die frei ist von atomaren, chemischen und biologischen Massenvernichtungswaffen. Das hieße, dass auch die Atomwaffenarsenale Israels und Pakistans – mit dem Ziel ihres vollständigen Abbaus und der künftigen Überwachung beider Länder durch die IAEO – in die Verhandlungen einbezogen werden.
- Die USA müssten dem Iran gegenüber verlässliche »negative Sicherheitsgarantien« abgeben. Der Verzicht auf den Ersteinsatz atomarer Waffen gegen den Iran wäre das Mindeste. Besser noch und hilfreicher für den innenpolitischen Prozess im Iran wäre ein umfassender Verzicht der USA auf den Einsatz militärischer Mittel. Dies würde endlich die fatale Dynamik der letzten Jahre brechen, in der Druck und Drohungen der USA die Hardliner und Atomwaffenbefürworter im Iran gestärkt

und die Reformkräfte und Gegner einer Atombewaffnung geschwächt haben.

→ Von Teheran muss verlangt werden, sich möglichst weitgehend multilateralen Kontrollregimes und Transparenzregeln zu unterwerfen – angefangen mit der (von Teheran inzwischen angekündigten) Ratifizierung des NPT-Zusatzprotokolls, wodurch den Inspektoren der IAEO auch unangemeldete Überraschungsbesuche in iranischen Nuklearanlagen ermöglicht würden. Das böte die Gewähr, dass ein Missbrauch der Urananreicherung zu militärischen Zwecken schnell entdeckt, sanktioniert und beendet werden könnte.

Über das bestehende Zusatzprotokoll hinaus gäbe es noch weitergehende Möglichkeiten, den Atomwaffensperrvertrag zu stärken und die Gefahr der heimlichen Herstellung von waffenfähigem Uran oder Plutonium durch den Iran oder andere Staaten einzudämmen. Der Generaldirektor der IAEO, Mohammed El Baradei, schlug Anfang 2005 vor, sämtliche 186 Vertragsstaaten des NPT sollten künftig auf die Anreicherung von Uran sowie die Wiederaufbereitung von Plutonium in nationalen Anlagen verzichten. Die zur nuklearen Energiegewinnung benötigten Spaltmaterialien und Brennstäbe sollten stattdessen künftig unter strikter Kontrolle der IAEO in regionalen Zentren hergestellt und gelagert werden, aus denen die Nationalstaaten dann ihren jeweiligen Bedarf decken könnten.

UNO-Generalsekretär Kofi Annan nahm diese Initiative von IAEO-Generaldirektor Baradei in seine im März 2005 präsentierten Vorschläge zur umfassenden Reform des UNO-Systems auf. Die (nur alle zehn Jahre zusammentretende) Überprüfungskonferenz zum Atomwaffensperrvertrag im Mai 2005 in New York wäre der geeignete Ort gewesen, diese wichtige Initiative zur Stärkung der atomaren Rüstungskontrolle zu beraten und vielleicht sogar schon Entscheidungen zu ihrer Umsetzung zu treffen. Doch entsprechende Vorstöße wurden von der Bush-Administration blockiert.

Szenarien für einen Krieg gegen den Iran

Wenn die Verhandlungen der EU mit dem Iran endgültig gescheitert sind und wenn es auch auf anderer Ebene nicht zu diplomatischen Bemühungen um eine Lösung des Konflikts kommt, wird dann früher oder später zwangsläufig ein Krieg gegen den Iran stattfinden? Noch halten viele Beobachter dieses Szenario für höchst unwahrscheinlich oder gar für völlig ausgeschlossen. Sie verweisen auf die großen militärischen und politischen Unwägbarkeiten eines Angriffs gegen den Iran, darauf, dass erhebliche militärische Kapazitäten der USA auf absehbare Zeit im Irak gebunden sind, sowie auf die Tatsache, dass ein neuer Krieg in der US-Bevölkerung – auch unter den Anhängern der Bush-Administration – derzeit kaum Unterstützung fände.

So groß diese Hindernisse auch sein mögen – eine verlässliche Garantie, dass es nicht zu diesem Krieg kommt, sind sie nicht. Die Neokonservativen in Washington drängen darauf, dass die zweite Amtszeit von Präsident Bush für diesen Krieg genutzt wird. Dabei geht es ihnen nur vordergründig um etwaige iranische Atomwaffen. Auf die Frage, was das Ziel für den Iran sei, antwortete Richard Perle, der nach wie vor sehr einflussreiche Ex-Vize-Verteidigungsminister und Chefberater des Pentagons, schon im Juni 2003 in einem Interview mit der *tageszeitung* klipp und klar: »Regimewechsel«.

»Die Vorbereitungen für einen Iranfeldzug als nächsten Schritt im ›Krieg gegen den Terror‹ sind in vollem Gang.« Das schrieb Seymour Hersh, der profilierteste unter den investigativen Journalisten der USA, im Januar 2005 in der Zeitschrift *New Yorker*. Hersh hatte in den letzten 40 Jahren unter anderem das von US-Soldaten verübte Massaker im vietnamesischen My Lai sowie die Misshandlungen und Folter irakischer Häftlinge im Gefängnis Abu Gharib aufgedeckt. Als Teil der Vorbereitungen für einen Iranfeldzug fänden bereits »seit Sommer 2004 geheime Operationen der USA im Iran selbst statt«, schrieb Hersh.

Der US-Journalist erklärte auch, warum diese geheimen Operationen bis zu seinem Artikel im *New Yorker* vom Januar 2005 noch nicht an die Öffentlichkeit gedrungen waren. US-Präsident George Bush und seine nationalen Sicherheitsberater hätten »die Kontrolle über die Geheimdienste und verdeckte Operationen in einem Ausmaß übernommen, das seit der Zeit nach dem Zweiten Weltkrieg unerreicht« sei. Bush wolle diese Kontrolle benutzen, »um eine aggressive und ehrgeizige Agenda gegen die Mullahs im Iran und andere Ziele im Krieg gegen den Terror umzusetzen«.

In rund zehn Ländern des Nahen Ostens und Asiens, so Hersh, fänden derzeit geheime US-Operationen statt, darunter neben dem Iran im Sudan, in Algerien, Jemen, Syrien, Malaysia und Tunesien. Anders als vergleichbare Operationen in der Vergangenheit fänden diese und zukünftige verdeckte Aktionen Hersh zufolge nicht mehr unter der Leitung der CIA statt. Die CIA wird im Zuge der Geheimdienstreform, die in Reaktion auf den 11. September und den Irakkrieg vom Kongress beschlossen wurde, weiter geschwächt, die Führung des Pentagons dagegen gestärkt. Einer der wichtigsten Unterschiede: Während CIA-Operationen den Geheimdienstausschüssen des Kongresses mitgeteilt werden müssen, gilt dies – so jedenfalls die Auslegung des Pentagons – für militärische Aktivitäten dieser Art nicht. »Das Pentagon fühlt sich nicht verpflichtet, irgendetwas davon dem Kongress zu berichten«, zitiert Hersh einen früheren hohen Geheimdienstmitarbeiter, der anonym bleiben wollte.

Eine US-Kommandoeinheit sei dabei, so Hersh, jene pakistanischen Wissenschaftler nach detaillierten Informationen zu befragen, die nach Erkenntnissen der IAEO rund ein Jahrzehnt lang Nukleartechnologie an Teheran weitergeleitet hätten. Pakistan habe die Zusammenarbeit gegen die Zusicherung angeboten, dass die USA auf die Überstellung von Abdul Qadeer Khan, den Vater der pakistanischen Atombombe, verzichteten. Die US-Kommandoeinheit sei inzwischen von Afghanistan aus in den Iran eingedrungen.

Zu Hershs Angaben passt ein Bericht des Magazins *Atlantic Monthly* von Ende 2004 über Pentagon-Simulationen eines dreistufigen Angriffs auf den Iran, beginnend mit Operationen gegen vermutete Atomanlagen. Die iranische Regierung hatte im Dezember 2004 betont, sie sei auf militärische Angriffe gegen ihre Atomanlagen bestens vorbereitet. Und bereits im August 2004 hatte sie die Verhaftung einer Reihe von Personen gemeldet, denen Spionage für ausländische Regierungen vorgeworfen wurde, namentlich die USA und Israel.

Es gibt verschiedene vorstellbare Szenarien für ein militärisches Vorgehen gegen den Iran. Zum einen könnten die USA in dem Bemühen, ähnlich wie im zweiten Halbjahr 2002 im Hinblick auf den Irak die Unterstützung möglichst vieler Staaten zu gewinnen, zunächst Schritt für Schritt den Weg der politischen Eskalation gegen Teheran beschreiten. Die Bush-Administration könnte etwa versuchen, im UNO-Sicherheitsrat eine oder mehrere Resolutionen mit folgenden Punkten durchzusetzen:

1 Iran wird verurteilt wegen seines Atomprogramms und wegen mangelnder Zusammenarbeit mit der IAEO.

2 Iran wird aufgefordert, sein Verhalten zu korrigieren – etwa durch endgültigen Verzicht auf das Urananreicherungsprogramm und Abbau aller entsprechenden Anlagen und durch vollständige Öffnung sämtlicher Atomanlagen für zeitlich und räumlich unbeschränkte Kontrollen nicht nur durch die IAEO, sondern auch durch Inspekteure der USA und der anderen vier ständigen Mitglieder des UNO-Sicherheitsrates.

3 Zur Durchsetzung dieser Forderung werden diplomatische und wirtschaftliche Sanktionen gegen den Iran verhängt.

4 Der Führung in Teheran wird eine Frist für die Erfüllung dieser Forderungen gesetzt.

5 Der Sicherheitsrat droht Teheran für den Fall der Missachtung der Forderungen mit weitergehenden (sprich: militärischen) Maßnahmen.

Es ist allerdings sehr unwahrscheinlich, dass entsprechende Resolutionsanträge der USA im UNO-Sicherheitsrat die erforderliche Unterstützung von mindestens acht weiteren Ratsmitgliedern finden und zugleich von keinem der anderen vier ständigen Ratsmitglieder durch ein Veto blockiert werden. Allerhöchstens eine Verurteilung des Iran sowie vielleicht noch bestimmte Forderungen an die Teheraner Führung, ihr Verhalten zu ändern, hätten eine Chance auf Verabschiedung durch den Sicherheitsrat. Die Verhängung von diplomatischen und wirtschaftlichen Sanktionen dürfte auf das Veto Chinas und wahrscheinlich auch Russlands stoßen, die Androhung weitergehender (militärischer) Maßnahmen auch auf den Widerstand Frankreichs und wahrscheinlich sogar Großbritanniens. Nach einem Scheitern ihrer Bemühungen im Sicherheitsrat könnte die Bush-Administration (wie bereits im Fall Irak) das »Versagen« der UNO gegenüber einer »unmittelbaren Bedrohung« konstatieren und daraus das »Recht« zu militärischen Maßnahmen gegen den Iran auch ohne Mandat des Sicherheitsrates ableiten.

Allerdings würde sich die Bush-Administration mit einem derartigen Vorgehen erheblichen politischen Risiken aussetzen. Denn zum einen ist die Erfahrung des völkerrechtswidrigen Vorgehens der USA im Irakkonflikt noch in sehr frischer Erinnerung. Und zum anderen hat die Bush-Administration mit Blick auf den Iran noch weniger »Beweismittel« in der Hand als im Fall Irak, um den Sicherheitsrat und die Weltöffentlichkeit davon zu überzeugen, dass Teheran im Rahmen seiner Atomwirtschaft verbotene und bedrohliche Waffenprogramme unterhält. Die Aussichten für die Bush-Administration, für ein militärisches Vorgehen gegen den Iran auch ohne Mandat des Sicherheitsrates erneut eine »Koalition der Willigen« schmieden zu können (die ja auch im Fall Irak eher eine »Koalition der Erpressten« war), sind daher nicht gut.

Das zweite Szenario für einen Krieg der USA gegen den Iran wären militärische Überraschungsschläge aus der Luft gegen unter- wie überirdische Atomanlagen und andere Ziele. Entsprechende konkrete Pläne liegen im Pentagon schon seit geraumer Zeit vor. Die Bush-Administration könnte danach vor der Weltöffentlichkeit behaupten, sie habe das verbotene iranische Atomwaffenprogramm teilweise oder völlig zerstört – und niemand könnte das Gegenteil beweisen. Eine vergleichbare Strategie wählte Israel 1981. Damals zerstörten F-16-Bomber den noch im Bau befindlichen irakischen Atomreaktor Osirak, den das Regime von Saddam Hussein nach Mutmaßung der damaligen israelischen Regierung zur Entwicklung von Atomwaffen nutzen wollte. Und die Strategie war erfolgreich. Israel handelte sich lediglich eine – folgenlose – Verurteilung durch den UNO-Sicherheitsrat ein. Nicht einmal eine solche Verurteilung bräuchten die USA zu befürchten, da sie mit ihrem Veto eine entsprechende Resolution verhindern können.

Eine Invasion mit Bodentruppen ist allerdings zumindest so lange nicht denkbar, wie 140.000 US-GIs mit ihren Waffen und Transportfahrzeugen im Irak gebunden sind. Für die Zeit nach einem Abzug der US-amerikanischen Besatzungstruppen aus dem Irak ist eine Invasion im Iran jedoch durchaus nicht auszuschließen. Allerdings ist die iranische Landfläche fast viermal und die Bevölkerung dreimal so groß wie im Irak, was es den US-Invasionstruppen noch erheblich schwerer machen dürfte, das Land militärisch unter Kontrolle zu bringen und zu halten.

Die Pläne des Pentagons für eine militärische Invasion im Iran werden derzeit überarbeitet, schrieb Seymour Hersh im *New Yorker*. Denn die strategischen Bedingungen für eine solche Invasion haben sich seit dem 11. September 2001 erheblich verändert – zugunsten der USA. Früher wären Landungsoperationen US-amerikanischer Truppen im Iran ausschließlich über den Seeweg vom Persischen Golf her möglich gewesen. Heute ist auch eine Invasion auf dem Landweg denkbar. Denn inzwischen gibt es mit Afghanistan und dem Irak zwei Nachbarländer mit hoher, auf Dauer angelegter Militärpräsenz der USA. Zudem haben die USA

Militärbasen in dem nordöstlichem Nachbarland des Iran, Turkmenistan, sowie in zwei weiteren zentralasiatischen Ex-Republiken der ehemaligen Sowjetunion errichtet. Darüber hinaus bemühen sich die USA derzeit um eine Kooperation mit Aserbeidschan, um eine militärische Präsenz im Kaspischen Meer aufzubauen. Damit wäre eine wesentliche logistische Voraussetzung für Landeoperationen von US-Seestreitkräften an der iranischen Küste des Kaspischen Meeres geschaffen.

Ein weiteres denkbares Szenario für einen Krieg gegen den Iran wären israelische Angriffe auf iranische Atomanlagen. Die Regierung Scharon hat damit in den letzten Jahren einige Male mehr oder weniger offen gedroht und wäre dazu militärisch auch in der Lage. Zwar hatte der Iran seine Atomanlagen nach der Zerstörung des irakischen Atomreaktors Osirak im Jahre 1981 verlegt, um außerhalb der Reichweite der israelischen F-16-Bomber zu gelangen. Inzwischen verfügt Israel allerdings über Möglichkeiten, die Flugzeuge in der Luft aufzutanken, sowie – dank deutscher Rüstungshilfe – über U-Boote, die Marschflugkörper mit Reichweiten bis weit in den Iran verschießen können. Israelische Angriffe gegen den Iran und vor allem die dann zu erwartenden iranischen Gegenschläge würden die Regierung in Washington aller Wahrscheinlichkeit nach unter Zugzwang setzen, auf Seiten Israels in den Krieg gegen den Iran einzugreifen.

Egal, welches dieser Kriegsszenarien eines Tages möglicherweise Realität wird: Zu befürchten ist, dass jegliche Form eines militärischen Vorgehens gegen den Iran gravierende Konsequenzen haben wird.

Vertreter der säkularen demokratischen Opposition des Iran im Exil gehen – ebenso wie die meisten unabhängigen ausländischen Beobachter in Teheran – davon aus, dass ein Krieg gegen den Iran keineswegs einen Volksaufstand gegen das Regime, dessen schnellen Sturz und die Etablierung einer demokratischen Ordnung auslösen würde, wie manche neokonservativen Ideologen in Washington immer noch behaupten. Stattdessen herrscht die Befürchtung vor, ein Krieg gegen den Iran werde zu einem blutigen und lang anhaltenden Bürgerkrieg zwischen den schwer bewaffneten religiösen Milizen des Landes führen. Diese Milizen, die ihre Machtbasis in unterschiedlichen Regionen des Landes haben, stehen in vielfältiger Konkurrenz um politischen Einfluss und wirtschaftliche Macht zueinander. Hinzu kommen religiöse Rivalitäten. Bislang werden diese bewaffneten Milizen noch durch das Regime in Teheran unter Kontrolle gehalten.

Mehran Barati, führender Vertreter der »Iranischen Republikanischen Union«, der wichtigsten Organisation der säkularen, demokratischen Opposition des Iran mit weltweit rund 15.000 Mitgliedern, erklärte Ende Mai 2005 auf einer Veranstaltung in Köln: »Wir sind für einen Regimewechsel durch die iranische Bevölkerung. Eine Veränderung von außen, insbesondere mit militärischen Mitteln, hätte unvorhersehbare Folgen. Die Gegenreaktionen wären weitaus schlimmer als derzeit im Irak, da das Zerstörungs- und Gewaltpotenzial im Iran ungleich größer ist.«

Nordkorea – was plant »der Irre mit der Bombe«?

Im Januar 2003 überraschte der nordkoreanische Staatschef Kim Jong Il die Welt mit der Ankündigung, sein Land werde aus dem Atomwaffensperrvertrag aussteigen. Im Oktober desselben Jahres kündigte die Regierung in Pjöngjang ihre wesentlichen Verpflichtungen aus einem bilateralen Rahmenabkommen auf, das sie im Oktober 1994 in Genf mit der US-Regierung von Präsident Bill Clinton unterzeichnet hatte.

Das Genfer Rahmenabkommen beinhaltete die drei folgenden Vereinbarungen:

1 Die USA verpflichten sich zur Gründung eines internationalen Konsortiums (KEDO, Korean Energy Development Organisation), das bis zum Jahr 2003 zwei Leichtwasserreaktoren (LWR) in Nordkorea bauen soll, um das gravierende Energiedefizit des Landes zu beheben. (In Leichtwasserreaktoren fällt erheblich weniger atomwaffenfähiges Plutonium an als in dem vorhandenen Graphit-Reaktor im nordkoreanischen Yongbyun.) Bis zur Fertigstellung der beiden Leichtwasserreaktoren liefern die USA jährlich 500.000 Tonnen Heizöl. Der Reaktor in Yongbyun muss abgeschaltet, Inspektionen der Internationalen Atomenergieorganisation (IAEO) müssen erlaubt werden. Außerdem sollen die 8.000 abgebrannten nuklearen Brennstäbe, die bis zum Abschluss des Genfer Abkommens im Reaktor von Yongbyun angefallen waren, sicher verpackt und weggebracht werden.

2 Zwischen 2000 und 2003 müssen alle nordkoreanischen Standorte, an denen an Plutonium-Programmen gearbeitet wurde oder die möglicherweise als Versteck gedient haben (diese Standorte wurden in einem geheimen Zusatzprotokoll festgelegt), für umfassende Inspektionen der IAEO geöffnet werden. Danach darf Nordkorea keinerlei Infrastruktur zur Plutonium-Produktion mehr aufrechterhalten.

3 Beide Staaten normalisieren ihre diplomatischen und Handelsbeziehungen, die USA verpflichten sich, nicht mehr mit dem Einsatz von Atomwaffen gegen Nordkorea zu drohen. Nordkorea verpflichtet sich, Mitglied des Atomwaffensperrvertrags zu bleiben und das Inspektionsabkommen mit der IAEO zu implementieren.

Die nach der Ankündigung Pjöngjangs, aus dem Atomwaffensperrvertrag auszusteigen, eingeleiteten »Sechsergespräche«, an denen neben den USA und Nordkorea auch China, Südkorea, Japan und Russland teilnahmen, erbrachten keine Ergebnisse.

Anfang Februar 2005 verkündete Nordkorea den Ausstieg aus den Sechsergesprächen und behauptete zudem, es verfüge inzwischen über Atomsprengköpfe. Die Behauptung sorgte in der Öffentlichkeit für erhebliches Aufsehen. »Der Irre mit der Bombe« titelte der *Spiegel* über einem Foto des Diktators Kim Jong Il. Atomwaffenexperten in Asien, den USA und Europa reagierten allerdings mehrheitlich mit großer Skepsis auf die Behauptung aus Pjöngjang.

Doch welche Motive stecken tatsächlich hinter den Handlungen und Erklärungen des Regimes von Kim Jong Il? Ist der Diktator tatsächlich so »irre«, »verrückt« und »unberechenbar«, wie Medien und Politiker zumindest im europäisch-amerikanischen Westen (nicht jedoch in Asien) so häufig unterstellen? Warum fühlt sich Nordkorea nicht mehr an seine Verpflichtungen aus dem Genfer Abkommen mit den USA von 1994 gebunden? Plant das Regime tatsächlich den Aufbau eines Atomwaffenarsenals? Und wenn ja, nur als Abschreckungskapazität gegen feindliche Angriffe – oder gar für Ersteinsätze gegen Nachbarstaaten wie Südkorea oder Japan?

Soweit sich Diplomaten oder andere Gesprächspartner aus Nordkorea bislang überhaupt zu diesen Fragen geäußert haben, wurde immer eines deutlich: In der Wahrnehmung von Pjöngjang sind es die USA, die seit Amtsantritt der Regierung von George Bush ihrerseits als Erste das Genfer Abkommen de facto aufgekündigt haben, und zwar insbesondere im Hinblick auf die Sicherheitsgarantien, die für Pjöngjang der wichtigste Teil des Abkommens waren.

Konkret sicherte die Clinton-Administration Pjöngjang damals zu, auf den Einsatz von Atomwaffen gegen Nordkorea sowie auf entsprechende Drohungen zu verzichten. Diese im Rüstungskontrolljargon so genannten »negativen Sicherheitsgarantien« wurden in einem Zusatzprotokoll zu dem Rahmenabkommen detailliert festgelegt. Zudem »erneuerten« beide Seiten in dem Protokoll ihre »Bereitschaft, die Denuklearisierung der koreanischen Halbinsel voranzutreiben«. Damit war – zumindest nach Interpretation der nordkoreanischen Seite – nicht nur der eigene Verzicht auf Atomwaffen gemeint, sondern auch ein Abzug aller US-amerikanischen Nuklearwaffen aus Südkorea.

Seit Amtsantritt der Bush-Administration im Januar 2001 hat die Regierung in Pjöngjang jedoch den Eindruck gewonnen, dass die Zusicherungen der USA aus dem Jahre 1994 für Washington keine Gültigkeit mehr haben. Die Bush-Administration erklärte Nordkorea gemeinsam mit dem Irak und dem Iran zur »Achse des Bösen«, bezeichnete die drei Staaten als »Schurkenstaaten« und setzte sie unter den – bis heute nicht bewiesenen – Verdacht der Weitergabe von Massenvernichtungswaffen an Terroristen. In den im Februar 2002 bekannt gewordenen neuen nuklearen Einsatzdoktrinen des Pentagons wird Nordkorea ausdrücklich als ein Land (neben sechs anderen) genannt, gegen das sich die USA künftig das »Recht« auf den Einsatz von Atomwaffen vorbehalten, weil diese Länder angeblich ihrerseits Massenvernichtungsmittel entwickeln oder besitzen und die Gefahr bestehe, dass sie diese Waffen an andere Staaten oder Terrorgruppen weitergeben.

In der neuen »Nationalen Sicherheitsstrategie« vom 20. September 2002 erklärte die Bush-Adminstration Nordkorea offiziell zum »feindlichen Staat« und zur »Gefahr« für die Sicherheit der USA und drohte mit »vorbeugenden« militärischen Schlägen gegen Nordkorea oder andere »Schurkenstaaten«. Spätestens die Verkündung dieser neuen Sicherheitsstrategie wurde in Pjöngjang als Aufkündigung von Washingtons »no first use«-Zusicherung aus dem geheimen Zusatzprotokoll von 1994 gewertet. Bestärkt in dieser Wahrnehmung fühlte sich Pjöngjang zuletzt durch die am 11. Dezember 2002 von der Bush-Administration verkündete »Nationale Strategie zur Bekämpfung von Massenvernichtungswaffen«. Darin wird die Drohung mit dem »vorbeugenden« Ersteinsatz von Atomwaffen gegen »Schurkenstaaten« ausdrücklich erhoben und zur offiziellen Politik der USA erklärt.

In Washington wird die in Pjöngjang entstandene Wahrnehmung von der Aufkündigung der nuklearen Nichtangriffsgarantien bestätigt. Vertreter der Bush-Administration erklären, die Zusicherungen der Clinton-Administration an Nordkorea seien lediglich »informell« gewesen und nicht völkerrechtlich verbindlich. Auch an die damals erklärte Bereitschaft zur vollständigen Denuklearisierung der koreanischen Halbinsel fühlt sich die Bush-Administration nicht mehr gebunden.

Darüber hinaus haben die USA auch andere Verpflichtungen aus dem Genfer Abkommen von 1994 bis heute nicht oder nur unvollständig erfüllt. Der Bau der beiden Leichtwasserreaktoren, die den Graphit-Reaktor von Yongbyun ersetzen sollen, geriet erheblich in Verzug. Zum einen, weil sich die drei im KEDO-Konsortium zusammengeschlossenen Staaten USA, Japan und Südkorea zunächst nicht auf ihre jeweiligen Anteile an der Finanzierung des Projekts einigen konnten. Zum anderen sperrte der US-Kongress die US-Finanzmittel vollständig, nachdem Nordkorea im August 1998 einen Testflug seiner Rakete vom Typ Tae-po-Dong 1 veranstaltete, die dabei teilweise über japanisches Territorium flog. Schließlich hat die Bush-Administration die Ende der neunziger Jahre begonnene »Sonnenschein«-Politik Südkoreas, die auf Entspannung, Ausgleich und verstärkte Zusammenarbeit zwischen den beiden Koreas setzte, nicht unterstützt, sie – zumindest nach Einschätzung zahlreicher Beobachter – vielmehr sogar gezielt torpediert. Auf diese Weise hat die US-Regierung eine kooperative Lösung der Probleme auf der koreanischen Halbinsel verhindert und zusätzlich die amerikanisch-südkoreanische Allianz belastet.

Das Verhalten der Bush-Administration macht das mutmaßliche Streben Nordkoreas nach eigenen Atomwaffen selbstverständlich nicht zu einer vernünftigen Politik, die unterstützt oder auch nur toleriert werden sollte. Das Verhalten der nordkoreanischen Führung ist scharf zu verurteilen. Doch ähnlich wie im Fall Iran ist unbestreitbar, dass der wesentliche Grund für dieses Verhalten Nordkoreas die militärische Drohpolitik der Bush-Administration ist. Diese Drohpolitik zielt deutlich erkennbar nicht nur darauf, eine Atombewaffnung Nordkoreas und des Iran zu verhindern, sondern auch auf den Sturz der Regierungen in Pjöngjang und in Teheran. Mit dieser Drohpolitik sowie mit dem

Irakkrieg von 2003 hat die Bush-Administration in Pjöngjang, in Teheran und in anderen Hauptstädten diejenigen gestärkt, die in der Verfügung über eigene Atomwaffen – oder zumindest in dem Anschein, sie hätten Atomwaffen – die einzige Versicherung gegen einen militärischen Angriff der USA sehen.

Das Verhalten Nordkoreas wiederum wird in Japan als zunehmende Bedrohung wahrgenommen. Das hat in den letzten Jahren die politischen und militärischen Kräfte in Tokio deutlich gestärkt, die für eine erhebliche Aufrüstung Japans plädieren und dabei nicht einmal mehr eine Atombewaffnung des Landes ausschließen wollen, dessen Bevölkerung 1945 zum Opfer der beiden bislang einzigen Einsätze von Atomwaffen wurde.

Entscheidende Voraussetzung für eine Veränderung der Politik Nordkoreas und für einen verlässlichen, dauerhaften und international überprüfbaren Verzicht des Landes auf eigene Atomwaffen(-programme) ist daher eine Korrektur der US-Politik gegenüber Pjöngjang. Der erste und wichtigste Schritt, den Washington tun müsste, wäre die eindeutige Bekräftigung der Nicht-Angriffsgarantien aus dem Genfer Abkommen von 1994.

Nordkorea muss mit seinen Sicherheitsbedürfnissen ernst genommen werden. Das heißt zunächst einmal auch, dem Regime ein gewisses Maß an Überlebenssicherheit zuzusichern und es damit auch von unüberlegten Handlungen und »Verzweiflungstaten« abzuhalten. Darüber hinaus sollte den nordkoreanischen Machthabern über die Erfüllung der Zusagen aus dem Genfer Abkommen hinaus energiepolitische und wirtschaftliche Hilfe zugesagt werden.

Im Gegenzug ist von Pjöngjang der Wiederbeitritt zum Atomwaffensperrvertrag zu verlangen, die uneingeschränkte Öffnung aller atomaren Anlagen für Inspektionen durch die IAEO sowie die Erfüllung der Verpflichtungen aus dem Genfer Abkommen von 1994. Eine solche Politik des konstruktiven »Engagements« mit Nordkorea wird auf die Kritik stoßen, sie sei unmoralisch, da die Machthaber in Pjöngjang mit ihrer brutalen, rücksichtslosen und undemokratischen Politik gegenüber der eigenen Bevölkerung gegen alle Werte verstießen, die für die westliche Welt bedeutsam seien. Doch die Kritiker einer Politik des »Engagements« haben keine brauchbare Alternative anzubieten, wie die letzten vier Jahre gezeigt haben. Eine Politik der Isolation und der militärischen Drohungen gegenüber einem Regime, das bereits völlig isoliert ist und politisch und wirtschaftlich mit dem Rücken zur Wand steht, kann nur scheitern und birgt die Gefahr einer militärischen Eskalation mit unkalkulierbaren Folgen.

Krieg gegen Nordkorea – Hirngespinst oder realistische Option?

»Ich finde, wir sollten Nordkorea sofort mit Atomwaffen angreifen, um dem Rest der Welt eine Warnung zu verpassen. Bumm!« So äußerte sich die US-amerikanische Radiomoderatorin und Politkommentatorin Ann Coulter Anfang 2005 in einem Interview mit dem *New York Observer*. Coulter ist der Medienstar der amerikanischen Rechten, seit sie am 13. September 2001, zwei Tage nach den Terrorangriffen auf New York und Washington, in einer Zeitungskolumne schrieb: »Wir wissen, wer die selbstmörderischen Wahnsinnigen sind. Es sind die, die jetzt tanzen und jubeln. Wir sollten in ihre Länder einmarschieren, ihre Führer umbringen und sie zum Christentum bekehren.«

Auch einzelne Vertreter der amerikanischen Neokonservativen haben in den letzten Jahren öffentlich einen Krieg gegen Nordkorea gefordert. Und spätestens seit George Bushs »State of the Union«-Rede vom Januar 2002, in der der US-Präsident Nordkorea gemeinsam mit dem Iran und dem Irak zur »Achse des Bösen« in der Welt erklärte, ist das Regime in Pjöngjang quasi offiziell im Visier Washingtons.

Doch über derlei Wortgeklingel hinaus haben die USA bislang keine auch nur annähernd realistische Strategie für ein militärisches Vorgehen gegen Nordkorea. Im Pentagon liegen – anders als im Hinblick auf Iran – noch nicht einmal konkrete Operationspläne in der Schublade. Und über die nordkoreanischen Atomanlagen – insbesondere über die unterirdischen – haben die US-amerikanischen Geheimdienste noch weniger gesicherte Erkenntnisse als über die iranischen. Es ist daher höchst unwahrscheinlich, dass am Anfang einer – durchaus denkbaren – militärischen Eskalation des Nordkorea-Konflikts ein Angriff der USA gegen das kommunistische Land stehen würde. Schon eher vorstellbar ist ein militärischer Schlagabtausch zwischen Japan und Nordkorea, der dann möglicherweise zu einem Eingreifen der USA auf Seiten Japans – Washingtons engstem Verbündeten in Asien – führen könnte.

Unter Nordkoreas Nachbarstaaten fühlt sich Japan – obwohl geographisch weiter entfernt als China oder Russland – am stärksten bedroht von dem Regime in Pjöngjang und seinen Rüstungsaktivitäten. Das hat vor allem mit Nordkoreas Flugtests von Raketen, die Japan erreichen können, zu tun. Aber auch historische Altlasten spielen eine Rolle. In Japan leben heute über 600.000 Koreaner, viele davon Nachfahren einer Generation, die von der kaiserlichen Armee zur Zwangsarbeit nach Japan gebracht wurde. Von 1910 bis 1945 war Korea japanische Kolonie. Unter Tokios brutaler Herrschaft wurde die koreanische Sprache unterdrückt. Koreaner wurden gezwungen, japanische Namen anzunehmen und den Tenno zu verehren. Die in Japan ansässigen Koreaner waren offener Diskriminierung ausgesetzt.

In den siebziger und achtziger Jahren entführten nordkoreanische Agenten japanische Bürger. Sie wurden gezwungen, als Sprachlehrer bei der Ausbildung nordkoreanischer Spione zu arbeiten. Seit das Regime in Pjöngjang im Jahre 2001 die Entführung von 24 japanischen Bürgern erstmals eingestand, bewegt dieses Thema die japanische Öffentlichkeit und sorgt immer wieder für anti-nordkoreanische Entrüstung. Denn bislang kehrten erst fünf der entführten Japaner lebend in ihre Heimat zurück.

Die Bemühungen der japanischen Regierung, das Schicksal der noch vermissten 19 Personen aufzuklären, sorgen dafür, dass das Thema immer wieder Schlagzeilen macht. Ende 2004 schickte Pjöngjang als Nachweis für den Tod der Japanerin Megumi Yokota, die 1977 im Alter von 13 Jahren von der japanischen Westküste verschleppt worden war, eine Kiste mit Knochen und Asche nach Tokio. Laut war der Aufschrei, als sich bei der DNA-Analyse herausstellte, dass die Überreste von mehreren Personen stammten, aber nicht von der vermissten Megumi Yokota.

Politiker in Tokio erwägen seitdem, Wirtschaftssanktionen gegen Nordkorea zu verhängen. Die Angst vor der »nordkoreanischen Gefahr« wird geschürt. Im Hafen von Tokio wurde mahnend ein versenktes nordkoreanisches Spionageschiff zur Schau gestellt. Militärs und Sicherheitspolitiker propagieren die Aufstellung eines Abwehrsystems gegen nordkoreanische Raketen. Gemeinsam mit den USA fährt Japan denn auch den härtesten Kurs gegen Nordkorea.

Sehr viel entspannter geht Südkorea mit dem nördlichen Nachbarn um – trotz aller Rückschläge, seit sich der damalige Präsident Kim Dae-Jung im Mai 2000 in Pjöngjang mit Staatschef Kim Jong Il traf, um eine verstärkte Kooperation zwischen den beiden Koreas einzuleiten. In Folge dieses historischen Treffens wurden Familienbegegnungen zwischen Nord und Süd möglich. Eine Million Menschen passierten die seit der Teilung des Landes im Jahre 1954 fest verschlossene und verminte Grenze am 38. Breitengrad. Es wurden grenzüberschreitende Straßen- und Zugverbindungen gebaut. Südkorea liefert seit 2000 jedes Jahr 300.000 Tonnen Dünger und 400.000 Tonnen Reis in den Norden, um die Hungersnot zu lindern. Diese Lieferungen haben die seit Jahrzehnten von Feindbildern beherrschte Wahrnehmung Südkoreas in der nordkoreanischen Bevölkerung erheblich zum Positiven verändert.

Ex-Präsident Kim Dae-Jung ist überzeugt, dass sich die von ihm eingeleitete »Sonnenscheinpolitik« nicht nur positiv auf die bilateralen Beziehungen zwischen Nord- und Südkorea auswirkt, sondern für die gesamte Region Nordost-Asien von Vorteil ist. Die »Bemühungen aller Nachbarländer, Nordkorea in die Lage zu versetzen, ein normales Mitglied der internationalen Gemeinschaft zu werden«, seien »auch ein Weg, um für alle Frieden und Stabilität zu gewährleisten«.

Obwohl die »Sonnenschein«-Politik Südkoreas von den USA seit Ende der Präsidentschaft Bill Clintons nicht mehr unterstützt, sondern zunehmend sabotiert wird, hält die Regierung in Seoul an dieser Politik fest. In dieser Haltung wird sie derzeit am stärksten von China unterstützt. Dabei sagt China nicht nur ein klares »Nein« zu einer atomaren Bewaffnung Nordkoreas, sondern fordert darüber hinaus die »vollständige Denuklearisierung der koreanischen Halbinsel« – im Klartext: den Abzug aller US-amerikanischen Atomwaffen aus Südkorea. Die USA lehnen dies jedoch entschieden ab und weigern sich bislang, über die eigenen Atomwaffen in Südkorea auch nur zu reden – sei es bei den Sechsergesprächen oder in irgendeinem anderen Rahmen.

Ebenso wie China fühlt sich auch Russland zwar nicht von etwaigen Atomwaffen – oder von konventionellen Raketen – Nordkoreas bedroht, lehnt eine atomare Bewaffnung des Landes aber ebenso entschieden ab. Im Unterschied zu Peking äußert sich Moskau allerdings nicht zu den US-amerikanischen Atomwaffen in Südkorea.

Zumindest offiziell bekunden die Regierungen Russlands, Chinas, Südkoreas, Japans und auch der USA, dass sie an den Sechsergesprächen mit Nordkorea festhalten, aus denen sich das Regime von Kim Jong Il Ende 2004 zunächst einmal zurückgezogen hatte. Ende Juni 2005 verkündeten die Regierungen in Pjöngjang und in Washington, nach wochenlangen bilateralen Konsultationen die Absicht, die Sechsergespräche in der zweiten Julihälfte wieder aufzunehmen.

Schnell, mobil und tödlich – der gesicherte Zugang zu weltweiten Energieressourcen als Ziel der US-Militärstrategie

Die Bedrohungen durch Terrorismus und durch Massenvernichtungswaffen im Besitz von »Schurkenstaaten« oder von Terroristen haben in den letzten vier Jahren die öffentliche Debatte über Außen-, Sicherheits- und Verteidigungspolitik dominiert – nicht nur in den USA, sondern zumindest auch überall in den Ländern der nördlichen Hemisphäre. Das ist vor allem darauf zurückzuführen, dass die Bush-Administration nach den Terroranschlägen vom 11. September 2001 den globalen Feldzug gegen den Terrorismus zu ihrer außen- und sicherheitspolitischen Priorität erklärt hat. Die »Nationale Sicherheitsstrategie« der USA vom 20. September 2002 nennt als zweites zentrales Ziel die Eindämmung der Verbreitung von Massenvernichtungswaffen.

Die Fokussierung der öffentlichen Debatte und Wahrnehmung auf diese beiden Themen hat lange verdeckt, dass die Bush-Administration – insbesondere Vizepräsident Richard Cheney, Verteidigungsminister Donald Rumsfeld und sein damaliger Vize Paul Wolfowitz – bereits seit ihrem Einzug ins Weiße Haus im Januar 2001 mit mindestens gleicher Intensität zwei weitere Prioritäten verfolgt: die Modernisierung und Erweiterung der militärischen Potenziale und Fähigkeiten der USA sowie die deutliche Erhöhung der Rohölimporte in die USA.

»Beide Ziele waren ursprünglich zwar voneinander unabhängig, doch inzwischen sind sie miteinander wie auch mit dem Krieg gegen den Terror so eng verflochten, dass daraus ein einheitliches strategisches Konzept der US-Außenpolitik geworden ist«, wies Michael T. Klare bereits Ende 2002 in einer umfangreichen Analyse (»Das Zeitalter der US-Hegemonie – schnell, mobil und tödlich«) nach. Klare, Professor für Friedensforschung und Weltsicherheitsstudien am Hampshire College in Amherst, Massachusetts, und seit den achtziger Jahren einer der renommiertesten Analytiker der US-Außen- und Sicherheitspolitik, schrieb über den damals kurz bevorstehenden Irakkrieg: »Die Cheney-Rumsfeld-Wolfowitz-Achse sieht ihn als Probelauf ihrer Strategie, Kriege gegen ›Schurkenstaaten‹ als Teil des Feldzugs gegen den Terrorismus zu legitimieren. Langfristig jedoch verfolgen sie ein anderes Ziel: die globale Hegemonie der USA mittels einer neuen Generation von Hightech-Waffen abzusichern. Dazu gehört vor allem die Kontrolle der wichtigsten Ölförderregionen, die im Krisenfall durch schlagkräftige und hochmobile Einsatztruppen geschützt werden sollen.«

Dieses Konzept, so Klare, habe »keinen formellen Titel und wurde von der Bush-Administration auch nie in einer schriftlichen prinzipiellen Erklärung niedergelegt«. Und doch seien diese drei Prioritäten ganz unzweifelhaft miteinander verquickt und bewirkten – als integriertes Konzept – einen entscheidenden Wandel im militärischen Auftreten der Vereinigten Staaten.

In Zukunft werde man die Gesamtrichtung der US-Außenpolitik nur verstehen können, wenn man diesen Integrationsprozess in Rechnung stellt. Dazu, so Klare, müsse man die drei Prioritäten zunächst getrennt betrachten und dann analysieren, wie sie sich zusammenfügen.

Erste Priorität: Revolution des militärischen Denkens

Das erste Ziel besteht darin, die militärischen Potenziale der USA auszubauen. George W. Bush hat dies seit seinem Wahlkampf im Jahr 2000 zu einer Priorität erhoben. In der Rede vom 23. September 1999 in der »Zitadelle« (der berühmten Militärakademie von Charleston, North Carolina) erläuterte Bush seine Pläne für eine »Transformation« des gesamten Militärs. Die Vorgängerregierung unter Präsident Bill Clinton habe die Anpassung der US-Militärstrategie an die durch das Ende des Kalten Krieges veränderten Realitäten versäumt, meinte der damalige republikanische Präsidentschaftskandidat, deshalb werde er eine umfassende

Revision der US-Strategie vornehmen und die Aufgabe anpacken, die »Armee für das nächste Jahrhundert« umzubauen.

Für diesen Umbau nannte Bush zwei strategische Hauptziele. Erstens sollte er die Unverwundbarkeit der US-Militärmacht sicherstellen. Dazu müsse man ein effektives Raketenabwehrsystem aufbauen und die Überlegenheit der USA auf dem Gebiet der Hightech-Waffen aufrechterhalten. Zweitens sollte der Umbau der Militärpotenziale die Fähigkeit der USA verbessern, »regionale Feindstaaten« wie Iran, Irak und Nordkorea angreifen und erobern zu können.

Um das erste Ziel zu erreichen, wollte Bush sich für den Aufbau eines robusten und umfassenden Raketenabwehrsystems einsetzen. Dieses so genannte National Missile Defense Program (NMD) sollte alle 50 US-Bundesstaaten gegen einen feindlichen Raketenangriff schützen können. Bush machte sich auch das Konzept einer »Revolution militärischen Denkens« zu Eigen, das auf der systematischen Verwendung von Computern, verbesserten sensorischen Instrumenten, »unsichtbar« machenden Materialien und anderen Hightech-Elementen beruht. Dies würde, so Bush, die militärische Überlegenheit der USA »bis in die ferne Zukunft hinein« garantieren.

Um das zweite Ziel zu erreichen, forderte Bush den substanziellen Ausbau der Fähigkeit zur »power projection«, das heißt: massive Kontingente von US-Streitkräften in weit entfernte Kampfzonen zu entsenden, die in der Lage sind, jeden potenziellen Feind zu besiegen. Dazu müsse man einige neue Hightech-Waffen wie verbesserte Sensorsysteme und unbemannte Flugkörper entwickeln, aber auch vorhandene Kampfeinheiten verschlanken, um sie schneller verlegen zu können. Nach Bush sollten die US-Streitkräfte »im 21. Jahrhundert schnell, mobil und tödlich sein«. Die USA müssten in der Lage sein, ihr Machtpotenzial über große Entfernungen und innerhalb von Tagen oder Wochen – und nicht Monaten – in Stellung zu bringen. Die schweren Landstreitkräfte der USA müssten leichter werden und die leichten

Streitkräfte tödlicher. Und alle müssten schneller ins Zielgebiet gebracht werden können, forderte Bush in seiner Rede in der »Zitadelle«.

Zur Realisierung solch umfassender Ziele verlangte der US-Präsident eine erhebliche Erhöhung der Militärausgaben und die optimale Nutzung modernster militärischer Technologien. Vor allem diesen letzten Punkt haben die Medien nach der Bush-Rede in der »Zitadelle« aufgegriffen. Für Bush selbst war der entscheidende Punkt jedoch die Betonung der Mobilität und der »power projection«. Entsprechend wies er sofort nach seiner Amtsübernahme im Januar 2001 das Pentagon an, die Umsetzung seines angekündigten Programms in Angriff zu nehmen. »Ich habe Verteidigungsminister Donald Rumsfeld ein umfassendes Mandat erteilt, eine neue Architektur für die Verteidigung Amerikas und unserer Alliierten zu entwerfen und dabei den Status quo in Frage zu stellen«, erklärte Bush und verwies dabei auf die in der Zitadellen-Rede formulierten Ziele.

Diese haben inzwischen ihren Niederschlag in den langfristigen Budgetansätzen des Pentagon gefunden. Bei der Vorstellung des Verteidigungsetats für das Haushaltsjahr 2003 erklärte Verteidigungsminister Rumsfeld: »Wir brauchen schnell einsetzbare, voll integrierte kombinierte Streitkräfte, die in der Lage sind, weit entfernte Kriegsschauplätze schnell zu erreichen und im Zusammenwirken mit unseren Luft- und Seestreitkräften den Gegner schnell, erfolgreich und mit vernichtender Wirkung zu treffen.«

Zweite Priorität: Sicherung von Erdölquellen

Die zweite außenpolitische Priorität der Bush-Regierung ist die Sicherung zusätzlicher Erdöllieferungen aus ausländischen Quellen. Dieses Ziel wurde erstmals in einem Bericht formuliert, den die von Vizepräsident Cheney geleitete National Energy Policy Development Group am 16. Mai 2001 vorgelegt hat. Zentraler Inhalt dieses nach seinem Hauptverfasser so genannten Cheney-

Reports ist ein umfassendes Konzept zur Sicherung des wachsenden Energiebedarfs der USA über die nächsten 25 Jahre. Zwar sind darin auch einige Maßnahmen zur verstärkten Schonung von Energiequellen aufgeführt, aber die meisten Vorschläge des Cheney-Reports zielen darauf, die Energieimporte in die Vereinigten Staaten insgesamt auszuweiten.

Dieser Report hat heftige Kontroversen ausgelöst, weil er Ölbohrungen im arktischen Naturpark von Alaska befürwortet und weil Cheney und die anderen Autoren während der Ausarbeitung ihrer Empfehlungen einen regen Gedankenaustausch mit Managern des Energiekonzerns Enron pflegten, der mittlerweile unter skandalösen Umständen zusammengebrochen ist. Doch hat diese Kontroverse von einigen anderen Aspekten des Reports abgelenkt – vor allem auch von den Implikationen für die internationale Energiepolitik. Diese werden deutlich im letzten Kapitel des Cheney-Reports mit dem Titel »Strengthening Global Alliances«. Hier sind die Pläne formuliert, das drohende Energiedefizit der USA durch wesentlich erhöhte Öllieferungen aus dem Ausland auszugleichen.

Dem Report zufolge wird der Anteil des importierten Rohöls am Gesamtverbrauch der USA von 2001 bis 2020 von 52 auf schätzungsweise 66 Prozent steigen. Weil in diesem Zeitraum der Gesamtverbrauch absolut ebenfalls zunehmen wird, werden damit die Ölimporte der USA im Jahr 2020 um 60 Prozent höher liegen als 2001. Diese Prognosen decken sich mit den Szenarien der Internationalen Energieagentur (IEA). Die prognostizierte Steigerung der Ölimporte setzt freilich voraus, dass man die ausländischen Öllieferanten dazu bringen kann, ihre Produktion zu steigern und einen größeren Anteil ihrer Fördermengen an die USA zu verkaufen. Doch fehlt vielen Ölförderländern das Kapital, um die dafür notwendigen Investitionen in ihre Produktionsanlagen zu tätigen. Auch könnte es sein, dass manche Länder den US-Ölkonzernen nicht ohne weiteres eine dominierende Position in ihrem Energiesektor einräumen wollen.

Aus dieser Problematik folgert der Cheney-Report, das Weiße Haus müsse das Streben nach erhöhten Ölimporten zu »einer Priorität unserer Handels- und Außenpolitik« machen. Im Einzelnen werden der Präsident und die zuständigen Regierungsinstanzen aufgefordert, eine Doppelstrategie zu verfolgen, um den wachsenden Rohölbedarf der USA zu befriedigen. Zum einen gelte es, die Importe aus den Ländern der Golfregion zu erhöhen, die zusammen über rund zwei Drittel der bekannten Ölreserven der Welt verfügen. Angesichts der Tatsache, dass die Ölförderung in keiner anderen Region so rasch und massiv erhöht werden kann wie am Persischen Golf – und hier in erster Linie im Irak –, befürwortet der Cheney-Report entschlossene diplomatische Bemühungen der USA, um zu erreichen, dass die Regierungen Saudi-Arabiens und anderer Ölförderländer den US-Unternehmen massive zusätzliche Investitionen in die Infrastruktur ihrer Länder gestatten.

Zum anderen geht es darum, die Ölimporte der USA geographisch so weit wie möglich zu diversifizieren. Damit soll das ökonomische Risiko reduziert werden, falls es in Zukunft einmal zur Unterbrechung der Ölzufuhr aus dem notorisch unruhigen Nahen Osten kommen sollte. Dazu heißt es in dem Report: »Die Konzentration der Weltölproduktion in einer einzigen Region der Welt trägt potenziell zur Instabilität der Märkte bei«; deshalb müsse man auf »eine größere Diversifizierung der Weltölproduktion« hinarbeiten. Um eine Diversifizierung zu fördern, werden der Präsident und andere Regierungsinstanzen aufgefordert, in Zusammenarbeit mit den US-Energiekonzernen die Ölimporte aus der Kaspischen Region (insbesondere aus Aserbaidschan und Kasachstan), aus Afrika (insbesondere aus Angola und Nigeria) und aus Lateinamerika (insbesondere aus Kolumbien, Mexiko und Venezuela) zu steigern.

Das Problem ist nur: In praktisch allen Gebieten, die als potenzielle Herkunftsregionen zusätzlicher Öllieferungen benannt werden, herrschen seit langem entweder politisch instabile Verhältnisse oder ein ausgeprägter Antiamerikanismus – oder beides. Es stimmt zwar, dass gewisse Eliten in diesen Ländern eine engere wirtschaftliche Zusammenarbeit mit den Vereinigten Staaten befürworten, aber andere Teile der Bevölkerung wenden sich – aus nationalistischen, ökonomischen oder ideologischen Beweggründen – dagegen.

Es ist also fast sicher damit zu rechnen, dass die Bemühungen der USA, mehr Öl aus diesen Ländern zu beziehen, politischen Widerstand in dieser oder jener Form provozieren werden – und durchaus auch in Form terroristischer oder anderer gewaltsamer Aktionen. Der Cheney-Report impliziert also sicherheitsrelevante Folgen, die für die außenpolitische Strategie der Vereinigten Staaten von erheblicher Bedeutung sind.

An diesem Punkt werden die Parallelen zwischen der militärischen Strategie und der Energiepolitik der Bush-Regierung augenfällig: Eine Energiepolitik, die den verstärkten Zugriff der USA auf Ölvorkommen in chronisch unstabilen Gebieten wie dem Persischen Golf, der Kaspischen Region, Lateinamerika und Schwarzafrika befürwortet, wirkt weitaus realistischer, wenn sie von einer Militärstrategie flankiert wird, die darauf abzielt, das US-amerikanische Potenzial zum militärischen Einsatz in diesen Regionen erheblich aufzustocken.

Zu dieser Schlussfolgerung gelangte auch ein Beitrag des US-Verteidigungsministeriums in der sicherheitspolitischen Fachzeitschrift *Quadrennial Defense Review* (QDR), der im September 2001 erschienen ist, aber noch vor den Terroranschlägen vom 11.9. verfasst worden war. Darin heißt es: »Die Vereinigten Staaten und ihre Verbündeten und Freunde werden auch weiterhin von den Energievorkommen des Nahen Ostens abhängig sein«, wobei es vielfältige militärische Bedrohungsszenarien gebe, die den Zugang zu dieser wichtigen Region gefährden könnten.

In dem QDR-Beitrag wird weiter dargelegt, welche Waffentypen und militärischen Kräfte die USA benötigen, um ihre Interessen im Nahen Osten und anderen wahrscheinlichen Konfliktzonen zu schützen. Dabei werden exakt jene militärischen Potenziale und Fähigkeiten aufgelistet, die der Präsidentschaftswahlkämpfer George Bush bereits zwei Jahre zuvor in seiner Zitadellen-Rede benannt hatte. Zusammenfassend heißt es in dem QDR-Artikel, die Militärstrategie der Vereinigten Staaten beruhe »auf der Annahme, dass die US-Streitkräfte die Fähigkeit besitzen, ihre Machtmittel weltweit einzusetzen. Die Vereinigten Staaten müssen die Fähigkeit bewahren, gut ausgerüstete und logistisch unterstützte Truppen weltweit in kritische Gegenden zu entsenden – im Zweifelsfall auch gegen feindlichen Widerstand«.

Dritte Priorität: Kampf gegen Terrorismus

Für die dritte Priorität Washingtons, den Feldzug gegen den Terrorismus, formulierte Präsident Bush am 20. September 2001 in seiner Rede vor dem US-Kongress die folgende zentrale Zielsetzung: »Unser Krieg gegen den Terror beginnt mit al-Qaida, aber er wird so lange dauern, bis wir jede terroristische Gruppe mit globaler Reichweite aufgespürt, gestoppt und besiegt haben.« Dieser Feldzug werde keineswegs nach einer Reihe von Strafaktionen oder einer großen Schlacht zu Ende sein. Es handle sich, so Bush, vielmehr um einen »sehr langen Feldzug« auf vielen Kriegsschauplätzen und in Form offener wie geheimer Aktionen. Und dann folgte die Ankündigung: »Wir werden die Terroristen von ihren Geldmitteln abschneiden, sie gegeneinander aufhetzen, sie von einem Ort zum anderen jagen, bis ihnen kein Zufluchtsort und kein Ruhepunkt mehr bleibt. Und wir werden die Staaten verfolgen, die dem Terrorismus Hilfe leisten oder eine sichere Zuflucht bieten.«

In späteren Reden sowie in seinem Brief an den UNO-Sicherheitsrat vom 8. Oktober 2001 hat Präsident Bush diese Selbstmandatierung zur Kriegsführung auf Staaten wie den Iran und den Irak ausgeweitet, die angeblich eine internationale terroristische Bedrohung darstellen, indem sie atomare, chemische und biologische Waffen herzustellen oder zu erwerben versuchen.

Die Bush-Administration führt ihren globalen »Krieg gegen den Terrorismus« auf zwei Ebenen. Auf der Ebene der nachrichtendienstlichen Aufklärung und Strafverfolgung geht es darum, klandestine Terroristenzellen aufzuspüren und zu zerschlagen; auf der militärischen Ebene hingegen sollen die Schlupfwinkel der Terroristen zerstört und jene Staaten bestraft werden, die ihnen Zuflucht oder andere Formen von Beistand gewähren. Für den Erfolg im Krieg gegen den Terrorismus sind angeblich beide Ebenen entscheidend. Doch als die wichtigere Ebene behandeln maßgebliche Akteure der Bush-Regierung die militärische, die auch besonders eng mit den beiden anderen Strängen der Außen- und Sicherheitspolitik der Vereinigten Staaten verwoben ist. So wurde zum Beispiel in vielen Aspekten des Krieges in Afghanistan genau jenes Modell der »power projection« deutlich, das Präsident Bush in seiner »Zitadellen«-Rede umrissen hatte. Zur Vorbereitung des Afghanistanfeldzugs haben die USA per Flugzeug große Mengen von Waffen und militärischer Ausrüstung in befreundete Staaten der Region transportiert und eine mächtige Kriegsflotte im Arabischen Meer stationiert.

Die meisten der eigentlichen Kampfeinsätze leisteten leichte Infanterietruppen, die aus der Luft durch mit Präzisionslenkwaffen ausgerüstete Langstreckenbomber unterstützt wurden. Als äußerst wertvoll erwiesen sich dabei die große Beweglichkeit der Kampfeinheiten und der Einsatz moderner elektronischer Überwachungsinstrumente, mit denen die US-Streitkräfte den Feind bei Tag wie bei Nacht lokalisieren konnten. Die Erfahrungen aus dem Afghanistankrieg wurden dann wesentliche Voraussetzung für den relativ schnellen und verlustarmen Sieg der US-Streitkräfte im Irakkrieg vom Frühjahr 2003.

Der Krieg gegen den Terrorismus unterstützt also die Bemühungen, den Zugang zu den entscheidenden Ölvorkommen, vor allem in der Golfregion und am Kaspischen Meer, zu sichern. Der Krieg in Afghanistan lässt sich als Verlängerung jenes Schattenkrieges sehen, der in Saudi-Arabien zwischen den islamistischen Oppositionsgruppen und der von den USA unterstützten Monarchie stattfindet. Nachdem König Fahd nach der irakischen Invasion in Kuwait vom August 1990 den USA gestattet hatte, Truppen in seinem Land zu stationieren und sein Territorium als Ausgangsbasis für Angriffe auf den Irak zu nutzen, haben saudische Extremisten unter Führung Osama Bin Ladens einen Untergrundkrieg begonnen, mit dem sie die Monarchie beseitigen und die Amerikaner aus dem Land treiben wollen. Insofern kann man das Bemühen der USA, al-Qaida und deren Basis in Afghanistan zu vernichten, auch als Aktion zum Schutz der saudischen Königsfamilie sehen, die den Zugang zu den saudischen Ölvorkommen garantiert.

Der Krieg gegen den Terrorismus ist aber auch mit den Absichten der USA verflochten, den Transport von Erdöl und Erdgas aus der Kaspischen Region auf die Märkte des Westens abzusichern. Derartige Bemühungen gab es in bescheidenem Umfang bereits während der neunziger Jahre unter der Clinton-Regierung. Damals knüpfte das Pentagon erste Kontakte zu den Streitkräften der ex-sowjetischen Republiken Aserbaidschan, Georgien, Kasachstan, Kirgisistan und Usbekistan und begann mit Militär- und Ausbildungshilfe für diese Staaten. Mitte 2002 vereinbarten die USA und Aserbaidschan zudem, mit US-amerikanischer Hilfe ein maritimes Verteidigungspotenzial im Kaspischen Meer aufzubauen, wo es zu Konfrontationen zwischen aserbaidschanischen Ölförderschiffen und iranischen Kanonenbooten gekommen war. Derartige Initiativen der USA werden von der Bush-Administration offiziell damit begründet, die Beteiligung der Länder in der

Kaspischen Region am Krieg gegen den Terror zu erleichtern. Doch hängen sie ganz wesentlich auch mit den Bemühungen zusammen, ein sicheres Umfeld für die Förderung und den Transport des kaspischen Rohöls zu gewährleisten.

Die drei Prioritäten der Außen- und Sicherheitspolitik Washingtons sind inzwischen zu einem einzigen strategischen Projekt verschmolzen, zum »Krieg um die Vorherrschaft der USA«, wie Michael T. Klare im November 2002 schrieb, um zu prognostizieren, »dass eine Strategie, die so viele entscheidende Aspekte der nationalen Sicherheit zu einer einzigen Kampagne vereinheitlicht, äußerst schwer zu kritisieren oder in Frage zu stellen« sei. Nur wenn man diese Aspekte getrennt betrachte, könne man bei einzelnen vielleicht gewisse Beschränkungen durchsetzen. So ließe sich etwa dafür plädieren, das Niveau der Militärhilfe zu senken oder die Stationierung von Truppen in fernen Ölfördergebieten zu beschränken. Sind diese Maßnahmen jedoch mit dem Kampf gegen den Terrorismus verknüpft, werde es politisch fast unmöglich, Beschränkungen zu rechtfertigen. Deshalb, so Klare, werde sich »diese politische Strategie der Bush-Administration höchstwahrscheinlich als äußerst erfolgreich darin erweisen, die Zustimmung und langfristige Unterstützung des Kongresses und des US-amerikanischen Volkes zu erhalten«.

Die Prognosen Klares aus dem Herbst 2002 sind durch die Entwicklung in den nachfolgenden drei Jahren zunächst voll bestätigt worden. Auch das kostspielige Desaster im Irak hat bislang nicht zu einer Kurskorrektur der Außen- und Sicherheitspolitik der USA geführt, ja nicht einmal zu einer grundsätzlichen Debatte im Kongress und in der Öffentlichkeit.

Das muss allerdings nicht auf Dauer so bleiben. Denn die Politik der Bush-Administration beinhaltet ein erhebliches »Überdehnungs«-Risiko für die USA. Diese Politik könnte zu einer ganzen Reihe zeitlich unbegrenzter Militäroperationen im Ausland führen, die mit der Zeit immer komplexer und gefährlicher werden und die den USA laufend neue materielle und personelle Verpflichtungen abfordern. Das ist genau die Politik, vor der George W. Bush in Wahlkampf des Jahres 2000 noch gewarnt hatte. Und möglicherweise wird er noch vor Ende seiner zweiten Amtszeit die Erfahrung machen, dass eine Fortsetzung dieser Politik innenpolitisch nicht mehr durchsetzbar ist.

Hindernisse für weitere Kriege der USA

Die Präventivkriegsstrategie und die überlegenen militärischen Fähigkeiten, die sich die USA seit dem zweiten Golfkrieg von 1991 und verstärkt seit dem 11. September 2001 zugelegt haben, geben allein der einzigen verbliebenen Supermacht noch nicht die Möglichkeit, zu jeder Zeit an jedem Ort der Welt militärisch zu intervenieren. Die Erwartungen und Befürchtungen, nach dem militärisch schnellen und leichten Sieg im Irakkrieg vom Frühjahr 2003 werde die Bush-Administration Schlag auf Schlag auch mit den anderen von ihr erkorenen »Schurkenstaaten« und Mitgliedern der »Achse des Böse« aufräumen, waren schon damals unrealistisch. Seitdem sind die politischen, militärischen und finanziellen Hindernisse für neue Kriege der Bush-Administration noch gewachsen.

Trotz aller Zustimmung oder zumindest mangelnder Opposition, die die US-Bevölkerung dem Irakkrieg entgegengebracht hat – für einen neuen Krieg fände Bush zumindest derzeit zu Hause kaum Unterstützung. Schon gar nicht für einen Krieg unter Einsatz amerikanischer Bodentruppen. Das liegt zum einen an den horrenden, weiterhin steigenden Kosten des Krieges gegen den Irak und der anhaltenden Besatzung des Landes. Immer mehr US-Bürger sehen einen Zusammenhang zwischen den Kriegskosten und dem Abbau sozialer Leistungen, den die Bush-Administration betreibt. Hinzu kommt, dass sich inzwischen ein Großteil der US-Bevölkerung direkt oder indirekt vom Irakkrieg betroffen fühlt, weil Mitglieder der eigenen Familie oder zumindest der engeren Verwandtschaft als Soldaten oder Nationalgardisten im Irak stationiert wurden – und dies oft sehr viel länger, als ursprünglich geplant war. Auch die Zahl der im Irak getöteten GIs erreicht mit knapp 1.800 (Stand Ende Juni 2005) inzwischen eine für die Bush-Administration immer kritischere Größenordnung. Hinzu kommen über 20.000 GIs (genaue Zahlen werden vom Pentagon nicht veröffentlicht), die wegen körperlicher oder seelischer Verwundungen aus dem Irak abgezogen werden mussten.

Unter diesen Umständen dürfte zumindest bis zu den Kongresswahlen im November 2006 auch in Bushs Republikanischer Partei wenig Bereitschaft bestehen, sich auf ein neues Kriegsabenteuer einzulassen.

Natürlich sind Ereignisse vorstellbar, die die Stimmung in der Bevölkerung der USA und im Kongress schlagartig zugunsten neuer militärischer Interventionen verändern könnten. Das wäre etwa bei einem größeren, opferreichen Terroranschlag entweder in den USA oder gegen amerikanische Einrichtungen im Ausland der Fall.

Doch auch dann stünde die Bush-Administration vor dem Dilemma, dass ihr die militärischen Mittel für einen weiteren Krieg fehlen, solange 140.000 GIs nebst Waffen, Ausrüstung und Transportmitteln im Irak gebunden sind. Die frühere Pentagon-Doktrin, wonach die US-Streitkräfte jederzeit in der Lage sein müssten, an zwei Orten der Welt gleichzeitig Krieg zu führen, ist längst Makulatur. Eine Stabilisierung der Lage im Irak ist auf absehbare Zeit nicht in Sicht. Daher ist auch ein Abzug wenn nicht aller, so doch zumindest eines großen Teils der 140.000 US-amerikanischen Besatzungssoldaten aus dem Irak zumindest bis zu den Kongresswahlen im November 2006 keine Handlungsalternative für die Bush-Administration. Denn ein Truppenabzug ohne vorherige Stabilisierung der Lage im Irak wäre ein Eingeständnis des Scheiterns, das für Bush und seine Republikanische Partei gravierende politische Folgen hätte.

Daher blieben als Option für ein militärisches Vorgehen der USA gegen Iran, Nordkorea oder andere Staaten vorläufig nur Luftschläge. Doch mit militärischen Luftschlägen allein lassen sich weder unterirdische Atomanlagen verlässlich zerstören, noch die Regimes in Teheran oder Pjöngjang stürzen.

Das Ende des Ölzeitalters

Der Rohstoff Öl erlangt strategische Bedeutung

Die auf der Welt vorhandenen Ölvorräte sind über einen Zeitraum von rund 200 Millionen Jahren durch eine Vielzahl biologischer, chemischer und geologischer Prozesse entstanden. Mesopotamier, Griechen und Römer benutzten Bitumen oder Naphtha (Rohöl) seit der Antike als Dichtungs-, Heil- oder Pflegemittel. Ägypter verwandten es außerdem für die Balsamierung der toten Pharaonen, und Chinesen setzten destilliertes Öl schon vor über 4.000 Jahren als Leuchtstoff ein. Die weltweit ersten kommerziellen Bohrungen nach Öl fanden 1859 im US-Bundesstaat Pennsylvania sowie in Deutschland in der Nähe der Stadt Celle statt. Mit der Erfindung von Motoren durch Otto (1876), Daimler (1883 und 1885) und Diesel (1893) begann ein neues Kapitel vom Traum grenzenlosen Wachstums und individueller Mobilität und ein noch gewinnbringenderes Geschäft mit der Verbrennung des wertvollen Rohstoffes.

Bereits seit Beginn des 20. Jahrhunderts spielte das Streben einzelner Staaten oder großer Konzerne nach Öl eine Rolle in zahlreichen politischen und militärischen Konflikten. Kurz vor dem Ersten Weltkrieg erhielt der Rohstoff Öl erstmals strategische Bedeutung. Russland hatte seine Kriegsschiffe mit Motoren zur Ölverbrennung ausgerüstet und erlangte dadurch für kurze Zeit Überlegenheit auf den Weltmeeren – bis England und andere Seefahrernationen ihre Schiffe ebenfalls mit Ölmotoren ausrüsteten.

Im Folgenden eine – sicherlich unvollständige – Liste von Konflikten aus dem 20. Jahrhundert, die durch das Streben nach Öl ausgelöst oder verschärft und verlängert wurden:

1914 Das Streben nach Öl und anderen Rohstoffen ist einer der Gründe, weshalb Deutschland an der Seite Österreichs in den Ersten Weltkrieg eintritt.

1918–39 Der Kampf ums Öl zwischen den führenden Industrienationen wird in der Zwischenkriegszeit ökonomisch und politisch fortgeführt; Hauptakteure sind die britisch-niederländischen (BP, Shell) und amerikanischen (Standard Oil) Erdölkonzerne. Zu Beginn dominiert Großbritannien, das zunächst den Anteil der von ihm kontrollierten Erdölvorkommen weltweit von 9 (1914) auf 75 Prozent (1920) steigern kann. Die robustere und weniger kriegsgeschädigte US-Industrie holt aber kontinuierlich auf: Bis 1939 sichern sich die fünf größten amerikanischen Erdölfirmen die Rechte für große Ölvorkommen im Irak, in Bahrain, Saudi-Arabien und Kuwait; damit kontrollieren die USA zu Beginn des Zweiten Weltkriegs rund die Hälfte des Öls im Nahen Osten (Großbritannien und Niederlande: 40 Prozent, Frankreich: 6 Prozent).

1932–35 Paraguay annektiert einen Teil Boliviens, in dem es fälschlicherweise Erdölvorkommen vermutet (Chaco-Krieg).

1935–38 In und um die Erdölgebiete Mexikos kommt es zu Aufständen und bewaffneten Auseinandersetzungen, in die auch die USA und Großbritannien verwickelt sind; als die mexikanische Regierung 1938 die Erdölindustrie verstaatlicht, bricht Großbritannien die diplomatischen Beziehungen ab.

1939–45 Auch im Zweiten Weltkrieg spielt der Streit um die Rohstoffe eine Rolle: 1939 beherrschen die Achsenmächte (v.a. Deutschland, Italien und Japan) rund 3 Prozent der Erdoberfläche und 5 Prozent der weltweiten mineralischen Rohstoffe. Bis 1942, dem Wendepunkt des Krieges, steigen diese Zahlen auf 13 Prozent (Landfläche) respektive 33 Prozent (mineralische Rohstoffe). Während Italien und Japan ihre Erdölversorgung vor allem durch eine Vergrößerung ihrer Kolonien (Nordafrika bzw. Pazifik) zu sichern versuchen, setzt Deutschland alles auf die Karte »Sowjetunion«; deren Wirtschaft hatte sich zwar nur langsam vom Bürgerkrieg und dem Ersten Weltkrieg erholt, profitierte aber entscheidend von den weltweit zu den größten Erdölvorkommen zählenden sibirischen Quellen.

1945–50 Der Zweite Weltkrieg hat deutlich gemacht, welch entscheidende militärische Rolle Erdöl als Treibstoff, zur Herstellung von Sprengstoffen, Gummi, Kunststoffen und anderen chemischen Gütern spielt. Die USA setzen zum entscheidenden Sprung an und nützen die Nachkriegsjahre politisch geschickt, um ihre härtesten Konkurrenten im Ölgeschäft sowohl im pazifischen Raum wie im Nahen Osten auszuschalten. Während sie die britischen Erdölfirmen dafür zumindest finanziell entschädigen müssen, wird die Compagnie Française de Pétrol (CFP) als »Kollaborateurin« der Deutschen gebrandmarkt und zur Kriegsverliererin. Nach dem Zweiten Weltkrieg kontrollieren die USA 65 Prozent (1939: 57 Prozent) der

Erdölvorkommen außerhalb der kommunistischen Staaten, während der britisch(-niederländische) Anteil von 36 auf unter 30 Prozent fällt. Noch eindrücklicher sind die Zahlen ohne die großen einheimischen Ölvorkommen der USA: Nach dem Krieg haben sich die US-Firmen die Förderrechte für rund die Hälfte der weltweiten Vorkommen (außer USA und UdSSR) gesichert, was einer Verdoppelung gleichkommt.

1951–53 Im Iran kommt es zu einem Machtwechsel, und das bis dahin britisch (durch die Anglo-Iranian Oil Company, AIOC) kontrollierte Ölgeschäft wird in der Folge verstaatlicht. Die USA verzichten zunächst auf ein Eingreifen zugunsten Großbritanniens (des nach wie vor härtesten Konkurrenten im Kampf ums weltweite Öl). Erst 1953 wird die neue iranische Regierung mit britischer und amerikanischer Hilfe gestürzt und die Erdölindustrie wieder privatisiert. Hauptprofiteure sind die US-Konzerne, denen 40 Prozent der iranischen Ölrechte zugeschanzt werden, während die AIOC nur noch 40 Prozent erhält; die restlichen Ölrechte teilen sich britisch-niederländische Shell (14 Prozent) und die französische CFP (6 Prozent).

1967 Nach dem Sechs-Tage-Krieg verhängen die arabischen Öl-Länder ein erstes Ölembargo gegen die OECD-Staaten.

1967–70 In Nigeria schlagen Regierungstruppen den Versuch der Ibo nieder, im Osten des Landes einen eigenen Staat Biafra zu gründen. Der Krieg, der schließlich mehr als eine Million Tote fordert, eskaliert jedoch erst richtig, als Shell sich bereit erklärt, die Konzessionsgelder für das nigerianische Öl an Biafra zahlen zu wollen.

1973/74 Als Folge der einseitigen Unterstützung Israels durch die USA während des Yom-Kippur-Krieges kommt es zum großen Ölschock: Die OPEC-Staaten unter Führung der arabischen Länder drehen den Ölhahn zu, der Ölpreis vervierfacht sich innerhalb eines Jahres, und die Industriestaaten, deren gesamte Wirtschaft vom schwarzen Gold abhängig ist, werden von der heftigsten Rezession seit den dreißiger Jahren erschüttert.

1973–76 Die Entdeckung von Erdöl in der Ägäis (vor der griechischen Insel Thassos) führt 1973 zu einer Verschärfung der ohnehin schon angespannten Beziehungen zwischen Griechenland und der Türkei. Als Griechenland Verhandlungen ablehnt, beginnt die Türkei kurzerhand mit der Suche nach Öl rund um die griechische Insel Lesbos. In der Folge tauschen beide Länder Drohungen aus, die 1976 beinahe zu einer militärischen Eskalation führen. Seither wird über das Öl in der Ägäis nur noch am Verhandlungstisch gestritten – bislang allerdings ohne große Fortschritte.

1974 Zwischen China und Vietnam kommt es zum Konflikt um die Paracel-Inselgruppe, wo große unterseeische Erdölvorkommen vermutet werden; das Ganze endet mit der Eroberung der dortigen vietnamesischen Garnison durch China.

1974–80 Der Nahe und Mittlere Osten avanciert zum Nabel der Weltpolitik. Das wird schlagartig deutlich durch die Drohung von US-Präsident Carter, dass die USA künftig den Zugang zu den Ölreserven am Persischen Golf mit allen, also auch militärischen Mitteln verteidigen würden. Mit dem Camp-David-Friedensabkommen zwischen Israel und Ägypten sichern sich die USA 1978 das Recht für die Stationierung von Truppen auf der Sinai-Halbinsel und beginnen mit dem Aufbau ihrer Überwachungskapazitäten; gleichzeitig wird eine »Schnelle Eingreiftruppe« für den Nahen Osten aufgestellt. Zusammen mit anderen NATO-Staaten sichern sich die USA außerdem die militärische Kontrolle über den Suezkanal. Gleichzeitig vervielfachen sich die Anstrengungen des Westens, sich aus der Abhängigkeit vom arabischen Öl zu lösen: durch Energiesparmaßnahmen, Produktivitätssteigerungen und die Ausbeutung eigener Erdölvorkommen (Nordsee, Alaska). Während die USA 1977 noch ein Drittel ihres Erdölbedarfs im Nahen Osten decken, sinkt dieser Anteil bis 1984 auf 4 Prozent.

1980–88 Acht Jahre lang führen der Iran und der Irak Krieg (Erster Golfkrieg) gegeneinander, ohne dass eine der beiden Parteien entscheidende Vorteile erringt. Ein wesentlicher Auslöser ist der Streit um die Nutzung des Persischen Golfs, der für den Transport von Erdöl von erheblicher strategischer Bedeutung ist. »Erfolgreich« sind beide Staaten nur im gegenseitigen Bemühen, die Erdölproduktion des Gegners (die Haupteinnahmequelle beider Länder) zu zerstören. Damit fallen zwar zwei der ganz großen Öllieferländer aus, gleichzeitig führt dieser »interne« Konflikt aber auch zu einer Lähmung und Schwächung der OPEC. Ähnliche militärische »Erfolge« werden zur gleichen Zeit aus dem Süden Afrikas gemeldet: zum einen von der südafrikanischen Befreiungsbewegung ANC, die immer wieder die südafrikanische Erdölindustrie angreift, zum anderen vom Apartheidregime, das u.a. Jonas Savimbis UNITA bei der Sabotage der angolanischen Erdölförderung unterstützt.

1989–95 In Nigeria schlagen reguläre Truppen und paramilitärische Kräfte den Kampf der Ogoni gegen die Zerstörung ihres Lebensraums durch die Erdölförderung von Shell blutig nieder; ihr Wortführer, der Schriftsteller Ken-Saro Wiwa, wird mit acht weiteren Oppositionellen hingerichtet.

1990/91 Der Irak – das Land mit den zweitgrößten Ölreserven der Welt – überfällt sein südliches Nachbarland Kuwait, das Land mit den viertgrößten Ölvorräten. Damit rückt der Irak unter Saddam Hussein mit einem Schlag zur neuen Öl-Supermacht auf. Wesentliche Auslöser für diesen Überfall waren Streitigkeiten zwischen dem Irak und Kuwait über Ölfelder im Grenzgebiet zwischen beiden Ländern. Zudem hatte der irakische Diktator Saddam Hussein in der OPEC auf eine deutliche Erhöhung des Ölpreises gedrängt (mit den erhofften Mehreinnahmen wollte er die Folgekosten aus dem achtjährigen Krieg mit dem Iran finanzieren), war mit dieser Forderung aber am Widerstand Kuwaits und Saudi-Arabiens gescheitert. Mit noch nie da gewesener Härte und militärischem Aufwand reagiert der Westen auf die irakische Besetzung Kuwaits und stellt unter US-amerikanischer Fuhrung die alten Herrschaftsverhältnisse wieder her (Zweiter Golfkrieg). Die fast schon traditionellen innerarabischen Spannungen (Libyen–Ägypten, Syrien–Irak, Irak–Iran) werden um die Spaltung der OPEC in prowestliche und revolutionäre Kräfte ergänzt.

1998/99 In Indonesien führen zunehmende politische Spannungen zum Sturz des Suharto-Regimes. Der Vielvölkerstaat kommt aber nicht wirklich zur Ruhe. Der Bürgerkrieg in der nordwestlichen Provinz Aceh, in der seit 1978 reichhaltige Öl- und Gasvorkommen erschlossen werden, konnte bislang nicht beendet werden. Die reichen Erdölvorkommen in Indonesien, das zur OPEC gehört, sind mit ein Grund, weshalb sich auch die neue Zentralregierung in Djakarta weiterhin jeglicher Unabhängigkeitsbestrebung einzelner Provinzen mit allen Mitteln widersetzt.

Das Ende der Illusionen von den unerschöpflichen Öl-Ressourcen

Nach dem Ersten Weltkrieg stieg die Kurve der weltweiten Förderung und des Verbrauchs von Öl erstmals deutlich an. Ein wesentlicher Grund hierfür war die Automobilisierung der USA. In der Phase der Aufrüstung Hitlerdeutschlands und anderer Staaten vor dem Zweiten Weltkrieg sowie während der sechs Kriegsjahre nahm die Förderung noch einmal erheblich zu. Im Zweiten Weltkrieg spielte die Frage, ob ein Land über eigene Ölvorkommen verfügte oder Zugang zu Ölquellen anderer Staaten hatte, bereits eine wesentliche Rolle, die den Ausgang so mancher Schlacht dieses Krieges entschied.

Hitlerdeutschland verfügte nicht über eigenes Öl und war daher auf Importe angewiesen, auf die es sich jedoch spätestens mit Kriegsbeginn 1939 nicht mehr verlassen konnte. Mit dem damals in Deutschland entwickelten Verfahren der Ölgewinnung durch Kohleverflüssigung (das in den siebziger Jahren erfolgreicher vom südafrikanischen Apartheidregime genutzt wurde, um den Ölboykott der UNO zu unterlaufen) ließ sich nur ein kleiner Teil des Treibstoffbedarfs von Hitlers Kriegsmaschine decken. Daher war es ein wesentliches strategisches Ziel des Überfalls der deutschen Wehrmacht auf die Sowjetunion im Juni 1941, Zugang zu den reichhaltigen Öl- und Erdgasfeldern im Kaspischen Meer und in den östlich davon gelegenen sowjetischen Republiken zu erlangen. Doch der Vormarsch scheiterte am Widerstand der Roten Armee.

Nach Ende des Zweiten Weltkrieges sorgten zunächst der Wiederaufbau Westdeutschlands und dann ab Ende der fünfziger Jahre die Industrialisierung Japans (bis dato ein Agrarstaat) für weitere deutliche Zuwächse bei der weltweiten Förderung und dem Verbrauch von Öl.

»Grenzen des Wachstums« und erste Ölkrise

Seit Beginn der systematischen Suche nach Öl und der intensiven wirtschaftlichen Nutzung dieses fossilen Energieträgers Mitte des 19. Jahrhunderts lebte die Menschheit über hundert Jahre lang in dem Bewusstsein, Öl sei auf der Erde in unerschöpflicher Menge vorhanden. Daher stehe es auf ewig und zu einem auf Dauer günstigen Preis als wichtigster Rohstoff für ein – ebenfalls auf Dauer unbegrenztes – wirtschaftliches Wachstum zur Verfügung. Zudem existierte keinerlei Wissen über die Umweltprobleme (Klimaerwärmung etc.), die mit der Verbrennung von Öl und anderen fossilen Brennstoffen (Kohle, Erdgas) verbunden sind.

Die Illusion von der Unerschöpflichkeit des Öls und der Harmlosigkeit seiner Verbrennung wurde erstmals Anfang der siebziger Jahre in Frage gestellt – zunächst theoretisch durch den ersten Bericht des »Club of Rome« über »Die Grenzen des Wachstums« und dann ganz praktisch und für viele Autofahrer und Konsumenten vor allem in den am stärksten industrialisierten Weltregionen Nordamerika und Westeuropa unmittelbar spürbar durch die erste Ölkrise in den Jahren 1973/74. Unmittelbarer Auslöser dieser Krise war die drastische Erhöhung des Weltmarktpreises, die das damals noch ausschließlich aus Staaten des Nahen und Mittleren Ostens bestehende Kartell der Öl exportierenden Länder, OPEC (Organisation of Petroleum Exporting Countries), durch eine massive Drosselung der Produktion ausgelöst hatte.

30 Jahre nach dieser ersten Ölkrise sind alle Illusionen über unerschöpfliche Ölvorräte durch harte Fakten und Erkenntnisse widerlegt. Wie viel Barrel Rohölvorräte auf der Welt noch existieren, ist weitgehend bekannt. Für das Jahr 2004 wurden die bestätigten Weltreserven je nach Quelle auf 1.260 Milliarden Barrel (171.7 Mrd. Tonnen nach der »Oeldorado«-Studie 2004 von ExxonMobil) bzw. auf 1,148 Mrd. Barrel (156,6 Mrd. Tonnen nach »BP Statistical Review« 2004) berechnet. Während die Reserven im Nahen Osten, Ostasien und Südamerika aufgrund der Erschöpfung von Lagerstätten sanken, stiegen sie in Afrika und Europa leicht an. Kritiker weisen allerdings darauf hin, dass Regierungen wie auch große Ölkonzerne ihre Angaben über angeblich noch vorhandene Reserven häufig aus politischen Gründen nach oben verfälschen. Es fällt auf, dass viele Länder der Internationalen Energieagentur (IEA) über Jahre dieselben Vorratszahlen melden, obwohl sie gleichzeitig große Mengen Erdöl fördern. Die Zahlen werden also oft nicht angepasst.

»Peak Oil« ist bald erreicht

Seit den ersten Bohrungen im Jahre 1859 sind weltweit rund 900 Milliarden Barrel Erdöl gefördert worden. Die meisten Reserven wurden in den sechziger Jahren des letzten Jahrhunderts entdeckt.

Im Jahre 2003 betrug die weltweite Ölfördermenge rund 27 Mrd. Barrel (3,6 Mrd. Tonnen). Hauptförderstaaten waren in diesem Jahr Saudi-Arabien (496,8 Millionen Tonnen), Russland (420 Mio.), USA (349,4 Mio.), Mexiko (187,8 Mio.) und Iran (181,7 Mio.). Die Erdölförderung in Deutschland ist im internationalen Vergleich unbedeutend und findet fast ausschließlich in den Bundesländern Schleswig-Holstein und Niedersachsen statt.

Entscheidend ist, dass seit Beginn der achtziger Jahre die jährlich weltweit geförderte Ölmenge über der Kapazität der jährlich neu entdeckten Reserven liegt. Das heißt, seit den achtziger Jahren nehmen die vorhandenen Reserven kontinuierlich ab. Deshalb wird von den meisten Experten mit einem Fördermaximum (»Peak Oil«) zwischen 2010 und 2020 gerechnet. Mit »Peak Oil« ist der Zeitpunkt gemeint, zu dem die weltweite Förderung von Öl ihr historisches Hoch erreicht, das heißt, die Hälfte der vorhandenen Vorräte gefördert wurde. Nach Erreichen dieses Punktes geht die globale Erdölförderung kontinuierlich zurück, die Preise werden deutlich – wahrscheinlich exponential – ansteigen und die Verteilungskämpfe um die Ressource Öl werden sich noch einmal erheblich verschärfen – zumal wenn die Verbrauchsprognosen der IEA eintreffen. Einige Experten gehen sogar davon aus, dass »Peak Oil« noch vor 2010 erreicht wird.

Die meisten Ölländer dieser Erde haben den Höhepunkt schon längst überschritten. In den USA geht die jährliche Förderquote bereits seit 1959 kontinuierlich zurück. In Großbritannien, das ebenso wie Norwegen erst nach der Ölpreiskrise der siebziger Jahre und dank der Entdeckung von Ölfeldern in der Nordsee zu einem Ölförderstaat wurde, war »Peak Oil« 1999 erreicht.

(Noch) sehr ungleicher Weltverbrauch

Der *tägliche* Verbrauch an Öl lag im Jahr 2003 weltweit bei etwa 80 Mio. Barrel. Die USA (20,1 Mio.), China (6 Mio.), Japan (5,5 Mio.) und Deutschland (2,7 Mio. Barrel) waren im Jahr 2003 Hauptverbraucher des Erdöls. Das heißt, die USA sind mit einem Anteil von 25 Prozent mit weitem Abstand der größte Ölverbraucher. Allerdings hat sich die Menge des täglich von China verbrauchten Öls allein zwischen 2000 und 2003 von drei auf sechs Mio. Barrel verdoppelt. Noch krasser sind die Unterschiede beim

Verbrauch pro Kopf der Bevölkerung. 2003 verbrauchte ein Einwohner der USA durchschnittlich 26 Barrel Öl, und ein Bundesbürger 11,7, während in China statistisch auf jeden Einwohner 1,7 Barrel kamen, in Indien 0,8 und in Bangladesch nur 0,2 Barrel.

Verdoppelung des Verbrauchs fossiler Energieressourcen bis spätestens Mitte des 21. Jahrhunderts

Den Prognosen der IEA zufolge wird sich der weltweite Bedarf und Verbrauch an Öl und an den anderen fossilen Brennstoffen Erdgas und Kohle in den kommenden 30 bis 50 Jahren noch einmal mindestens verdoppeln. Die meisten Regierungen orientieren sich bei ihrer Politik zur Energieversorgung ihres Landes bislang an den Prognosen und Szenarien der IEA, die auf einer Fortschreibung bisheriger Entwicklungstrends bei der Förderung und dem Verbrauch von fossilen Brennstoffen über den Zeitraum der nächsten 20 bis 50 Jahre beruhen. Den IEA-Szenarien liegt die Annahme zugrunde, dass es in diesem Zeitraum nicht zu signifikanten technologischen, wirtschaftlichen oder politischen Neuerungen und Umbrüchen kommen wird (s. Anhang 2).

Entsprechend geht die IEA davon aus, dass das globale Wirtschaftswachstum und die Zunahme der Erdbevölkerung bis 2015 (im Vergleich zum Basisjahr 2000) zu einer Steigerung des weltweiten Energiebedarfs um 30 Prozent führen werden und bis 2025 um 50 Prozent.

Die größten Zuwächse werden für die beiden bevölkerungsreichsten Staaten China und Indien vorausgesagt. Für Indien, das seinen Energiekonsum zwischen 1970 und 2000 verdreifacht hat und inzwischen das Land mit dem viertgrößten Energieverbrauch (in absoluten Mengenzahlen, nicht pro Kopf der Bevölkerung) hinter den USA, China und Russland ist, wird eine weitere Verdoppelung des Energiekonsums bis 2030 erwartet.

Im Jahr 2000 wurden 80 Prozent des weltweiten Energiebedarfs durch fossile Brennstoffe abgedeckt (Öl 36, Kohle 22, Erdgas 21 Prozent). Der Anteil der Biomasse lag bei elf, der der Atomkraft bei sechs Prozent. Wasserkraft deckte zwei Prozent ab und die drei anderen nachhaltigen Energien Wind, Solar und Erdwärme zusammen lediglich ein Prozent. Die IEA geht davon aus, dass auch der größte Teil des bis 2030 prognostizierten zusätzlichen globalen Energiebedarfs »aus Kostengründen« weiterhin durch fossile Brennstoffe abgedeckt wird. Dieser Prognose liegt die Annahme der IEA zugrunde, dass der Anteil nachhaltiger Ressourcen an der Energieversorgung in den meisten oder gar allen Staaten dieser Erde bis 2030 nicht signifikant gesteigert wird. Eine Annahme, die die IEA aus dem bisherigen Verhalten der Staaten ableitet, die aber selbstverständlich kein unabänderliches Schicksal oder ein in Stein gemeißeltes Naturgesetz ist.

Zwar erwartet die IEA, dass es bis 2030 zwischen den drei fossilen Energieträgern zu Gewichtsverschiebungen kommt: Öl bleibt Spitzenreiter, doch Erdgas wird die größten Zuwachsraten aufweisen und die Kohle als zweitwichtigsten Energielieferanten ablösen. Für die nachhaltigen Energien sieht die IEA »aus Kostengründen« keine signifikanten Zuwächse voraus.

Beim Anteil der Atomenergie an der weltweiten Energieversorgung rechnet die IEA mit einem Rückgang von derzeit sechs auf rund vier Prozent bis zum Jahr 2030. Diese Prognose der IEA berücksichtigt allerdings noch nicht die Möglichkeit, dass es in den nächsten Jahren zu einer Renaissance der Atomenergie kommt, wofür es eine Reihe von Anzeichen gibt.

Ersatz der fossilen Energieträger durch nachhaltige Ressourcen – eine Frage des politischen Willens

Auf Basis der angeführten Daten und Prognosen lässt sich mit Sicherheit voraussagen, dass die über einen Zeitraum von 200 Millionen Jahren entstandenen Ölvorräte dieser Erde spätestens bis Mitte dieses Jahrhunderts unwiederbringlich aufgebraucht sein werden. Damit wäre das 1859 begonnene Ölzeitalter nach gerade einmal 200 Jahren wieder vorbei.

Das Ende des Ölzeitalters lässt sich nicht verhindern, es ließe sich höchstens um ein paar Jahre hinausschieben. Das wäre aber nur möglich, wenn die Weltbevölkerung in den nächsten Jahrzehnten deutlich unter den prognostizierten Zuwachsraten beim Verbrauch bliebe. Dies wäre nur denkbar, wenn die diesen Prognosen zugrunde liegenden Zuwachsraten beim Wirtschaftswachstum, der Industrialisierung und der Automobilisierung nicht Realität werden. Dafür gibt es allerdings kaum Anzeichen. Ansonsten ließe sich das Ende des Ölzeitalters nur hinausschieben und zugleich der Verteilungskampf um diese und die anderen fossilen Ressourcen entspannen, wenn die Weltbevölkerung in den nächsten Jahren alle noch ungenutzten Einsparpotenziale beim Verbrauch von Energien ausschöpft und zugleich in tatsächlich signifikantem Umfang auf die Nutzung nachhaltiger, umweltfreundlicher Energieressourcen (Wasser, Sonne, Wind, Biomasse) setzt.

Letzteres ist keine Frage der technischen Machbarkeit mehr, sondern ausschließlich eine Frage des politischen Willens. Doch dieser Wille ist noch sehr unterentwickelt oder stößt – wenn er einmal von Politikern artikuliert wird – immer wieder auf (vermeintliche) realpolitische Grenzen. Im Mangel an politischem Willen unterscheiden sich im Übrigen die Europäer zwar graduell, aber nicht grundsätzlich von den viel gescholtenen USA, die im weltweiten Vergleich den mit Abstand größten Ölverbrauch und CO_2-Ausstoß pro Kopf der Bevölkerung aufweisen.

2,50 Euro für den Liter Benzin werden schon bald Realität

Im März 1998 beschloss der Bundesparteitag von Bündnis 90/Die Grünen in Magdeburg ein wohl durchdachtes, neues ökologisches Steuerkonzept. Es sollte zur Schaffung von Arbeitsplätzen beitragen, zu deutlichen Einsparungen beim Verbrauch von Öl und anderen fossilen Energien führen und der Bekämpfung der Umweltzerstörung dienen. Ein wesentliches Prinzip dieses Steuerkonzepts war die Herstellung von Kostenwahrheit beim Energieverbrauch – insbesondere im Vergleich zwischen den verschiedenen privaten und öffentlichen Transportsystemen (Eisenbahn, Flugzeug, Auto, Busse etc.). Das Konzept sah eine deutlich stärkere Besteuerung von Kerosin und Benzin vor, die Schritt für Schritt über den Zeitraum von fünf Jahren zu einer Erhöhung des Benzinpreises an bundesdeutschen Tankstellen auf fünf Mark geführt hätte.

Der »5-Mark-Beschluss« der Grünen vom März 1998 löste eine Welle der Empörung aus, als hätte die Ökopartei das Verbot des Fußballspiels in Deutschland gefordert. Unter dem Druck dieser Empörung und mit Blick auf die anstehende Bundestagswahl vom September 1998 ließ die Partei ihren Beschluss ziemlich bald in der Versenkung verschwinden. Sieben Jahre später ist der Zeitpunkt absehbar, da die Marke von fünf Mark oder 2,50 Euro für den Liter Benzin Realität wird. Nicht als Ergebnis und Bestandteil einer auf Nachhaltigkeit setzenden Politik, wie sie die Grünen damals in Magdeburg noch im Auge hatten, sondern in Folge der sich deutlich verschärfenden Verteilungskämpfe um die immer knapper werdende fossile Energieressource Öl.

Bereits die Erhöhung der Rohölpreise – und in der Folge auch der Preise für Treibstoff (Benzin und Diesel) – in den letzten zwei Jahren seit dem Irakkrieg lag deutlich über dem Durchschnitt der Steigerungsraten in den neunziger Jahren. Sobald der Peak Point der weltweiten Ölproduktion erreicht ist – mit großer Wahrscheinlichkeit schon im ersten oder zweiten Jahrzehnt des 21. Jahrhunderts –, werden die Preise für Rohöl und für daraus gewonnene Produkte exponenziell ansteigen. Daher ist davon auszugehen, dass der Benzin- und auch der Dieselpreis in Deutschland in naher Zukunft die Marke von 2,50 Euro pro Liter nicht nur erreichen, sondern sogar deutlich überschreiten werden.

Die Auswirkungen dieser Preiserhöhungen an den Tankstellen werden die Autofahrer umso härter treffen, als der Magdeburger Parteitagsbeschluss der Grünen nicht zum Bestandteil der rot-grünen Koalitionspolitik ab Oktober 1998 gemacht wurde. Denn wäre dies geschehen, wären die deutsche Automobilindustrie sowie ausländische Hersteller, die PKW nach Deutschland exportieren, tatsächlich unter ernsthaften Druck geraten, den deutlich verringerten Treibstoffverbrauch ihrer Produkte zur obersten Priorität zu machen, anstatt immer schnellere, PS-stärkere, prestigeträchtigere und schwerere Fahrzeuge herzustellen.

In Folge dieser völlig verfehlten Politik lag im Jahre 2004 der durchschnittliche Flottenverbrauch aller in Deutschland zugelassenen PKW immer noch bei rund 8,1 Liter Treibstoff (Benzin und Diesel) pro 100 Fahrkilometer. Dabei hätten die spätestens seit Mitte der neunziger Jahre vorhandenen technischen Möglichkeiten längst eine Reduzierung des Flottenverbrauchs auf höchstens sechs Liter erlaubt. Doch da der notwendige Druck durch von der Politik gesetzte Rahmenbedingungen fehlte, setzten die Automobilkonzerne die entsprechenden technologischen Konzepte nicht um.

Die Volkswagen AG stellte im Juni 2005 sogar die Produktion des Lupo TDI ein, das – abgesehen vom Zweisitzer-Smart – bis dato einzige Auto in Europa mit einem Echtverbrauch von nicht mehr als drei Liter Diesel pro 100 Kilometer. Der VW-Konzern begründete seine Entscheidung mit der »mangelnden Nachfrage bei den Autofahrern«. Für diese »mangelnde Nachfrage« hatte VW in den Jahren seit der Markteinführung des Lupo selbst gesorgt: mit einer lausigen, fast nicht existenten Werbung für den Kleinwagen und mit einem völlig überhöhten Preis.

Kräftiger Anstieg der Verbraucherkosten

Neben den Tankstellenpreisen für Benzin und Diesel werden auch die Verbraucherkosten für Heizöl in den nächsten Jahren so kräftig ansteigen wie nie zuvor seit 1973/74. Darüber hinaus wird der absehbare deutliche Anstieg des Weltmarktpreises für Öl zur spürbaren Verteuerung zahlreicher Produkte und Dienstleistungen führen, bei deren Herstellung und Erbringung bislang Öl eingesetzt wird. Diese Entwicklung dürfte in den kommenden Jahren in Deutschland (und darüber hinaus in EU-Europa) zu folgenden, zum Teil widersprüchlichen Entwicklungen führen.

Zum einen werden die bisherigen vorsichtigen Weichenstellungen in Richtung einer nachhaltigeren Energieversorgung, die die rot-grüne Koalition in Berlin seit 1998 immerhin vorgenommen hatte (Gesetz über erneuerbare Energien, 100.000-Solardächer-Programm, Ökosteuer u. a.), auch unter einer CDU-geführten Bundesregierung zumindest weitgehend erhalten bleiben. Zugleich wird der bereits seit Mitte 2004 spürbare Druck der Atomlobby für eine Renaissance der Atomenergie zumindest dazu führen, dass die unter der rot-grünen Koalition vereinbarten Fristen für den Ausstieg aus dieser Energieform und für die Stilllegung einzelner AKWs verlängert werden. Es ist sogar nicht auszuschließen, dass der Ausstiegsbeschluss in einigen Jahren angesichts drastisch gestiegener Ölpreise völlig gekippt wird.

Auf der anderen Seite wird aber der gesellschaftliche Druck wachsen, die noch vorhandenen Einsparpotenziale besser auszuschöpfen – sei es bei der Nutzung von Industrieabwärme, bei der Isolation von Gebäuden oder beim Spritverbrauch. Auch die Konsumenten dürften – erstmals seit 1973/74 – ihr Energieverbrauchsverhalten deutlich verändern, insbesondere im Bereich der Mobilität: durch den Kauf verbrauchsgünstiger PKW und den Umstieg auf öffentliche Verkehrsmittel. In welchem Umfang dieser auch ökologisch wünschenswerte Umstieg allerdings stattfindet, wird davon abhängig sein, ob und inwieweit die öffentlichen Transport-Unternehmen ihre steigenden Ausgaben für Energie auf die Ticketpreise für Bahnen und Busse umlegen. Dies könnten die Regierungen auf Bundes-, Länder- und Kommunalebene allerdings durch politische Vorgaben steuern.

Doch welche Maßnahmen zur Senkung des Verbrauchs von Ölprodukten und zum Umstieg auf nachhaltigere Energieformen in den nächsten Jahren auch immer ergriffen werden: Angesichts der großen Versäumnisse in den letzten 20 Jahren werden diese Maßnahmen mit dem absehbaren drastischen Anstieg der Ölpreise nicht Schritt halten und ihn nicht voll kompensieren können. Selbst ein massiver Ausbau der Atomenergie – der aus vielerlei Gründen weder wünschenswert noch machbar ist – könnte dies nicht leisten. Daher ist zu erwarten, dass das bislang nur bei einigen Experten und bei einer kleinen Minderheit von Politikern vorhandene Wissen um die immer teureren und bald ganz aufgebrauchten Weltölvorräte in wenigen Jahren zum Allgemeingut wird. Es ist zu befürchten, dass vor diesem Hintergrund Politiker aller Couleur – auch solche, die im März 1998 in Magdeburg noch die Erhöhung des Benzinpreises auf 5 Mark pro Liter gefordert hatten – dann ganz offen den Einsatz militärischer Mittel zur Sicherung der Energieversorgung propagieren und damit bei der Bevölkerung mehrheitlich Unterstützung finden werden.

Die EU bereitet sich auf Kriege um Ressourcen vor

»In einem Staat X am Indischen Ozean haben antiwestliche Elemente die Macht erlangt und benutzen das Öl als Waffe, vertreiben westliche Bürger und greifen westliche Interessen an. Darüber hinaus haben sie mit der Invasion des Nachbarlandes Y begonnen, dessen Regime prowestlich orientiert ist und eine zentrale Rolle beim freien Fluss von Öl in den Westen spielt. (...) Die EU interveniert gemeinsam mit den USA mit einer starken Streitmacht, um das Land Y zu unterstützen und ihre eigenen Interessen zu schützen. (...) Das militärische Ziel der Operation ist es, das besetzte Territorium zu befreien und Kontrolle über einige der Öl-Infrastrukturen, Pipelines und Häfen des Landes X zu bekommen. (...) Der EU-Beitrag besteht aus 10 Brigaden (60.000

Soldaten). Diese Landstreitmacht wird von 360 Kampfflugzeugen und zwei maritimen Einheiten, die aus 4 Flugzeugträgern, 16 amphibischen Schiffen, 12 U-Booten, 40 Schlachtschiffen, 2 Kommandoschiffen, 8 Unterstützungsschiffen und 20 Patroullienbooten bestehen, unterstützt.«

Dieses Szenario stammt nicht aus einem Politthriller, sondern aus dem »European Defence Paper« (EDP), einem 2004 vorgelegten Planungsdokument für die künftige Verteidigungs- und Sicherheitspolitik der Europäischen Union. Unter dem Titel »Europäische Verteidigung: ein Vorschlag für ein Weißbuch« wird in dem 140-seitigen Dokument detailliert ausgeführt, welche militärischen Fähigkeiten und Kapazitäten die EU benötigt, um bis zum Jahr 2010 in der Lage zu sein, allein oder gemeinsam mit den USA Kriege zur Sicherung der eigenen Rohstoffinteressen zu führen. Darüber hinaus beschreibt das EDP vier weitere Herausforderungen und Szenarien, für die die EU bis zum Jahr 2010 eigenständige militärische Handlungs- und Interventionsfähigkeit – unabhängig von den USA – entwickeln soll:

- Friedenserhaltende Einsätze in Nachkriegssituationen,
- Humanitäre Interventionen,
- »Präventive« Verhinderung eines Einsatzes mit Massenvernichtungsmitteln,
- Heimatschutz.

Verfasst wurde das EDP im Auftrag des EU-Rates vom Institute for Security Studies (Institut für Sicherheitsstudien, ISS) in Paris. Das ISS ist die wichtigste Denkfabrik für die Verteidigungs-, Sicherheits- und Militärpolitik der EU. Frühere ISS-Studien haben großen Einfluss auf die zahlreichen Beschlüsse zur gemeinsamen Außen-, Sicherheits- und Verteidigungspolitik gehabt, die der EU-Rat seit dem Kosovo-Krieg vom Frühsommer 1999 gefasst hat. Auch die erste gemeinsame Sicherheitsstrategie der EU-Staaten, die der Rat im Dezember 2003 unter dem Titel »Ein sicheres Europa in einer besseren Welt« verabschiedet hat, beruht ganz wesentlich auf Vorüberlegungen und Studien aus dem ISS. Dasselbe gilt für die sicherheits-, verteidigungs- und militärpolitischen Kapitel des Entwurfs für eine EU-Verfassung.

Regionalkriege zur Verteidigung europäischer Interessen

Als eines der wichtigsten Ziele militärischer Interventionen benennt das »European Defence Paper« den »Stabilitätsexport zum Schutz der Handelswege und des freien Flusses von Rohstoffen«. Dies wird als »vitales Interesse« der EU definiert – eine Formulierung, die sich bislang nur in militärischen Strategiepapieren fand. Die EU müsse in der Lage sein – so wörtlich –, »Regionalkriege zur Verteidigung europäischer Interessen« zu führen. Deutlich wird, worum es tatsächlich gehen könnte, wenn die EU künftig mit dem offiziell erklärten Ziel der »Terrorbekämpfung«, der »Krisenbeilegung« oder »humanitären Intervention« in den Krieg zieht: »Durch künftige regionale Kriege könnten europäische Sicherheit und Wohlstand direkt bedroht werden. Zum Beispiel durch die Unterbrechung der Ölversorgung und/oder durch eine massive Erhöhung der Energiekosten … oder die Störung der Handels- und Warenströme.«

Auch ein Vorbild für diese »Regionalkriege zur Verteidigung europäischer Interessen« wird ausführlich dargelegt: der Golfkrieg von 1991 gegen den Irak, das Land mit den zweitgrößten Ölreserven der Welt. »Europa kann seine Verteidigungspolitik nicht auf der Annahme aufbauen, dass es nicht größere militärische Herausforderungen im Mittleren Osten gibt, die von der gleichen oder sogar einer größeren Dimension als der Golfkrieg von 1990–1991 sind.«

»Präventive« Verteidigung gegen einen Angriff mit Massenvernichtungswaffen

Wie stark das Ziel der Sicherung eigener Rohstoffinteressen inzwischen die Planungen zur Sicherheitspolitik prägt, wird auch bei der zweiten Herausforderung deutlich, auf die sich die EU bis zum Jahr 2010 militärisch rüsten soll: die Bedrohung des EU-Territoriums durch Massenvernichtungswaffen entweder in Händen von Terroristen oder von dem Westen feindlich gesinnten Diktatoren. Als konkrete Beispiele für künftige Bedrohungsszenarien führt das EDP eine »Nuklearisierung des höchst instabilen Mittleren Ostens« an. Zwar könne man »argumentieren, dass diese Proliferationsrisiken keine direkte militärische Gefahr für die EU als solche darstellen, aber da 50 Prozent des europäischen Energiebedarfs aus dieser Region kommen, sind sie eine direkte Bedrohung«.

Das »European Defence Paper« betont die Notwendigkeit, künftig Präventivkriege zur Zerstörung von terroristischen Strukturen und/oder deren Massenvernichtungsmitteln führen zu können. Für diese Einsätze benötige man etwa 5.000 Soldaten, wobei ein weltweites Operationsgebiet vorgesehen ist. Zwar ist in dem Dokument durchgehend von nicht-staatlichen Akteuren die Rede, jedoch gehen solche Einsätze selbstverständlich auch immer mit einem Angriff auf die Länder einher, die beschuldigt werden, Terroristen zu beherbergen oder Ausgangspunkt einer Bedrohung Europas mit Massenvernichtungswaffen zu sein. Das zeigt auch das im Papier ausdrücklich als Vorbild benannte Beispiel der Mission »Enduring Freedom« in Afghanistan.

»Humanitäre Interventionen« nur bis zum Kaspischen Meer?

Für militärische Interventionen im Falle angeblicher oder tatsächlicher humanitärer Katastrophen soll die EU ab 2010 laut EDP bis zu 10.000 Soldaten aufbieten, die bis zu einem Jahr im Einsatz bleiben können. Als Beispiele für »humanitäre Interventionen« aus der Vergangenheit werden Bosnien und Ruanda genannt. Anders als beim Einsatzszenario »Präventive Verhinderung eines Angriffs mit Massenvernichtungswaffen« stellen die EDP-Autoren keinerlei Bezug zur Bedrohung europäischer Energieinteressen her. Es fällt allerdings auf, dass – ebenfalls anders als beim Präventivkriegsszenario mit »weltweitem« Operationsgebiet – der Einsatzradius der 10.000 EU-Soldaten bei künftigen »humanitären Interventionen« auf 5.000 Kilometer um die EU-Hauptstadt Brüssel beschränkt bleiben soll. Ein Grund für diese Beschränkung wird nicht genannt. Innerhalb des Radius von 5.000 Kilometern um Brüssel liegen allerdings sowohl sämtliche Ölstaaten des Nahen und Mittleren Ostens wie auch die Öl- und Gasfelder unter dem und östlich des Kaspischen Meers.

Bei den »friedenserhaltenden Einsätzen« sollen sich die EU-Streitkräfte auf die Stabilisierung des unmittelbaren Vorfeldes des EU-Territoriums beschränken. 30.000 Soldaten sollen für diese Aufgabe ab 2010 bereitstehen und in einem Radius von 2.000 Kilometern um Brüssel eingesetzt werden können. Das schließt den gesamten Balkan mit ein, aber auch die Gegenküste der drei Maghreb-Staaten Marokko, Tunesien und Algerien.

Unter der Überschrift »Heimatschutz« soll europäisches Militär dem EDP zufolge auch zur Verteidigung vor terroristischen Angriffen innerhalb des EU-Gebietes eingesetzt werden können.

Fähigkeit zu »Expeditionskriegszügen«

Insbesondere mit Blick auf künftige »Regionalkriege zur Verteidigung europäischer Interessen« sowie auf die »präventive Verhinderung eines Angriffs mit Massenvernichtungswaffen« beklagen die Autoren des EDP große »militärische Defizite« der EU und mahnen erhebliche Aufrüstungsmaßnahmen an, damit die für notwendig erklärte Handlungsfähigkeit bis 2010 auch tatsächlich hergestellt ist. »Die Fähigkeit, Kriege in einem anspruchsvollen Szenario zu wagen und zu gewinnen, ist noch sehr beschränkt«, heißt es wörtlich in dem Papier. Und weiter: »Noch fehlt es der EU an militärischer ›Eskalationsdominanz‹«. Das soll sich ändern. Denn: »Die Transformation europäischer Streitkräfte von der Landesverteidigung in Richtung Expeditionskriegszüge [im Original: ›expeditionary warfare‹] ist eine unabdingbare Voraussetzung für eine effektive europäische Sicherheitsstrategie.« Daher lautet die Forderung: »Die militärischen Ausgaben müssen gesteigert werden.«

Die Vorgaben, die das EDP den politischen Entscheidungsträgern der EU macht, sind sehr konkret:

- Die drastische Erhöhung des Anteils der im Ausland einsetzbaren EU-Streitkräfte von derzeit 10 Prozent auf 50 Prozent. Gemessen an den derzeitigen Personalstärken hieße das eine Ausweitung von 150.000 auf 750.000 Soldaten.
- Die Durchhaltefähigkeit bei »Expeditionskriegszügen« soll von derzeit einem auf drei Jahre gesteigert werden. Gleichzeitig soll der Zeitraum, innerhalb dessen die EU-Soldaten weltweit einsatzbereit sind, erheblich verkürzt werden. Diese Aufgabe kommt den so genannten »EU-Schlachtgruppen« (»battle-groups«) zu. Ein erstes Bataillon soll bereits innerhalb von 48 Stunden marschbereit sein.
- Die Erhöhung der Zahl der einsetzbaren Militärflugzeuge von derzeit 400 auf 600; Ausbau der Luftbetankungsmöglichkeiten, um den Einsatzradius für Kampf- und Transportflugzeuge erheblich auszuweiten, sowie der Präzisionsmunition, Abstandslenkwaffen und der Waffen zur Ausschaltung gegnerischer Flugabwehr, um die eigenen Verluste gering zu halten. Ein sofortiges Investitionspaket von 42 Milliarden Euro wird alleine im Bereich Lufttransport und Aufklärungskapazitäten für notwendig erachtet.
- Die Militärausgaben im Bereich Forschung und Entwicklung sollen verdoppelt werden.
- Der Ausbau der militärischen Fähigkeiten im Bereich Kommando, Kontrolle, Kommunikation, Nachrichtendienst, Überwachung, Zielerfassung und Aufklärung. Dafür muss insbesondere die militärische Nutzung des Weltraums vorangetrieben werden. Das ist die Voraussetzung zur so genannten »netzwerkzentrierten Kriegsführung«, wie sie die USA – so die

Sichtweise der Verfasser des EDP – in Afghanistan und im Irak so »eindrucksvoll« vorgeführt hätten.

➤ Ausbau der Transportgeräte in der Luft und zur See, um die Truppen weltweit verlegen zu können.

➤ Die Einrichtung eines Europäischen Multinationalen Kommandos zur See, bestehend aus Flugzeugträgern, Schlachtschiffen, U-Booten, amphibischen Einheiten usw. Denn »die anspruchsvollste Aufgabe ist die Machtprojektion, die aus der Kombination von Luftschlägen, Landangriffen und amphibischen Operationen besteht«.

➤ Die Einrichtung eines ständigen strategischen sowie eines mobilen Hauptquartiers, um bei Interventionen mittelfristig nicht mehr auf NATO-Infrastrukturen angewiesen und von den USA abhängig zu sein.

Als zentrale Voraussetzung für die Umsetzung all dieser Ziele sehen die Autoren des »European Defense Paper« die Einrichtung der »Europäischen Verteidigungsagentur« (früher: »Rüstungsagentur«). Diese Agentur soll die Verteidigungsplanung sowie die Forschung, Entwicklung und Beschaffung von Rüstung unter den EU-Mitgliedsstaaten »koordinieren«. Die Agentur, die auch EU-Verfassungsrang erhalten soll, arbeitet bereits seit Juli 2004.

1 Europa und die USA: »Clash of Civilisations« oder gemeinsame historische Verantwortung?

Die Illusion vom transatlantischen Schulterschluss nach dem 11. September

Anfang Oktober 2001 lud der deutsche Botschafter in den USA, Wolfgang Ischinger, deutsche Medienkorrespondenten in Washington zu einem Informationsgespräch über die aktuelle Weltlage und die transatlantischen Beziehungen wenige Wochen nach den Terroranschlägen vom 11. September.

Der Botschafter eröffnete das Gespräch mit der Bemerkung, vor dem 11. September und insbesondere seit dem Amtsantritt der ersten Regierung von George Bush jun. im Januar 2001 habe es »ja eine Reihe von Konflikten und Spannungen im transatlantischen Verhältnis gegeben«. Als Beispiele erwähnte Ischinger die Widerstände der Bush-Administration gegen den Internationalen Strafgerichtshof, gegen das Klimaschutzabkommen von Kyoto sowie gegen ein – damals von allen anderen Staaten der UNO-Abrüstungskonferenz in Genf dringend gefordertes und bereits fertig ausgehandeltes – Zusatzprotokoll zur Kontrolle und Durchsetzung des Vertrages zum Verbot biologischer Waffen aus dem Jahr 1975. Zudem verwies der deutsche Botschafter auf die Absicht Washingtons zur Aufkündigung des Raketenabwehrvertrages (ABM) mit Russland und zur Entwicklung neuer atomarer Waffen sowie auf das abnehmende Interesse der USA an multilateraler Rüstungskontrolle. Schließlich erwähnte Ischinger die Handelskonflikte zwischen der EU und den USA im Rahmen der WTO, die seit dem Amtsantritt von Präsident Bush deutlich eskaliert waren.

Doch habe, so der Botschafter, mit den Terroranschlägen vom 11. September 2001 »eine neue Ära« begonnen. Ischinger wörtlich: »Nach dem Epochenbruch des 11. September sind all diese Streitthemen im Rückblick nur noch bürokratische Petitessen, die jetzt auf Basis einer neuen multilateralen Kooperationsbereitschaft in Washington und in einem neuen Geist partnerschaftlicher Zusammenarbeit zügig beigelegt werden.«

Grandiose Fehleinschätzung

Obwohl seine Zuhörer mit erheblicher Skepsis und zahlreichen Einwänden reagierten, blieb Ischinger unbeirrt bei seiner Einschätzung. Auf die Frage, welche der »bürokratischen Petitessen« aus der Ära vor dem 11. September seiner Erwartung nach denn als Erste bereinigt werde, verwies der deutsche Botschafter auf die Anthrax-Briefe, die damals gerade bei einigen Mitgliedern und Mitarbeitern des US-Kongresses eingetroffen waren, und erklärte: »Ich rechne damit, dass die Bush-Administration unter dem Eindruck dieser neuen Bedrohung in der UNO-Abrüstungskonferenz jetzt sehr schnell einem Zusatzprotokoll zu dem Abkommen über das Verbot biologischer Waffen zustimmt.«

Welch eine grandiose Fehleinschätzung! Doch die Episode aus dem Oktober 2001 wird hier nicht berichtet, um den deutschen Botschafter in Washington bloßzustellen. Zumal Ischinger kurz darauf in einer öffentlichen Rede an der US-Westküste ähnliche Äußerungen wie im Gespräch mit den deutschen Korrespondenten in Washington machte. Erwartungen, die Bush-Administration werde unter dem Eindruck der Terroranschläge vom 11. September wieder stärker multilaterale Politik betreiben, waren seinerzeit weit verbreitet. In Deutschland und anderen europäischen Staaten sowie bei den übrigen Mitgliedern der »westlichen Gruppe« in der UNO-Generalversammlung (Kanada, Japan, Australien, Neuseeland) noch stärker als in anderen Regionen der Welt. Doch diese Erwartungen wurden sehr bald und sehr gründlich enttäuscht. Als Erstes geschah dies bei den biologischen Waffen, also bei dem Thema, bei dem Botschafter Ischinger eine schnelle Kehrtwende der Bush-Administration prognostiziert hatte.

Bei der Genfer UNO-Abrüstungskonferenz erfuhren die USA in den Wochen und Monaten nach dem 11. September ein sehr weites Entgegenkommen durch die anderen 60 Mitgliedsstaaten. Statt den bereits fertigen Entwurf eines Zusatzprotokolls, über den die Konferenz fast acht Jahre verhandelt hatte, auch ohne Zustimmung Washingtons zu verabschieden und durch Ratifikation in den Parlamenten in Kraft zu setzen, bemühten sich die 60 Staaten intensiv darum, die USA an Bord zu halten. Zahlreiche neue Änderungswünsche der Bush-Administration wurden in den Entwurf aufgenommen, obwohl der Text dadurch erheblich verwässert wurde.

Doch trotz dieses weitreichenden Entgegenkommens lehnte die Bush-Administration das Zusatzprotokoll Mitte Dezember 2001 schließlich endgültig ab, erklärte die Verhandlungen für gescheitert und beantragte, die für B-Waffen zuständige Arbeitsgruppe der UNO-Abrüstungskonferenz ersatzlos aufzulösen. Zur Begründung führte die Bush-Administration plötzlich an, das Verbot biologischer Waffen lasse sich mit Mitteln der Rüstungskontrolle ohnehin nicht verlässlich überwachen. Zudem bestehe »die Gefahr, dass ausländische Inspekteure bei Kontrollen auf US-Territorium militärische Geheimnisse ausspionieren und die nationale Sicherheit der USA gefährden«.

Auf dieses Verhalten der USA reagierten die Europäer damals mit großer Verbitterung und ungewöhnlich scharfer Kritik. »Die Amerikaner haben uns belogen, sie haben uns wie den letzten Dreck behandelt«, erklärte der UNO-Botschafter eines großen

EU-Landes. »In Jahrzehnten multilateraler Verhandlungen sind wir noch niemals so erniedrigend behandelt worden«, kommentierte ein anderer EU-Diplomat. Seit der endgültigen Absage der Bush-Administration vom Dezember 2001 sind die Bemühungen, die Überwachung und Durchsetzung des Verbots biologischer Waffen zu verbessern, keinen Schritt weitergekommen.

Auch mit Blick auf die anderen »bürokratischen Petitessen« aus der Zeit vor dem 11. September 2001 ist die von Botschafter Ischinger erwartete Rückbesinnung der USA auf multilaterale Politik nicht eingetreten. Ihren Widerstand gegen den Internationalen Strafgerichtshof hat die Bush-Administration inzwischen mit zahlreichen Bemühungen zur Schwächung und Sabotage dieser Institution untermauert. Bei der Ablehnung des Kyoto-Klimaschutzprotokolls ist Washington ebenfalls kompromisslos geblieben.

Im Rüstungskontrollbereich formuliert die Bush-Administration nach der Aufkündigung des Raketenabwehrvertrages mit Russland und der Verhinderung eines Zusatzprotokolls zum Biowaffenverbot in den letzten zwei Jahren immer häufiger Kritik am Atomwaffensperrvertrag (NPT). Angeblich biete dieser Vertrag keine verlässlichen Kontrollinstrumente, um festzustellen, ob der Iran und andere »Schurkenstaaten« das Verfahren der Urananreicherung nur zur (unter dem NPT-Vertrag erlaubten) Energieerzeugung nutzen und nicht auch zur (verbotenen) Entwicklung von Atomwaffen. Selbst ein durch Zusatzprotokolle über ein verschärftes Kontrollregime verbesserter NPT-Vertrag biete angeblich keine ausreichende Gewähr, wird von Vertretern der Bush-Administration behauptet.

Mit derartigen immer häufiger vorgetragenen Behauptungen, denen Rüstungskontrollexperten aus Europa und anderen Weltregionen entschieden widersprechen, bereitet Washington den Boden für einen eventuellen Ausstieg der USA aus dem NPT-Vertrag und schafft Rechtfertigungen für militärische Angriffe gegen den Iran oder andere »Schurkenstaaten«.

Über die transatlantischen Streitthemen aus der Zeit vor dem 11. September 2001 hinaus hat die Bush-Administration inzwischen in weiteren Sachfragen die Abkehr von multilateraler Politik vollzogen – zum Beispiel durch die Aufkündigung der Wiener Vereinbarung, wonach Bürgerinnen und Bürger ausländischer Staaten auf dem Territorium der USA im Falle von Strafverfolgung durch die dortigen Justizbehörden das Recht auf Betreuung durch Diplomaten ihres Heimatlandes haben.

Vor allem aber haben sich die USA inzwischen in einer Reihe von Punkten in offenen Widerspruch zum Völkerrecht begeben. Der Krieg gegen den Irak war eindeutig ein Bruch der UNO-Charta und damit unzweifelhaft völkerrechtswidrig, wie zumindest UNO-Generalsekretär Kofi Annan inzwischen mit der notwendigen Klarheit festgestellt hat. Darüber haben sich die beiden angeblichen Bedrohungen (Massenvernichtungswaffen und Kooperation mit al-Qaida), mit denen Washington und London diesen völkerrechtswidrigen Krieg zu rechtfertigen suchten, inzwischen als gezielte Lügen herausgestellt. Auch die später nachgeschobenen Rechtfertigungen »Sturz des diktatorischen Regimes in Bagdad« und »Befreiung des irakischen Volkes« machen diesen Krieg nicht völkerrechtskonform.

Anhaltende Völkerrechtsverstöße der USA

Zu dem völkerrechtwidrigen Irakkrieg und der nachfolgenden Besatzung des Landes kommen die schweren Verstöße gegen die UNO-Folterkonvention sowie gegen die Genfer Konventionen, derer sich die USA seit Ende 2001 schuldig machen durch die Behandlung ihrer Gefangenen auf der Militärbasis in Guatanamo (Kuba), in Abu Ghraib und anderen irakischen Gefängnissen sowie in einigen exterritorialen Haft- und Verhörzentren u. a. auf der Insel Diego Garcia, in Afghanistan und in Pakistan. Die Bush-Administration sucht diese anhaltenden schweren Verstöße gegen das Völkerrecht zu rechtfertigen, indem sie die inhaftierten

Personen als »illegale Kämpfer« einstuft, die nicht unter die Bestimmungen der Genfer Konventionen fielen. Dieser Versuch der Bush-Administration, eine bestimmte Gruppe von Menschen außerhalb des Völkerrechts zu stellen, ist völkerrechtswidrig.

Trotz aller massiven Zweifel und Kritik nicht nur aus dem Ausland, sondern auch innerhalb der USA hält die Bush-Administration all ihre Handlungen seit dem 11. September 2001 unbeirrt für legitim, notwendig und – trotz aller Beweise für das Gegenteil – auch für erfolgreich im Kampf gegen Terrorismus und die Weiterverbreitung von Massenvernichtungswaffen. Präsident George Bush beruft sich in seinem Kampf gegen »das Böse« in der Welt auf Gottes Auftrag. In dieser gotteslästerlichen Anmaßung wird der US-Präsident inzwischen von einer erschreckend großen Anzahl seiner Landsleute unterstützt. Anders ist nicht erklärbar, dass Bush bei der Wahl vom November 2004 das Mandat für eine zweite Amtsperiode erhielt. Zwar waren zum Zeitpunkt dieser Wahl all die Lügen und Manipulationen der Bush-Administration im Zusammenhang mit dem Irakkrieg auch durch US-Medien hinreichend offen gelegt. Doch harte Tatsachen waren für den Ausgang der Präsidentschaftswahl vom November 2004 nicht mehr ausschlaggebend. Die Haltung zum Irakkrieg war längst zu einer Glaubensfrage geworden. Besorgt konstatierten Beobachter ein »Ende der Aufklärung«.

Das Propagandamärchen vom amerikanischen Mars und der europäischen Venus

Es gibt inzwischen also scheinbar ausreichend Anlass, einen »Clash of Civilisations« im transatlantischen Verhältnis zu konstatieren, einen »Zusammenprall der Kulturen«, wie ihn der US-Politologe Samuel P. Huntington bereits Anfang der neunziger Jahre für das Verhältnis zwischen »christlichem Abendland« und der islamischen Welt behauptete. Huntington ging davon aus, dass der Konflikt zwischen christlicher und islamischer Welt unvermeidbar sei, dass dieser Konflikt militärisch eskalieren werde und dass sich der christliche Westen daher rechtzeitig für den Krieg mit der islamischen Welt rüsten müsse. Damit lieferte Huntington nach Ende des Kalten Krieges und dem Zusammenbruch der Sowjetunion wichtige Bausteine zur Konstruktion des neuen Feindbildes »Islam« und wurde zum Kronzeugen für die Notwendigkeit einer massiven Aufrüstung der USA, die seit Machtübernahme der Bush-Administration Anfang 2001 betrieben wird.

Behauptungen über einen »Clash of Civilisations« zwischen Europa und den USA gehen zwar bislang (noch) nicht so weit, dass sie die Prognose einer militärischen Eskalation einschließen. Doch vor allem auf amerikanischer Seite gibt es Stimmen, die zunächst einmal Belege für einen angeblichen transatlantischen Clash liefern und diesen sogar historisch zu begründen suchen.

Der bekannteste Vertreter dieser These ist der US-Politologe und Kolumnist Robert Kagan, 1997 mit dem neokonservativen Chefideologen William Kristol Mitbegründer des »Project For a New American Century«. In seinem im Jahr 2002 erschienenen Buch »Macht und Ohnmacht: Amerika und Europa in der neuen Weltordnung« (der amerikanische Originaltitel lautete, noch zugespitzter: »Of Paradise and Power: America and Europe in The New World Order«) behauptet Kagan, die Amerikaner seien »vom Mars«, die Europäer aber »von der Venus«. Damit begründet er, dass die USA weniger stark festgelegt seien auf kollektives Handeln im Rahmen multilateraler Institutionen und eher bereit zum (auch unilateralen) Einsatz militärischer Mittel (»hard power«) als die Europäer, die in ihrer Außen- und Sicherheitspolitik in erster Linie auf diplomatische, wirtschaftliche und andere nichtmilitärische Instrumente setzten.

Kagan, ein eifriger Trommler für den Irakkrieg von 2003, hält den unilateralen US-amerikanischen »Hard-power«-Ansatz für legitim – selbst wenn seine konkrete Umsetzung wie im Fall Irak unter Verstoß gegen das Völkerrecht erfolgt. Diese Bewertung begründet er im Wesentlichen mit der Unterstellung, »die Europäer« nähmen die Herausforderung durch den Terrorismus und andere Bedrohungen (noch) nicht ernst genug und seien bislang nicht willens oder nicht in der Lage, ihre globale Verantwortung wahrzunehmen.

Es ist erstaunlich, wie viel Aufmerksamkeit Kagans Thesen gerade auch im Kontext der Debatte um den Irakkonflikt in den Jahren 2002 und 2003 in Deutschland gefunden haben – und das nicht nur in oberflächlichen Talkshows, sondern selbst in den Feuilletons seriöser Tageszeitungen. Dabei konnte, wer (wie der Autor) damals mit Kagan diskutierte, feststellen, dass er zumeist reine Ideologie verbreitete und Behauptungen aufstellte, die nicht von Fakten gedeckt waren.

Kagan konnte oder wollte offensichtlich nicht zur Kenntnis nehmen, dass der tatsächliche Dissens zwischen Europäern und Amerikanern nach dem 11. September 2001 nicht in einer unterschiedlichen Bewertung der terroristischen Bedrohung liegt, sondern in der Frage, was die Ursachen des Terrorismus sind und welches die geeigneten Mittel wären, um den Terrorismus und seine Ursachen zu überwinden. Zudem unterschlägt der US-Politologe, dass es auch in seiner Heimat historisch immer schon grundsätzliche Kritik an dem von ihm als »notwendig« und »verantwortungsvoll« gerechtfertigten Ansatz einer unilateralen und vorwiegend an militärischen Instrumenten ausgerichteten Politik gegeben hat. Stattdessen erklärt Kagan die von Präsident Woodrow Wilson im Jahre 1919 mit der Gründung des Völkerbundes eingeleitete multilaterale Phase der US-amerikanischen Außenpolitik zu einer quasi widernatürlichen Ausnahmephase in der 230-jährigen Geschichte seines Landes.

Auch die Begriffe »Europa« oder »die Europäer« benutzt Kagan in sehr pauschaler und undifferenzierter Weise. Bei ihm bleibt unerwähnt, dass es im Zusammenhang mit dem Irakkonflikt zu tief greifenden Meinungsunterschieden innerhalb Europas kam –

zumindest auf der Ebene der Regierungen; und zwar sowohl innerhalb des alten Westeuropas wie zwischen west- und osteuropäischen Regierungen. Die Einschätzung von Bedrohungen, der Umgang mit Diktaturen, der Einsatz militärischer Gewalt, die Treue zu den USA oder die Rolle und Verantwortung der NATO – alle diese Fragen waren etwa zwischen Paris, Berlin und Brüssel auf der einen Seite und Warschau, London und Rom auf der anderen Seite stark umstritten. Diese Meinungsunterschiede – insbesondere jene zwischen west- und osteuropäischen Hauptstädten – offenbarten grundsätzliche, zum Teil historisch bedingte Gegensätze. Sie sind mit dem Ende des Irakkrieges keineswegs überwunden und werden bei nächster Gelegenheit wieder aufbrechen.

Differenzierter als der Vertreter der US-amerikanischen Neokonservativen beschreibt auf europäischer Seite die Schweizer Sozialdemokratin Gret Haller das wechselseitige Verhältnis. Die Anwältin und ehemalige Abgeordnete im Schweizer Bundesparlament sammelte in den Jahren 1996 bis 2001 als Ombudsfrau des Europarats in Bosnien-Herzegowina einschlägige Erfahrungen mit US-amerikanischen Diplomaten, Militärs und Politikern. In ihrem Buch »Grenzen der Solidarität« von 2002 analysiert Haller die historischen Gründe für den unterschiedlichen »Umgang mit Staat, Macht und Religion« der Bevölkerungen diesseits und jenseits des Atlantiks.

Die Siedler in der Neuen Welt ab dem 17. Jahrhundert waren überwiegend Europäer – Deutsche, Italiener, Iren, Polen, Russen und andere. Sie verließen ihre europäische Heimat aus wirtschaftlicher Not, zumeist aber auch, weil sie unter Unterdrückung durch staatliche oder kirchliche Autoritäten litten. Diese Unterdrückungserfahrung, argumentiert Haller, begrundete in der Bevölkerung der USA eine andere Haltung zu Staat und Macht, als sie in Europa vorherrscht. Die Unterdrückungserfahrung wiederum, die die Menschen in Osteuropa in den 45 Jahren des Kalten Krieges gemacht haben, habe – besonders ausgeprägt in Polen – dazu geführt, dass sie sich den USA, der amerikanischen Politik und ihren Werten heute oftmals näher und stärker verbunden fühlten als die Bürger des seit 1945 freien Westeuropa.

So habe die Osterweiterung der EU um Polen, Ungarn, die Tschechische Republik und andere Staaten des ehemaligen Warschauer Paktes den Einfluss Amerikas in der EU gestärkt, schlussfolgert Haller. Auch wenn die Schweizer Sozialdemokratin mit dieser Diagnose vielleicht etwas über das Ziel hinausschießt: Die innereuropäischen Mentalitätsunterschiede und die daraus resultierenden unterschiedlichen Haltungen verschiedener europäischer Länder und ihrer Bevölkerungen zu den USA sind eine nicht zu bestreitende Realität. Von einem »Clash of Civilisations« zwischen den USA und Europa kann also keine Rede sein.

Kritik aus Europa an der US-Politik ist notwendig, aber nicht hinreichend

Die Behauptung vom »Zusammenprall der Kulturen« zwischen Europa und den USA ist nicht nur falsch, sondern auch bequem und perspektivlos. Nach der eigenen Verantwortung muss gar nicht mehr gefragt werden, wenn sich beide Seiten quasi schicksalhaft und zwangsläufig auf den Zusammenprall zubewegen. Konkret: Wer einen »Clash of Civilisations« konstatiert, macht die Ursachen und die Schuld für diesen Clash in aller Regel an der anderen Seite fest. In Deutschland oder in anderen Ländern des »alten Europa« (Donald Rumsfeld) wird meist behauptet, dass sich die USA in den letzten Jahren wegbewegt hätten von vormals gemeinsamen westlichen Werten, von multilateraler Politik und vom Völkerrecht. Als wichtigster Beleg hierfür gilt der Irakkrieg. Diese Bestandsaufnahme ist zwar richtig. Und eine scharfe, kritische Analyse und Bewertung der US-amerikanischen Außen- und Globalpolitik sowie gehörige Skepsis gegenüber ihrer offiziellen Begründung durch die Administration in Washington sind weiterhin dringend erforderlich.

Doch in Westeuropa schwingt bei dieser Kritik nicht selten eine unangebrachte Überheblichkeit mit. Der grüne Europapolitiker Daniel Cohn-Bendit etwa erklärte Ende 2002 auf dem Höhepunkt der Debatte um den bevorstehenden Irakkrieg, Europa sei »die global bessere Alternative zu den USA«. Das ist in dieser Pauschalität keineswegs der Fall, wie ein Vergleich der Felder, auf denen die beiden wirtschaftsstärksten Akteure USA und EU Politik gegenüber dem »Rest der Welt« betreiben, zeigen würde.

Vom Außenhandel, dem Verhalten transnationaler Konzerne, der Währungs- und Finanzpolitik über die Entwicklungs-, Menschenrechts-, Umwelt- und Energiesicherungspolitik bis zu den Rüstungsexporten haben die USA und die Staaten Westeuropas bzw. der EU aufgrund weitgehend deckungsgleicher Interessen bis zum Ende des Kalten Krieges ihre Politik im Wesentlichen im Schulterschluss vollzogen. In kaum verringertem Maße trifft dies auch für die 15 Jahre seit Ende des Kalten Krieges zu. Daher tragen die USA und Europa gemeinsam eine hohe Verantwortung für den heutigen Zustand der Welt und für ihre wichtigsten Probleme. Das gilt insbesondere auch mit Blick auf die Region Naher/Mittlerer Osten und Zentralasien, die für die nächsten Jahrzehnte die Hauptproblem- und Konfliktzone der Welt bleiben dürfte und die zugleich von größtem und noch wachsendem strategischen Interesse nicht nur für die USA und für Europa, sondern auch für China, Russland, Indien und andere Akteure ist.

Natürlich gibt es tatsächlich wenig Anlass, den Herren Bush, Cheney, Rumsfeld, Wolfowitz u. a. abzunehmen, es gehe ihnen mit dem Irakkrieg und mit der seitdem proklamierten »Greater Middle East Initiative« tatsächlich um das behauptete Ziel einer »Modernisierung« und »Demokratisierung« der Staaten dieser Region. Selbst wer entsprechenden Beteuerungen aus Washington Glauben schenkt, müsste größte Zweifel haben, ob die von der Bush-Administration eingesetzten und propagierten Mittel zur Demokratisierung geeignet sind und nicht eher kontraproduktiv wirken.

Das große Defizit der Diskussionen in Deutschland und anderen »alteuropäischen« Staaten ist allerdings, dass sie zumeist bei der berechtigten und notwendigen Kritik an der Politik der USA stehen bleiben. Das ist sehr bequem. Denn die Probleme in der Region Naher/Mittlerer Osten, auf die die Bush-Administration mit falschen Mitten zu reagieren sucht, sind in der Tat gravierend: die fehlende Demokratie und die massive Unterdrückung elementarer Menschenrechte in den arabischen Staaten sowie die große Frustration und zunehmende Perspektivlosigkeit insbesondere unter den jugendlichen Bewohnern dieser Länder, die diese zunehmend anfällig machten für islamistische und antiwestliche Propaganda. Der im April 2005 veröffentlichte dritte »Arabische Menschenrechtsbericht« der UNO, verfasst von arabischen Experten und Intellektuellen, macht diese Probleme erneut schonungslos deutlich.

Die Verantwortung für die desolate Lage in den arabischen Staaten liegt aber nicht nur bei den Regimes und den Bevölkerungen dieser Länder. Die seit Ende des Zweiten Weltkrieges von den USA geführte Politik des Westens gegenüber diesen Ländern hat wesentlich zur Schaffung und Zementierung undemokratischer Verhältnisse beigetragen und die jetzt von Washington lautstark eingeforderte »Modernisierung« und »Reform« der arabischen Gesellschaften behindert. Die Region, in der mit Saudi-Arabien, Irak, Iran sowie Kuwait und den Emiraten am Persischen Golf die Länder mit den größten Ölreserven der Welt liegen, erfüllt für den Westen bis heute in erster Linie die Funktion der billigen Tankstelle. Die ungehinderte Versorgung mit möglichst preiswertem Öl war und ist das oberste Interesse der westlichen Politik an dieser Region. Diesem Interesse dienen sowohl der Sturz unliebsamer, weil vermeintlich widerspenstiger Regierungen wie die als »Stabilisierung« beschönigte Unterstützung tyrannischer und menschenverachtender Regimes.

1953 stürzten, wie bereits erwähnt, die USA und Großbritannien die demokratisch gewählte Regierung von Ministerpräsident Mohammad Mossadegh im Iran und installierten die blutige Diktatur von Schah Reza Pahlewi. Denn Mossadegh hatte nach seiner Wahl im Jahr 1950 die Ölfelder des Landes, die sich bis dahin unter Kontrolle britischer Ölkonzerne befanden, verstaatlicht. Armee, Polizei, Geheimdienst und andere »Sicherheitskräfte« des Schah-Regimes wurden vom Westen aufgerüstet und bei der Unterdrückung der demokratischen Oppositionskräfte im Iran unterstützt. Zahlreiche Iraner, denen die Flucht nach Deutschland und in andere westeuropäische Demokratien gelang, wurden in die Arme des berüchtigten Geheimdienstes Savak zurückgeschickt, was für die meisten Folter und Tod bedeutete.

Als der Schah 1979 von der islamischen Opposition gestürzt wurde und das Regime der Ayatollahs in Teheran an die Macht kam, fiel der Iran als geostrategischer Partner des Westens in der Region und als verlässlicher Öllieferant aus. Die Nachfolge des Iran in dieser Rolle trat der Irak an. Bereits der Aufstieg Saddam Husseins an die Spitze der Macht in Bagdad im Laufe der siebziger Jahre erfolgte mit kräftiger Unterstützung der CIA. Der US-Geheimdienst hatte schon 1962 ersten Kontakt mit Saddam Hussein aufgenommen, als dieser noch Student an der Universität von Kairo war. Ab 1979 wurde das Regime von Saddam Hussein vom Westen ähnlich unterstützt und aufgerüstet wie zuvor das Schah-Regime im Nachbarland Iran. Im Unterschied zum Iran erhielt der Irak aus dem Westen sogar die Bauteile, Grundsubstanzen, das Know-how und die Produktionsstätten für atomare, chemische und biologische Massenvernichtungswaffen. Unterstützt wurde Husseins Regime vom Westen auch im ersten Golfkrieg gegen den Iran (1980–1988).

Die wichtigsten Lieferanten von Waffen und militärisch nutzbarer Technologie an Bagdad sowie von Ausrüstung für die internen »Sicherheitskräfte«, mit denen Saddam Hussein das irakische Volk unterdrückte, waren die USA, die Bundesrepublik Deutschland, Frankreich und Großbritannien. Auch die Sowjetunion lieferte in den siebziger und achtziger Jahren Waffen an den Irak – darunter vor allem die Scud-Raketen, von denen Bagdad im zweiten Golfkrieg von 1991 mehr als 40 gegen Ziele in Israel verschoss.

Trotz des strategischen Interesses, einen Sieg des Iran im ersten Golfkrieg zu verhindern, verkaufte die US-Regierung von Präsident Ronald Reagan insgeheim und unter Verstoß gegen nationale Gesetze der USA auch Waffen an Teheran. Mit dem Erlös aus dem Waffenverkauf finanzierte die Reagan-Administration den Kampf der rechtsgerichteten Contras gegen die sozialistische Regierung in Nicaragua, die Washington ein Dorn im Auge war. Der Vorgang wurde später unter dem Namen »Iran-Contragate« bekannt. Ein Großteil der Waffen, die die USA damals insgeheim an den Iran lieferten, stammte aus Militärdepots in der Bundesrepublik Deutschland.

Der irakisch-iranische Krieg endete im September 1988 mit einem von der UNO vermittelten Waffenstillstand, dem schließlich beide Seiten aus Erschöpfung zustimmten. Der achtjährige Krieg hatte die irakische Wirtschaft ruiniert. Zu ihrer Sanierung musste Saddam Hussein die Öleinnahmen seines Landes erheblich steigern. Daher verlangte er im OPEC-Kartell eine deutliche Erhöhung der Preise. Vor allem die Nachbarstaaten des Irak, Kuwait und Saudi-Arabien, widersprachen dieser Forderung.

Im August 1990 besetzte Husseins Armee Kuwait. Zudem gebärdete sich der Diktator in Bagdad als starker Mann der Region und Führer der arabischen Welt und stieß immer schärfere Drohungen gegen Israel aus. Der Westen verlor zunehmend die Kontrolle über den Irak. Das änderte sich mit dem zweiten Golfkrieg vom Frühjahr 1991. In diesem Krieg wurden die (konventionellen) militärischen Kapazitäten des Irak weitgehend zerstört. Mindestens 150.000 der vormals knapp 500.000 Soldaten des Landes wurden getötet. Die von den USA geführte Golfkriegs-Allianz ließ das Regime von Saddam Hussein zwar an seinem Platz. Denn es bestand die Sorge, ein Sturz des Regimes könnte zu einem Zerfall des Irak in einen kurdischen und weitere Teilstaaten führen, was wiederum destabilisierende Auswirkungen auf die drei Nachbarländer Türkei, Iran und Syrien mit ebenfalls kurdischen Bevölkerungsgruppen haben könnte.

Doch mit den vom UNO-Sicherheitsrat verhängten umfassenden Wirtschaftssanktionen sowie durch die Anwesenheit Hunderter ausländischer Rüstungsinspekteure, die die Verschrottung der irakischen Massenvernichtungswaffen durchsetzten, wurde die Macht des Regimes erheblich eingeschränkt. Eine Möglichkeit zur Bedrohung der Nachbarländer hatte der Irak seit dem zweiten Golfkrieg nicht mehr.

Nachfolger des Irak als wichtigster Öllieferant und Partner des Westens in der Nahostregion wurde Saudi-Arabien. Die Monarchie in Riad ist ebenfalls alles andere als ein demokratisches Regime, dem die Menschenrechte – insbesondere der Frauen – wenig gelten. Dennoch hat der Westen seit Anfang der neunziger Jahre erhebliche politische, diplomatische und militärische Mittel zur »Stabilisierung« des saudischen Regimes und zur Stärkung seines internen Unterdrückungsapparats investiert. Darüber hinaus werden die Ölfelder, Pipelines und Häfen des Landes nicht nur von US-amerikanischen, sondern – was kaum bekannt ist – auch von französischen Elitetruppen bewacht. Demokratische Oppositionsgruppen, regimekritische Intellektuelle oder Frauenrechtlerinnen, die es in Saudi-Arabien durchaus gibt, erhielten bislang jedoch keine nennenswerte Unterstützung aus dem Westen.

Die westliche Politik seit Mitte des 20. Jahrhunderts, Regierungen im Nahen Osten, die westliche (Öl-)Interessen vermeintlich oder tatsächlich bedrohten, zu stürzen und diktatorische Regimes zu stabilisieren, solange diese nur den westlichen Interessen nutzen, beschränkte sich nicht nur auf die Ölstaaten dieser Region. Auch gegenüber Ländern wie Ägypten oder Jordanien galt bislang dieses Politikmuster.

Zwar wurde diese westliche Politik wesentlich von den USA bestimmt. Und die zur Durchsetzung dieser Politik eingesetzten Instrumente – politischer Druck, Geld, Geheimdienste, Waffenlieferungen und militärische Interventionen – waren im Wesentlichen US-amerikanische. Doch die westeuropäischen Verbündeten der USA seit dem Zweiten Weltkrieg sowie die neutralen Staaten Europas haben diese Politik über 50 Jahre lang uneingeschränkt und kritiklos mitgetragen und unterstützt. Dasselbe gilt für die Zeit seit Ende des Kalten Krieges auch für die osteuropäischen Neumitglieder von NATO und EU. Nur einmal – als während der Suezkrise von 1956 die USA mit Frankreich und Großbritannien aneinander gerieten – gab es einen transatlantischen Dissens über die Politik gegenüber der Region des Nahen und Mittleren Ostens.

Die Europäer tragen eine erhebliche Mitverantwortung für die heutige desolate und vielfach explosive Situation in den Länden dieser Region. Folglich können sie sich nicht länger darauf beschränken, der Bush-Administration vorzuhalten, sie sei unglaubwürdig und ihre Rezepte zur Demokratisierung und Modernisierung der Region seien falsch und kontraproduktiv. Vielmehr müssen die Europäer endlich die eigene falsche Politik korrigieren, die nach wie vor dazu beiträgt, den prekären Status quo im Nahen und Mittleren Osten zu erhalten.

Präventivkrieg als Dauerzustand?

Wie sinnvoll ist das Konzept einer multipolaren Machtbalance?

Als US-Präsident Woodrow Wilson während des Ersten Weltkrieges die Schaffung eines Völkerbundes vorschlug, war ihm bewusst, dass die künftigen Mitgliedsstaaten hinsichtlich ihrer Größe und Bevölkerungsstärke sowie ihrer politischen, wirtschaftlichen und militärischen Macht sehr unterschiedlich sein würden. Doch Wilson ging davon aus, dass der Völkerbund funktionieren und seinen Auftrag der Kriegsverhinderung und der friedlichen Beilegung von Konflikten erfüllen werde, solange nur all diese sehr unterschiedlichen Staaten in der Generalversammlung des Völkerbundes juristisch gleichgestellt wären nach dem Prinzip »ein Land – eine Stimme«.

Die Geschichte hat Wilsons idealistische Annahme widerlegt. Der Völkerbund funktionierte nur so lange, wie zwischen den gewichtigsten Staaten eine politische, wirtschaftliche und militärische Machtbalance bestand. In Europa waren das damals Frankreich, England, Russland, Italien und Deutschland. Doch als Hitlerdeutschland den Völkerbund 1936 verließ, brach die Weltorganisation zusammen. Es folgte ein Rückfall in die zwischenstaatliche Barbarei, bis 1945 mit der UNO ein erneuter Versuch unternommen wurde, zwischenstaatliche Beziehungen institutionell zu regeln.

Bei der UNO-Gründung kam Wilsons Prinzip »ein Land – eine

Stimme« nur noch eingeschränkt zur Anwendung. Es gilt zwar weiterhin in der Generalversammlung, doch die USA und die übrigen drei Siegermächte des Zweiten Weltkrieges, die Sowjetunion, Großbritannien und Frankreich, schufen für sich und für China das Privileg des ständigen, mit dem Vetorecht ausgestatteten Sitzes im UNO-Sicherheitsrat. Zudem statteten sie den von ihnen kontrollierten Sicherheitsrat mit exklusiven Kompetenzen aus (völkerrechtlich verbindliche Resolutionen, Verhängung von Zwangsmaßnahmen), über die die Generalversammlung nicht verfügt. Mit diesen Regelungen wurde das Prinzip der Machtbalance zwischen den damals gewichtigsten Mitgliedsstaaten der neuen Weltorganisation institutionell verankert. Und viele Beobachter argumentieren, dass die UNO nur so lange wenigstens einigermaßen funktionierte und die Weltordnung relativ stabil war, wie die bipolare, politisch, ideologisch und militärisch definierte Machtbalance zwischen den beiden von der Sowjetunion und von den USA geführten Blöcken bestand.

Nachdem der östliche Block und seine Vormacht, die Sowjetunion, nach dem Berliner Mauerfall vom November 1989 kollabiert sind, existiert diese Machtbalance nicht mehr. Die Weltordnung ist instabiler geworden, und die UNO kann ihre Aufgaben immer weniger effektiv wahrnehmen – vor allem auch, weil die einzig verbliebene Weltmacht USA immer häufiger und immer unverhohlener gegen Regeln des Völkerrechts verstößt und die UNO absichtsvoll ins Abseits stellt.

Zwar tendiert eine derartige Beschreibung der Geschichte dazu, die globalen Realitäten während der über 40-jährigen Phase der Ost-West-Blockkonfrontation eurozentrisch zu verklären. Immerhin fanden in dieser Zeit weltweit rund 250 Kriege und bewaffnete Konflikte statt – oftmals verbunden mit Völkermord und anderen gravierenden Menschenrechtsverletzungen. Dennoch: Der Glaube, nur durch die Schaffung von Gegenmacht lasse sich der entlaufene Hegemon USA wieder einfangen und nur die Errichtung einer neuen multipolaren Machtbalance führe auch wieder zu einer stabileren Weltordnung und zu einer funktionierenden UNO, ist bei Akteuren und Beobachtern jeder politischen Couleur weit verbreitet. Und das nicht nur in Europa, sondern auch in Asien und in anderen Weltregionen. Wichtigste Mitglieder einer künftigen multipolaren Weltordnung wären nach diesen Vorstellungen – neben den USA – China, die Europäische Union, Russland und Indien. Fast alle Befürworter eines solchen Konzepts definieren die Begriffe »Gegenmacht« zu den USA und »Machtbalance« nicht nur politisch und wirtschaftlich, sondern auch militärisch.

Tatsächlich bietet das Konzept einer »multilateralen Machtbalance« – zumal einer auch militärisch definierten – aber keinerlei Gewähr für die Herausbildung einer stabileren und friedlicheren Weltordnung. Ganz im Gegenteil: Dieses Konzept erhöht das ohnehin bereits beträchtliche Risiko einer Zerstörung dieser Welt durch Kriege und Ressourcenraubbau noch einmal erheblich.

Denn die Menschheit befindet sich Anfang des 21. Jahrhunderts in einem wesentlichen Punkt in einer völlig anderen Situation als zu den Zeiten der Gründung des Völkerbundes oder der UNO. Die heute als unausweichliche Tatsache bekannte globale Endlichkeit von Öl und anderen fossilen Ressourcen kam 1914 und 1945 nicht einmal in den kühnsten Science-Fiction-Romanen vor. Unter den heutigen Rahmenbedingungen würde das Konzept einer »multilateralen Machtbalance« – zumal wenn damit die Aufrüstung der einzelnen Machtpole verbunden ist – den Verbrauch der endlichen Ressourcen noch weiter hochtreiben und die Verteilungskämpfe um diese Ressourcen noch weiter eskalieren lassen.

Emanzipation von den USA durch Militarisierung – der Irrweg der EU

In der Europäischen Union bzw. in ihrem Vorläufer Europäische Gemeinschaft (EG) entstanden erste Pläne, eine Gegenmacht zu den USA aufzubauen, schon bald nach Ende des Kalten Krieges. Zunächst beschränkten sich die Ambitionen von EG-Politikern noch auf den eigenen Kontinent. Als im Juni 1991 im damaligen Jugoslawien die Konflikte zwischen den einzelnen Teilrepubliken und den verschiedenen Volksgruppen gewaltsam eskalierten, sah die EG die Gelegenheit gekommen, ihre »Gemeinsame Außen- und Sicherheitspolitik« (GASP), die bis dato lediglich auf dem Papier stand, endlich in die Praxis umzusetzen. »Das ist die Stunde Europas«, erklärte der damalige EG-Ratspräsident, Luxemburgs Außenminister Jan Poos, vor dem Straßburger Parlament mit Blick auf die Situation in Ex-Jugoslawien. Die dortigen Konflikte werde Europa »alleine« lösen. Poos' Erklärung war ein deutliches Signal an die USA, sich aus dem Konflikt herauszuhalten.

Der Rest der Geschichte ist bekannt. Die EG/EU scheiterte mit ihren Bemühungen zur Beilegung der innerjugoslawischen Konflikte auf der ganzen Linie. Sie scheiterte, weil zwischen den damaligen Mitgliedsstaaten der EG/EU zumindest in den Jahren bis 1995 keine gemeinsame politische Strategie zur Beilegung dieser Konflikte zustande kam. Die Mitglieder waren sich noch nicht einmal einig in der Analyse der Konfliktursachen. Gewichtige Staaten – insbesondere Deutschland, Frankreich und Großbritannien – besaßen unterschiedlich starke historische Bindungen zu den verschiedenen Teilrepubliken und Völkern Jugoslawiens. Der über ein Jahr währende intensive Streit innerhalb der EG um die damals in erster Linie von Deutschland betriebene frühzeitige Anerkennung von Slowenien und Kroatien war der deutlichste Ausdruck für den fehlenden politischen Konsens in der Union.

Doch sehr rasch bildete sich in der politischen Klasse der EU-Staaten die Legende heraus, Grund für das Scheitern gegenüber den Konflikten im ehemaligen Jugoslawien sei der Mangel an gemeinsamen militärischen Instrumenten und Fähigkeiten der EG/EU gewesen. Daher sei die Beendigung der innerjugoslawischen Kriege erst möglich geworden, als sich die USA 1995 entschlossen hatten, militärisch einzugreifen. Diese Version für die

Gründe des Scheiterns der Europäer ist in dreifacher Hinsicht fragwürdig.

Zum Ersten wird damit der zentrale Fehler unterschlagen, den die EG/EU bei ihren Vermittlungsbemühungen um eine Beilegung der innerjugoslawischen Konflikte gemacht hat. Von Beginn an ließ sich die EG auf die vor allem von den nationalistischen Führern der Serben und der Kroaten angeführte Behauptung von den ethnischen und religiösen Unterschieden als wesentlicher Konfliktursache ein. Zur Genfer Jugoslawienkonferenz, die die EU gemeinsam mit der UNO zwischen Oktober 1992 und Juli 1995 durchführte, wurden fast ausschließlich die nationalistischen Führer und Warlords eingeladen, die ihre auf Macht und Territorialgewinn zielenden Kriege mit diesen ethnischen und religiösen Unterschieden rechtfertigen. Sämtliche »Friedenspläne«, die die EG/EU gemeinsam mit der UNO bei der Genfer Konferenz auf den Tisch legte, folgten der ethnischen Logik. Das heißt, ethnische Unterschiede wurden zum Kriterium für die Neuverteilung von Territorien, Macht und Ressourcen, die EG/EU und UNO in diesen »Friedensplänen« vorschlugen.

Mit diesen Vorschlägen trugen die EG/EU und die UNO zur Verlängerung und zur Verschärfung der Gewaltkonflikte bei. Denn jedes Mal, wenn ihre Vermittler einen solchen »Friedensplan« vorlegten, versuchten die verschiedenen Kriegsparteien vor Ort durch neue Vertreibungen und Eroberungen die Ausgangslage am Genfer Verhandlungstisch für sich zu verbessern.

Zum Zweiten: Die Staaten Westeuropas haben während der innerjugoslawischen Kriegsjahre vom Juni 1991 bis Dezember 1995 erhebliche militärische Kapazitäten zum Einsatz gebracht. Rund 100.000 UNO-Blauhelmsoldaten (UNPROFOR) waren während dieser viereinhalb Jahre in Kroatien und in Bosnien stationiert. Diese Soldaten kamen zu über 90 Prozent aus den Mitgliedsstaaten der EG/EU (und zugleich der NATO) Frankreich, Großbritannien, Italien, Spanien, Portugal, Griechenland, Belgien, Niederlande, Dänemark sowie aus den seit 1995 der EU beigetretenen Ländern Schweden, Finnland, Österreich und schließlich aus Norwegen und der Türkei. Die restlichen zehn Prozent wurden von Kanada, Pakistan, Indien, Bangladesh, Argentinien und Jordanien beigesteuert. Die USA unter Präsident Bill Clinton verweigerten seinerzeit jegliche Beteiligung an der UNPROFOR-Mission. Stattdessen kritisierte die Clinton-Administration ständig die politischen Vermittlungsbemühungen von EG/EU und UNO bei der Genfer Jugoslawienkonferenz und warf der wesentlich aus europäischen Truppenverbänden gebildeten und zumeist von einem europäischen General befehligten UNPROFOR immer wieder Unfähigkeit und mangelnden Durchsetzungswillen vor.

Doch es fehlte den UNPROFOR-Truppen keineswegs an militärischen Kapazitäten. Allerdings waren die Einsatzmöglichkeiten der Blauhelmsoldaten eng begrenzt. Ihr politisches Mandat war zugeschnitten auf eine klassische Peacekeeping-Mission, wie sie zum Beispiel seit 1974 auf Zypern stationiert ist. Und das, obwohl die Voraussetzungen für einen derartigen Peacekeeping-Einsatz (Waffenstillstand mit einer klar definierten Waffenstillstandslinie sowie der Zustimmung aller Konfliktparteien zur Stationierung von UNO-Soldaten entlang dieser Linie mit der einzigen Aufgabe ihrer Bewachung) in Kroatien und Bosnien zwischen Mitte 1991 und Ende 1995 fast niemals existierten. Die Blauhelmsoldaten hatten vom ersten Einsatztag an sehr viel riskantere und potenziell eskalationsträchtigere Aufgaben als die Bewachung einer klar definierten Waffenstillstandslinie – zum Beispiel den Begleitschutz humanitärer Versorgungskonvois durch umkämpfte Gebiete und in belagerte Städte.

Das völlig unzureichende Mandat für die UNPROFOR war vorgegeben durch den UNO-Sicherheitsrat in New York. Und die USA, das einflussreichste Mitglied des Sicherheitsrates, hatten sich keineswegs für ein robusteres Mandat eingesetzt.

Zum Dritten: Die USA, die während der ersten drei Konfliktjahre abseits standen, engagierten sich erst ab 1994. Zunächst diplomatisch und dann 1995 auch militärisch. Im August/September bombardierte die NATO drei Wochen lang militärische Stellungen der von Radovan Karazic und General Ratko Mladic geführten nationalistischen Serben in Bosnien-Herzegowina. Diese Bombardements wurden von der NATO als entscheidend dargestellt, um den Krieg zu beenden und die serbische Seite an den Verhandlungstisch in Dayton zu zwingen. Doch des militärischen Eingreifens der USA hätte es nicht bedurft. Die europäischen Staaten verfügten auch damals schon über ausreichende militärische Kapazitäten, um diese Luftbombardements auch ohne die USA erfolgreich durchzuführen.

Außerdem: Selbst wenn die EG 1991 sämtliche militärischen Kapazitäten besessen hätte, über die damals tatsächlich nur die USA verfügten, hätte die EG diese Kapazitäten im ehemaligen Jugoslawien nicht zum Einsatz gebracht. Denn hierfür gab es keinen politischen Konsens.

Trotz all dieser Tatsachen hält sich bis heute die Legende, die Europäer seien gegenüber den Konflikten im ehemaligen Jugoslawien wegen mangelnder gemeinsamer militärischer Kapazitäten gescheitert und der Bosnienkrieg hätte schließlich nur beendet werden können, weil die USA militärische Kapazitäten zum Einsatz brachten, über die die Europäer damals angeblich nicht verfügten. Diese Legende muss seitdem dazu herhalten, die angebliche Notwendigkeit einer Aufrüstung der EU zu begründen.

Seit dem Krieg der NATO gegen Serbien im Frühsommer 1999 ist eine zweite Begründung hinzugekommen. In diesem elfwöchigen Waffengang fühlten sich viele Sicherheitspolitiker und Militärs europäischer NATO-Staaten von den USA dominiert und nicht als gleichberechtigte Partner behandelt. Die USA diktierten im NATO-Hauptquartier weitgehend die Strategie dieses Krieges und bestimmten die Ziele. 75 Prozent der eingesetzten Kampfflugzeuge sowie 90 Prozent der verschossenen Munition kamen von den USA. Vor allem aber besaßen die USA als einziges der damals 19 NATO-Mitglieder ein Satellitensystem, mit dem sie die Lage und sämtliche Bewegungen auf dem Territorium Serbiens und des Kosovo rund um die Uhr mit großer Genauigkeit überwachen konnten. Als besonders ärgerlich, ja demütigend empfanden es seinerzeit europäische Politiker und Militärs, dass die USA die mit diesem Satellitensystem gewonnenen Informationen nicht oder erst zu einem Zeitpunkt, als diese Informationen nicht mehr relevant waren, an ihre Verbündeten weitergaben.

In Reaktion auf diese Behandlung durch die USA stellten europäische Politiker die Forderung auf, bei künftigen gemeinsamen militärischen Missionen der NATO müsse Europa »auf gleicher Augenhöhe mit den USA« beteiligt sein. Bereits unmittelbar nach Ende des Krieges gegen Serbien, Anfang Juli 1999, formulierten die EU-Regierungschefs auf ihrem Kölner Gipfel erste konkrete Ziele einer vorrangig militärischen Ausgestaltung der »Gemeinsamen Außen- und Sicherheitspolitik« (GASP). Auf den folgenden Gipfeln wurden zahlreiche Beschlüsse gefasst zur Aufstellung einer 60.000 Soldaten umfassenden EU-Truppe zur »Krisenintervention«, zur Etablierung einer gemeinsamen militärischen Kommandozentrale sowie zur Anschaffung von neuen Waffen, weitreichenden Transportsystemen und schließlich zur Errichtung eines Satellitensystems, das die Unabhängigkeit von den USA bei der militärischen Aufklärung gewährleisten soll.

Die Weichenstellungen zur Militarisierung der EU-Außenpolitik seit Mitte der neunziger Jahre sind bislang ohne nennenswerten Widerspruch und ohne die eigentlich dringend nötige Diskussion in den Parlamenten und in der Öffentlichkeit der inzwischen 25 Mitgliedsländer erfolgt. Das mag damit zu tun haben, dass allgemein die Vorstellung von einer »Friedensmacht Europa« vorherrscht. Und dies umso stärker, als sich die USA offen unfriedlich verhalten und gegen das Völkerrecht verstoßen.

Bis weit in (ehemals) friedensbewegte linke und grüne Kreise hinein ist der Glaube verbreitet, die – tatsächlich sehr notwendige und wünschenswerte – außenpolitische Emanzipation Europas von den USA und der Zugewinn eigenständiger europäischer Handlungsmöglichkeiten (zum Beispiel bei der Lösung des Nahostkonflikts) seien nur möglich, wenn sich die EU auch gemeinsame militärische Instrumente zulegt.

In der gemeinsamen Sicherheitsstrategie der EU »Für ein sicheres Europa in einer besseren Welt«, in den außen- und sicherheitspolitischen Kapiteln der EU-Verfassung sowie in dem von EU-Außenkommissar Javier Solana in Auftrag gegebenen »European Defence Paper« wird die Notwendigkeit einer militärischen Rolle der EU nicht mehr nur mit Konflikten in Europa begründet, sondern mit globalen Herausforderungen und Bedrohungen. Folglich wird eine weltweite militärische Handlungs- und Interventionsfähigkeit der EU angestrebt.

Doch die Militarisierung der EU-Außenpolitik mit dem Ziel der politischen Emanzipation von den USA ist ein kostspieliger und kontraproduktiver Irrweg. Zwar gibt es über die Gesamtkosten der Aufrüstungsmaßnahmen, die die EU seit dem Kosovokrieg von 1999 beschlossen hat, keine offizielle Übersicht. Denn die Finanzierung dieser Maßnahmen erfolgt anteilig über die nationalen Haushalte der Mitgliedsstaaten und nicht über den EU-Haushalt und unterliegt somit keiner Kontrolle durch das Europäische Parlament. Aber auch die nationalen Parlamente haben keine Übersicht über die Gesamtkosten. Unabhängige Friedens- und Konfliktforscher haben 2002 eine erste Kostenabschätzung vorgelegt. Sie kamen auf rund 150 Milliarden Euro bis zum Jahr 2012.

Jeder Euro zusätzlich, den die EU bzw. ihre Mitgliedsstaaten für militärische Zwecke ausgeben, fehlt bei der Finanzierung von zivilen Instrumenten, Programmen und Personal für die Prävention und Beilegung internationaler Konflikte sowie von sozialen und anderen wichtigen innerstaatlichen Aufgaben. Doch selbst wenn die EU die seit 1999 beschlossenen Militarisierungsmaßnahmen aus der Portokasse finanzieren könnte, würde sie damit in dem Bemühen kaum vorankommen, eine Gegenmacht zu den

USA zu bilden. Denn die USA haben bei den militärischen Kapazitäten und bei der militärtechnologischen Forschung einen gewaltigen Vorsprung vor allen anderen Staaten der Erde. Und sie werden ihre militärischen Fähigkeiten in den nächsten Jahren weiter ausbauen und modernisieren – mit einem Finanzeinsatz, der nach dem Stand von 2004 bei knapp 500 Milliarden Dollar jährlich liegt. Das heißt: Die EU würde bei einem Militarisierungswettlauf mit den USA das militärische Machtgefälle nicht verringern, zugleich aber enorme Ressourcen verschleudern und dadurch auch ihre nichtmilitärischen außenpolitischen Handlungsmöglichkeiten einschränken.

Plädoyer für eine strategische Koalition der willigen Multilateralisten

Der von Hitlerdeutschland entfesselte Zweite Weltkrieg mit seinen über 50 Millionen Toten war das Hauptmotiv für die Gründung der Organisation der Vereinten Nationen vor 60 Jahren. Treibende Kraft hinter dieser ersten wirklich globalen multilateralen Institution waren die USA – wie bereits 1919 bei der Schaffung des Völkerbundes. Die am 24. Oktober 1945 in Kraft getretene Gründungscharta der UNO formuliert als Hauptziel der Weltorganisation, »künftige Generationen vor der Geißel des Krieges zu bewahren«. Gemessen an diesem Hauptziel ist die UNO – oder besser: sind ihre inzwischen 191 Mitgliedsstaaten – gescheitert. Über 250 bewaffnete Konflikte fanden in den letzten sechs Jahrzehnten statt – oftmals verbunden mit Völkermord und anderen schweren Menschenrechtsverletzungen.

Doch ohne die UNO und ihre Bemühungen zur Beilegung gewaltsamer Auseinandersetzungen hätten viele dieser Konflikte noch länger angedauert, noch mehr Tote und Verwundete gefordert und noch mehr Zerstörungen hinterlassen. Ohne die UNO hätte es leicht zu einem dritten Weltkrieg kommen können –

möglicherweise sogar unter Einsatz atomarer Waffen. Situationen, in denen die Welt kurz vor dem Abgrund eines atomaren Krieges stand – wie im Oktober 1962 während der Krise um die sowjetischen Raketen auf Kuba –, wurden im UNO-Sicherheitsrat entschärft. Und ohne die UNO und ihre humanitären Unterorganisationen wären in den letzten 60 Jahren hunderte Millionen Opfer von Naturkatastrophen, Hungersnöten und gewaltsamen Vertreibungen nicht versorgt worden.

Schließlich bot die UNO den Rahmen für die Vereinbarung zahlreicher internationaler Normen, Regeln und Verträge, u. a. zu Rüstungskontrolle und Abrüstung, Menschenrechten, Umweltschutz und Sozialstandards. Diese Normen, Regeln und Verträge haben die Erde zwar nicht in ein Paradies verwandelt. Aber sie trugen immerhin dazu bei, die Lebensbedingungen für einen Großteil der inzwischen über sechs Milliarden Erdbewohner zu verbessern.

Seit Ende des Kalten Krieges haben sich die weltpolitischen Rahmenbedingungen für eine funktionierende UNO entgegen ursprünglich weit verbreiteter Hoffnungen nicht verbessert, sondern verschlechtert. Die wesentliche, wenn auch nicht einzige Ursache hierfür ist, dass die USA, das mächtigste und einflussreichste Mitglied der UNO, ihre multilaterale Orientierung in den letzten 15 Jahren zunehmend aufgegeben und ihre eng definierten nationalen Interessen als stärkster globaler Akteur immer häufiger über das Völkerrecht gestellt haben.

Dabei bedarf es heute einer funktionierenden Weltorganisation mindestens so dringend wie 1945. Unterentwicklung, Aids, Hunger, Umweltzerstörung, Terrorismus, Massenvernichtungswaffen und die Abhängigkeit von den sehr bald aufgebrauchten Weltölreserven – das sind heute die zentralen globalen Herausforderungen. Die Völker und Staaten dieser Erde werden diese Herausforderungen – wenn überhaupt – nur durch vermehrte kooperative Anstrengungen im Rahmen einer durch politische und strukturelle Reformen gestärkten UNO bewältigen können.

Generalsekretär Kofi Annan unterbreitete den Mitgliedsstaaten im März 2005 umfassende Vorschläge für derartige Reformen. Deren wichtigster Punkt ist – anders als die rot-grüne Koalition in Berlin in ihren beiden letzten Regierungsjahren stets behauptete – keineswegs die Erweiterung des Sicherheitsrates um Deutschland und einige andere Staaten als neue ständige Mitglieder. Wesentlich sind vielmehr die folgenden Vorschläge:

- eine verbesserte Finanzausstattung der UNO und ihrer Unterorganisationen, damit diese ihr Mandat auch erfüllen können (zum Vergleich: Die Regierungen der 191 UNO-Mitgliedsstaaten gaben 2004 durchschnittlich 1,50 US-Dollar pro Erdenbürger für die UNO aus, aber über 150 Dollar für die Beschaffung neuer Waffen);
- die Schaffung neuer Handlungskompetenzen und Institutionen der UNO in den Bereichen Wirtschaft, Soziales und Umwelt sowie beim Friedensaufbau in Nachkriegssituationen;
- eine Reform der Menschenrechtskommission;
- die Verständigung auf neue internationale Normen (u. a. Anti-Terrorismuskonvention, Verantwortung zum Schutz vor Völkermord und anderen gravierenden Menschenrechtsverstößen);
- die Aufwertung und Stärkung der Generalversammlung sowie verbesserte Partizipationsmöglichkeiten für Nichtregierungsorganisationen.

Die zügige und möglichst vollständige Umsetzung der Reformvorschläge von Kofi Annan ist die entscheidende Voraussetzung für die so dringend notwendige Stärkung der Handlungsfähigkeit und mittelfristig für das Überleben dieser einzigen globalen multilateralen Institution.

Annan hat seine Vorschläge zu politischen und strukturellen Reformen der UNO mit der Aufforderung an die 191 Mitgliedsstaaten verknüpft, die im Jahr 2000 von fast sämtlichen Staats- und Regierungschefs beschlossenen »Millenniumsziele« zur Halbierung der weltweiten Armut bis zum Jahr 2015 unter allen Umständen zu erfüllen.

Unter den acht beschlossenen Zielen ist das wichtigste die Zahl der Menschen, die täglich weniger als einen US-Dollar zur Verfügung haben, von über 1,2 Milliarden im Jahre 2000 auf 600 Millionen im Jahre 2015 zurückzuführen.

Generalsekretär Annan ist überzeugt, dass ohne eine Erfüllung wenigstens dieser bescheidenen Ziele inner- und zwischenstaatliche Konflikte in den nächsten zwei Jahrzehnten überall auf der Welt erheblich eskalieren werden. Auf solche Konflikte könnte die UNO selbst dann kaum einwirken, wenn all die von Annan vorgeschlagenen politischen und strukturellen Reformen der Weltorganisation tatsächlich von der Generalversammlung beschlossen und umgesetzt würden.

Völlig zu Recht sieht der UNO-Generalsekretär die Hauptverantwortung für die Umsetzung der Millenniumsziele bei den reichen Industrienationen des Nordens. Entscheidend in diesem Zusammenhang wäre es, wenn die Industriestaaten endlich ihre bereits in den siebziger Jahren per Beschluss in der UNO-Generalversammlung eingegangene Verpflichtung umsetzen würden, ihre öffentlichen Entwicklungshilfeleistungen auf 0,7 Prozent des Bruttoinlandsprodukts anzuheben. Bislang haben nur Schweden, Norwegen, Dänemark und die Niederlande diese Marke erreicht oder überschritten. Deutschland lag im Jahr 2004 immer noch bei unter 0,3 Prozent. Im März 2005 bezeichnete der damalige Bundesaußenminister Joseph Fischer die »Millenniumsziele« als »das soziale Minimum in einer globalisierten Welt« und sagte – wie zuvor bereits Bundeskanzler Gerhard Schröder – der UNO zu, die Bundesrepublik Deutschland werde die 0,7-Prozent-Marke bei den öffentlichen Entwicklungshilfezahlungen bis zum Jahr 2015 erreichen.

UNO-Generalsekretär Annan hat in seinem Reformpaket vorgeschlagen, dass sich die Industriestaaten des Nordens »umgehend« auf folgenden Zeitplan verpflichten: »Spätestens 2006« soll »ein erster deutlicher Schritt der Erhöhung« stattfinden, 2009 sollen mindestens 0,5 Prozent erreicht sein und »spätestens 2015«

dann das Endziel von 0,7 Prozent. Die Entwicklungsländer fordert Annan auf, noch im Jahre 2005 nationale Strategiepläne zur Erfüllung ihrer Verpflichtungen unter den »Millenniumszielen« vorzulegen. Länder, die dieser Aufforderung nachkommen, sollten dann spätestens ab 2006 »deutlich erhöhte« Entwicklungshilfegelder von den Industriestaaten erhalten. Schließlich appelliert Annan an die Industriestaaten, ihre Importzölle und andere Einfuhrhemmnisse für Produkte aus den 48 nach UNO-Definition »am wenigsten entwickelten Staaten« umgehend aufzuheben und »dafür zu sorgen«, dass in der seit 2001 laufenden Doha-Verhandlungsrunde der Welthandelsorganisation (WTO) die damals gemachten Versprechungen an die Entwicklungsländer auch tatsächlich erfüllt werden.

Auch mit Blick auf die Kontrolle, Abrüstung und Nichtweiterverbreitung atomarer, chemischer und biologischer Massenvernichtungswaffen fordert der UNO-Generalsekretär die 191 Mitgliedsstaaten auf, ihre zum Teil bereits seit den siebziger Jahren bestehenden vertraglichen Verpflichtungen endlich zu erfüllen und darüber hinaus die existierenden Verträge zu atomaren und biologischen Waffen durch Zusatzprotokolle zu stärken.

Für die Umsetzung dieser Forderungen Annans, seiner Vorschläge zur politischen und strukturellen Reform der UNO sowie der Millenniumsziele gibt es dann eine Chance, wenn sich unter den 191 Mitgliedern der Generalversammlung eine strategische »Koalition williger Multilateralisten« zusammenfindet. Eine Koalition, die bereit ist, diese Forderungen, Vorschläge und Verpflichtungen auch dann umzusetzen, wenn die USA sich zunächst nicht beteiligen oder sogar ausdrücklich dagegen wenden. Zu dieser Koalition müssten neben den europäischen Staaten erklärte Multilateralisten aus anderen Weltregionen gehören wie zum Beispiel Kanada, Mexiko, Brasilien, Indien, Südafrika, Ägypten und Australien.

Die Schaffung des Internationalen Strafgerichtshofes, die Vereinbarung des Kyoto-Protokolls zum Klimaschutz sowie die Konvention zum Verbot von Antipersonenminen – jeweils durchgesetzt ohne Beteiligung oder gar gegen den erklärten Willen der USA sowie teilweise zunächst auch Russlands und Chinas – sind drei erfolgreiche Beispiele für derartige Koalitionen aus den vergangenen Jahren. In allen drei Fällen bestand die ursprüngliche Koalition zunächst nur aus einer kleinen Minderheit von rund zwei Dutzend der 191 UNO-Mitgliedsstaaten, die – angetrieben und unterstützt von Nichtregierungsorganisationen – in der Generalversammlung für ihre Ziele warben. Inzwischen haben jeweils über 150 Staaten, also über drei Viertel der UNO-Mitgliedschaft, das Klimaschutz-Protokoll von Kyoto und das Verbot von Antipersonenminen unterschrieben und ratifiziert und sind – trotz anhaltenden massiven Gegendrucks aus Washington – dem Internationalen Strafgerichtshof beigetreten.

Die konsequente Weiterverfolgung der Strategie einer die Weltregionen übergreifenden Koalition williger Multilateralisten, die zur Bewältigung der globalen Herausforderungen auf das kollektive System der UNO setzt – das wäre die Alternative zu dem gefährlichen Versuch, eine neue, militärisch definierte multipolare Machtbalance zu errichten. Eine derartige Koalitionsstrategie würde mittelfristig möglicherweise zu einer gewissen politischen Isolation der USA führen. Darin liegt längerfristig jedoch die Chance für eine Veränderung des politischen Diskurses in den USA und für eine Rückbesinnung der amerikanischen Politik auf die Vorteile einer multilateralen, auf Kooperation ausgerichteten Politik.

Anhang 1

»Wir dürfen unsere Feinde nicht zuerst zuschlagen lassen«

Die USA schreiben die Militärdoktrin der Präventivschläge klarer denn je fest und relativieren die Abschreckungsstrategie

In ihrer am 20. September 2002 veröffentlichten neuen »Nationalen Militärstrategie« (National Security Strategy, NSS) formulierte die Bush-Administration klarer denn je das Recht zum militärischen Erstschlag als Vorbeugung gegen feindliche Attacken. In der Sprache der US-Politiker: »antizipierende Aktionen zur Selbstverteidigung«. Die folgenden Auszüge aus dem Dokument entstammen einer offiziellen Übersetzung der US-Botschaft in Deutschland.

Die großen Auseinandersetzungen des 20. Jahrhunderts zwischen Freiheit und Totalitarismus endeten mit einem deutlichen Sieg für die freiheitlichen Kräfte und einem einzigen nachhaltigen Modell für nationalen Erfolg: Freiheit, Demokratie und freies Unternehmertum. Im 21. Jahrhundert werden nur diejenigen Nationen das Potenzial ihrer Bürger freisetzen und zukünftigen Wohlstand sichern können, die sich dem Schutz grundlegender Menschenrechte und der Gewährleistung politischer und wirtschaftlicher Freiheit verpflichtet haben. Menschen auf der ganzen Welt wollen das Recht der freien Rede, ihre Regierung wählen können, ihre religiöse Überzeugung leben und ihre Kinder erziehen – seien es nun Jungen oder Mädchen –, Eigentum besitzen und die Früchte ihrer Arbeit genießen. Diese Werte der Freiheit sind für alle Menschen und in jeder Gesellschaft richtig und wahr, und die Pflicht, diese Werte gegen Feinde zu verteidigen, ist die gemeinsame Aufgabe aller freiheitsliebenden Menschen überall auf der Welt und zu allen Zeiten.

Die Vereinigten Staaten erfreuen sich gegenwärtig beispielloser militärischer Stärke und eines großen wirtschaftlichen und politischen Einflusses. Indem wir unserem Erbe und unseren Grundsätzen treu bleiben, nutzen wir unsere Stärke nicht für die Durchsetzung einseitiger Vorteile. Wir streben hingegen nach einem Kräftegleichgewicht zu Gunsten menschlicher Freiheit: Bedingungen, die es allen Nationen und Gesellschaften ermöglichen, für sich selbst den Lohn und die Herausforderungen politischer und wirtschaftlicher Freiheit zu wählen. Eine sichere Welt ermöglicht es den Menschen, ein besseres Leben zu führen. Wir werden den Frieden gegen Bedrohungen durch Terroristen und Tyrannen verteidigen. Wir werden den Frieden durch den Aufbau guter Beziehungen zwischen den Großmächten bewahren. Und wir werden Frieden verbreiten, indem wir freie und offene Gesellschaften auf jedem Kontinent fördern.

Die Verteidigung unserer Nation ist die erste und wichtigste Verpflichtung der Regierung. Diese Aufgabe hat sich jetzt dramatisch verändert. In der Vergangenheit benötigten Feinde große Armeen und umfangreiche industrielle Fähigkeiten, um eine Gefahr für die Vereinigten Staaten darzustellen. Heutzutage können schemenhafte Netzwerke von Einzelpersonen großes Chaos und Leid über unser Land bringen – und es kostet sie weniger als einen einzigen Panzer. Terroristen durchdringen offene Gesellschaften und richten moderne Technologien gegen uns.

Um mit dieser Bedrohung fertig zu werden, müssen wir jegliches uns zur Verfügung stehende Mittel anwenden: militärische Macht, verbesserte innere Sicherheit, Strafverfolgung, nachrichtendienstliche Tätigkeiten sowie energische Anstrengungen zur Unterbindung des Finanznachschubs für Terroristen.

Der Krieg gegen weltweit agierende Terroristen ist eine globale Unternehmung von ungewisser Dauer. Die Vereinigten Staaten werden Nationen helfen, die im Kampf gegen den Terrorismus unsere Unterstützung brauchen. Die Vereinigten Staaten werden Länder zur Rechenschaft ziehen, die dem Terrorismus Vorschub leisten, und solche, die Terroristen Zuflucht gewähren, denn die Verbündeten des Terrors sind die Feinde der Zivilisation. Die Vereinigten Staaten und die Länder, die mit uns zusammenarbeiten, müssen Terroristen daran hindern, neue Basislager einzurichten. Gemeinsam werden wir danach streben, ihnen jeglichen Zufluchtsort zu verwehren.

In der Verbindung von Radikalismus mit Technologie liegt die größte Gefahr für unsere Nation. Unsere Feinde haben offen erklärt, dass sie den Besitz von Massenvernichtungswaffen anstreben, und es gibt Beweise dafür, dass sie dieses Ziel mit Entschlossenheit verfolgen. Die Vereinigten Staaten werden es nicht zulassen, dass solche Bemühungen von Erfolg gekrönt werden. Wir werden uns gegen ballistische Raketen und andere Waffen schützen. Wir werden mit anderen Nationen zusammenarbeiten, um es unseren Feinden unmöglich zu machen, gefährliche Technologien zu beschaffen. Es ist eine Sache des gesunden Menschenverstands und der Selbstverteidigung, dass die Vereinigten Staaten gegen solche aufkommenden Bedrohungen vorgehen werden, bevor sie übermächtig werden. Wir können die Vereinigten Staaten und unsere Freunde nicht verteidigen, indem wir das Beste hoffen. Daher müssen wir bereit sein, die Pläne unserer Feinde zunichte zu machen, indem wir uns der besten Informationsquellen bedienen und mit Bedacht vorgehen. Die Geschichte wird mit denen scharf ins Gericht gehen, die diese Gefahr auf sich zukommen sahen, aber nichts dagegen unternommen haben. In der neuen Welt, in der wir leben, ist der einzige Weg zu Frieden und Sicherheit der Weg des Handelns.

Bei der Verteidigung des Friedens werden wir auch die historische Chance ergreifen, den Frieden zu bewahren. Die internationale Gemeinschaft hat jetzt die beste Chance seit der Entstehung der Nationalstaaten im 17. Jahrhundert, eine Welt zu schaffen, in der die Großmächte in Frieden konkurrieren, statt sich fortwährend auf einen Krieg vorzubereiten. Die Großmächte der Welt befinden jetzt sich auf derselben Seite – geeint durch die gemeinsame Bedrohung durch terroristische Gewalt und Chaos. Die Vereinigten Staaten werden auf der Basis dieser gemeinsamen Interessen auf die Förderung globaler Sicherheit hinarbeiten. Wir werden zunehmend durch gemeinsame Werte geeint. Russland befindet sich inmitten eines hoffnungsvollen Übergangsprozesses und strebt eine demokratische Zukunft und eine Partnerschaft im Krieg gegen den Terrorismus an. In China entdecken führende Politiker, dass wirtschaftliche Freiheit die einzige Quelle nationalen Wohlstands ist. Mit der Zeit werden sie feststellen, dass gesellschaftliche und politische Freiheit die einzige Quelle nationaler Größe ist. Die Vereinigten Staaten werden das Streben nach Demokratie und wirtschaftlicher Offenheit in beiden Ländern unterstützen, denn dies sind die besten Voraussetzungen für innere Stabilität und internationale Ordnung. Wir werden der Aggression anderer Großmächte mit Nachdruck entgegentreten, auch wenn wir ihr friedvolles Streben nach Wohlstand, Handel und kulturellem Fortschritt begrüßen.

Schließlich werden die Vereinigten Staaten die Gunst der Stunde nutzen, um die Vorzüge der Freiheit in der ganzen Welt zu verbreiten. Wir werden uns aktiv dafür einsetzen, die Hoffnung auf Demokratie, Entwicklung, freie Märkte und freien Handel in jeden Winkel der Erde zu tragen. Die Ereignisse am 11. September 2001 haben uns gelehrt, dass schwache Staaten wie Afghanistan eine ebenso große Gefahr für unsere nationalen Interessen darstellen können wie starke Staaten. Armut macht arme Menschen nicht zu Terroristen oder Mördern. Dennoch können Armut, schwache Institutionen und Korruption schwache Staaten anfällig für Terrornetzwerke und Drogenkartelle machen.

Die Vereinigten Staaten werden jedem Land zur Seite stehen, das entschlossen ist, eine bessere Zukunft zu bauen, indem es die Früchte der Freiheit für seine Bürger erntet. Freier Handel und freie Märkte haben bewiesen, dass ganze Gesellschaften durch sie die Armut abschütteln konnten. Die Vereinigten Staaten werden daher mit einzelnen Ländern, ganzen Regionen und allen Handel treibenden Staaten an einer Welt arbeiten, in der in Freiheit Handel betrieben wird und deren Wohlstand dadurch wächst. Im Rahmen des New Millennium Challenge Account werden die Vereinigten Staaten solchen Ländern mehr Entwicklungshilfe gewähren, die gerecht regieren, in ihr Volk investieren und wirtschaftliche Freiheit fördern. Unser Land wird auch weiterhin bei der Bekämpfung von HIV/AIDS und anderen Infektionskrankheiten eine weltweit führende Rolle spielen.

Im Streben nach einem freiheitsorientierten Kräftegleichgewicht werden die Vereinigten Staaten von der Überzeugung geleitet, dass alle Nationen eine wichtige Verantwortung tragen. Freie Nationen müssen Terrorismus aktiv bekämpfen. Nationen, die von internationaler Stabilität abhängig sind, müssen dazu beitragen, die Verbreitung von Massenvernichtungswaffen zu verhindern. Nationen, die internationale Hilfe brauchen, müssen selbst weise regiert werden, damit die Unterstützung sinnvoll verwendet werden kann. Um sich frei entfalten zu können, ist Verantwortungsbewusstsein nötig und wird auch erwartet.

Wir werden auch von der Überzeugung geleitet, dass kein Land allein eine sichere und bessere Welt bauen kann. Bündnisse und multilaterale Institutionen können die Stärke freiheitsliebender Nationen vervielfältigen. Die Vereinigten Staaten haben sich dauerhaften Institutionen verpflichtet, wie den Vereinten Nationen, der World Trade Organization, der Organization of American States, der NATO und anderen bewährten Bündnissen. Bündnisse der Willigen können diese beständigen Institutionen bestärken. Auf jeden Fall müssen internationale Verpflichtungen ernst genommen werden. Man kann ihnen nicht symbolisch nachkommen und sich für ein Ideal einsetzen, ohne dessen Verwirklichung anzustreben.

Freiheit ist eine nicht verhandelbare Forderung menschlicher Würde, das Geburtsrecht jedes Menschen in jeder Zivilisation. In der Geschichte wurde die Freiheit durch Krieg und Terrorismus bedroht, sie wurde von den widersprüchlichen Absichten mächtiger Staaten und den verwerflichen Zielen von Tyrannen in Frage gestellt und durch weit verbreitete Armut und Krankheiten auf die Probe gestellt. Die Menschheit hat jetzt die Möglichkeit, den Triumph der Freiheit über all diese Widerstände voranzutreiben. Die Vereinigten Staaten begrüßen ihre Verantwortung, bei dieser großartigen Mission eine führende Rolle zu spielen.

Unterschrift [George W. Bush]
Weißes Haus
17. September 2002

Übersicht über die Internationale Strategie der Vereinigten Staaten

»Die Sache, für die unsere Nation eintritt, war immer größer als die Verteidigung unserer Nation. Wir kämpfen, wie wir immer kämpfen, für einen gerechten Frieden – einen Frieden, der die Freiheit begünstigt. Wir werden den Frieden gegen die Bedrohungen durch Terroristen und Tyrannen verteidigen. Wir werden den Frieden durch den Aufbau guter Beziehungen zwischen den Großmächten bewahren. Und wir werden den Frieden erweitern, indem wir freie und offene Gesellschaften auf jedem Kontinent fördern.«

Präsident Bush
West Point, New York
1. Juni 2002

Die Stärke und der Einfluss der Vereinigten Staaten in der Welt sind beispiellos – und konkurrenzlos. Getragen vom Glauben an die Prinzipien der Freiheit und die Werte einer freien Gesellschaft, geht diese Position mit beispiellosen Verantwortlichkeiten, Verpflichtungen und Chancen einher. Die große Stärke dieser Nation muss darauf verwendet werden, ein Kräftegleichgewicht zu fördern, das Freiheit begünstigt.

Für lange Zeit war die Welt im 20. Jahrhundert durch einen großen Kampf um Ideen gespalten; destruktive totalitäre Visionen standen gegen Freiheit und Gleichheit.

Dieser große Kampf ist beendet. Die militanten Visionen von Klassen, Nationen und Rassen, die das Unmögliche versprachen und nur Elend hervorbrachten, sind gescheitert und in Verruf geraten. Die Vereinigten Staaten werden jetzt weniger durch eroberungslüsterne denn durch scheiternde Staaten bedroht. Wir werden weniger von Flotten und Heeren bedroht als von katastrophalen Technologien in den Händen von einigen wenigen Verbitterten. Wir müssen diese gegen unsere Nation, unsere Verbündeten und Freunde gerichteten Bedrohungen besiegen.

Dies ist für die Vereinigten Staaten auch eine Zeit der Chancen. Wir werden daran arbeiten, unseren momentanen Einfluss in Jahrzehnte des Friedens, des Wohlstands und der Freiheit umzusetzen.

Die amerikanische Nationale Sicherheitsstrategie wird sich auf einen ausgeprägten amerikanischen Internationalismus gründen, der die Wertegemeinschaft und unsere nationalen Interessen widerspiegelt. Es ist das Ziel dieser Strategie, diese Welt nicht nur sicherer, sondern auch besser zu machen. Unsere Ziele auf dem Weg zum Fortschritt sind eindeutig: politische und wirtschaftliche Freiheit, friedliche Beziehungen mit anderen Staaten und die Achtung der Menschenwürde.

Und diesen Weg gehen die Vereinigten Staaten nicht allein. Er steht allen offen.

Um diese Ziele zu erreichen, werden die Vereinigten Staaten:

- sich für das Streben nach Menschenwürde einsetzen;
- Bündnisse stärken, um globalen Terrorismus zu bekämpfen und Angriffen gegen uns und unsere Freunde vorzubeugen;
- gemeinsam mit anderen an der Entschärfung regionaler Konflikte arbeiten;

- ihre Feinde abhalten, sie, ihre Verbündeten und Freunde mit Massenvernichtungswaffen zu bedrohen;
- durch freie Märkte und freien Handel eine neue Ära globalen Wirtschaftswachstums auslösen;
- Gesellschaften öffnen und Demokratie fördern und so viele Länder in den Entwicklungsprozess einbeziehen;
- Pläne für kooperatives Handeln mit anderen wesentlichen Zentren der Weltmacht entwickeln; und die amerikanischen Institutionen nationaler Sicherheit umgestalten, um den Herausforderungen und Chancen des 21. Jahrhunderts gerecht zu werden. (...)

Die Allianzen gegen den globalen Terrorismus stärken und Angriffe gegen uns und unsere Freunde verhindern

»Nur drei Tage nach diesen Ereignissen verfügen die Amerikaner noch immer nicht über die Distanz der Geschichte. Doch unsere Verantwortung gegenüber der Geschichte ist bereits deutlich: auf diese Angriffe zu antworten und die Welt vom Bösen zu befreien. Gegen uns wurde Krieg geführt mit den Mitteln der List, der Täuschung und des Mordes. Diese Nation ist friedvoll, aber sie ist erbarmungslos, wenn sie zum Zorn getrieben wird. Der Konflikt wurde zu einer Zeit und unter Bedingungen begonnen, die andere vorgegeben haben. Er wird in einer Weise und zu einer Stunde enden, die wir wählen.«
Präsident Bush
Washington, D. C. (The National Cathedral)
14. September 2001

Die Vereinigten Staaten von Amerika führen einen Krieg gegen global agierende Terroristen. Der Feind ist nicht ein einzelnes politisches Regime oder eine Person oder Religion oder Ideologie. Der Feind heißt Terrorismus – vorsätzliche, politisch motivierte Gewalt, gerichtet gegen Unschuldige.

In vielen Regionen verhindert berechtigter Groll die Herausbildung eines dauerhaften Friedens. Solche Klagen sollen und müssen innerhalb eines politischen Prozesses angegangen werden. Doch nichts rechtfertigt Terror. Die Vereinigten Staaten werden gegenüber den Forderungen der Terroristen keinerlei Zugeständnisse machen und keine Abkommen mit ihnen schließen. Wir machen dabei keinen Unterschied zwischen den Terroristen und jenen, die ihnen wissentlich Unterschlupf bieten oder Unterstützung zukommen lassen.

Der Kampf gegen den globalen Terrorismus unterscheidet sich von jedem anderen Krieg in unserer Geschichte. Er wird an vielen Fronten und über eine lange Zeitspanne gegen einen besonders schwer fassbaren Gegner geführt werden. Fortschritte werden wir durch die stetige Akkumulation von Erfolgen erzielen – manche davon sichtbar, andere unsichtbar.

Unsere Feinde erleben gegenwärtig die Ergebnisse dessen, was die zivilisierten Nationen ausrichten können und ausrichten werden gegenüber den Regimes, die dem Terrorismus Unterschlupf gewähren, ihn unterstützen und benutzen, um ihre politischen Ziele zu erreichen. Afghanistan ist befreit worden; die Truppen der Koalition sind weiterhin dabei, die Taliban und al-Qaida zur Strecke zu bringen. Doch dies ist nicht das einzige Schlachtfeld, auf dem wir die Terroristen angreifen werden. Tausende von ausgebildeten Terroristen sind noch immer auf freiem Fuß und unterhalten Zellen in Nordamerika, Südamerika, Europa, Afrika, dem Mittleren Osten und in ganz Asien.

Unsere Priorität wird sein, die terroristischen Organisationen mit globaler Reichweite zu sprengen und zu zerstören sowie ihre Strukturen anzugreifen: ihre Führung, Kommandostrukturen, Kontrollfunktionen, Kommunikationskanäle, materielle Unterstützung und Finanzierung. Auf diese Weise wird die Fähigkeit der Terroristen, zu planen und zu operieren, außer Funktion gesetzt.

Wir werden unsere regionalen Partner weiterhin ermutigen, koordinierte Anstrengungen zur Isolierung der Terroristen zu unternehmen. Sobald ein regionaler Zusammenschluss eine Bedrohung für einen bestimmten Staat lokalisiert, werden wir dazu beitragen, dass dieser Staat die notwendigen militärischen, polizeilichen, politischen und finanziellen Mittel hat, um die Aufgabe zu bewältigen.

Die Vereinigten Staaten werden weiterhin mit ihren Alliierten daran arbeiten, die Finanzierung des Terrorismus zu unterbinden. Wir werden die Geldquellen des Terrorismus ausfindig machen und blockieren, die Vermögen der Terroristen und ihrer Unterstützer einfrieren, den Terroristen den Zugang zum internationalen Finanzsystem verwehren, legitime Wohlfahrtsorganisationen vor dem Missbrauch durch Terroristen schützen und die Umschichtung der Vermögen über alternative finanzielle Netzwerke verhindern.

Diese Kampagne muss nicht der Reihe nach geführt werden, um effektiv zu sein; vielmehr wird der kumulative Effekt der Aktivitäten in allen Regionen dazu beitragen, die von uns gewünschten Ergebnisse zu erzielen. Wir werden die terroristischen Organisationen durch folgende Maßnahmen zerschlagen und zerstören:

- direktes und kontinuierliches Handeln, das sich aller Elemente nationaler und internationaler Macht bedient. Unser unmittelbarer Fokus wird auf die terroristischen Organisationen mit globaler Reichweite gerichtet sein sowie auf alle terroristischen oder staatlichen Sponsoren des Terrorismus, die versuchen, sich Massenvernichtungswaffen oder die Vorprodukte zu beschaffen;
- die Verteidigung der Vereinigten Staaten, des amerikanischen Volkes und unserer Interessen national wie international, indem wir die Bedrohung identifizieren und zerstören, bevor sie unsere Grenzen erreicht. Die Vereinigten Staaten werden sich kontinuierlich um die Unterstützung der internationalen Gemeinschaft bemühen, aber wir werden nicht zögern, notfalls allein zu handeln und unser Recht auf Selbstverteidigung wahrzunehmen, indem wir präventiv gegen die Terroristen vorgehen und sie davon abhalten, unserem Volk und unserem Land Schaden zuzufügen; und
- wir werden den Terroristen jede weitere Finanzierung, Unterstützung und Gewährung von Zuflucht verweigern, indem wir die Staaten überzeugen oder auch zwingen, ihre souveräne Verantwortung wahrzunehmen.

Wir werden außerdem einen Krieg der Ideen führen, um die Schlacht gegen den internationalen Terrorismus zu gewinnen. Das schließt ein:

- den gesamten Einfluss der Vereinigten Staaten zu nutzen und eng mit den Alliierten und Freunden zusammenzuarbeiten, um deutlich zu machen, dass alle terroristischen Akte unrechtmäßig sind. Terrorismus soll im selben Licht wie Sklaverei, Piraterie oder Genozid gesehen werden: als Verhalten, das von keiner respektablen Regierung verziehen oder unterstützt werden kann, und dem sich alle widersetzen müssen;
- moderate und moderne Regierungen zu unterstützen, insbesondere in der muslimischen Welt. Auf diese Weise soll dafür Sorge getragen werden, dass die äußeren Bedingungen und Ideologien, die den Terrorismus fördern, keinerlei Nährboden in irgendeiner Nation finden können;

- die Bedingungen zu unterbinden, die Terrorismus hervorbringen, indem die internationale Gemeinschaft dazu bewegt wird, ihre Anstrengungen und Ressourcen in den Regionen mit dem höchsten Risiko zu bündeln; und
- effektive öffentliche Diplomatie zu nutzen, um den freien Fluss von Informationen und Ideen zu fördern. Auf diese Weise werden die Hoffnung auf Freiheit und das Streben nach ihr in den Menschen entfacht, die in jenen Gesellschaften leben, die von den Sponsoren des internationalen Terrorismus beherrscht werden.

Obwohl wir anerkennen, dass unsere beste Verteidigung in einer guten Offensive besteht, werden wir dennoch die Sicherheit unseres amerikanischen Heimatlandes stärken, um es zu schützen und Angriffe abzuschrecken.

Diese Administration hat die weitestgehende Umstrukturierung der Regierung seit der Zeit vorgeschlagen, als die Truman-Administration den Nationalen Sicherheitsrat und das Verteidigungsministerium schuf. Mit einem neuen Ministerium für Heimatschutz als Grundlage sowie einem neuen geeinten Militärkommando und einer fundamentalen Neuordnung des FBI schließt unser Plan zur umfassenden Sicherung des Heimatlandes jede Ebene der Regierung und die Kooperation der öffentlichen und privaten Sektoren ein.

Diese Strategie wird das Unglück in eine Chance verwandeln. So wird beispielsweise das Notfall-Management in den Stand gesetzt, nicht allein mit Terrorismus, sondern auch mit anderen Gefahren besser umgehen zu können. Unser medizinisches System wird derart gestärkt, dass es nicht nur Bioterrorismus, sondern alle infektiösen Krankheiten und Gefahren, die große Zahlen von Toten fordern, bewältigen kann. Unsere Grenzkontrollen werden nicht allein Terroristen stoppen, sondern auch den effektiven Fluss des rechtmäßigen Grenzverkehrs verbessern.

Wenn auch unser Schwerpunkt darauf liegt, Amerika zu schützen, wissen wir doch, dass wir die Hilfe unserer Verbündeten und Freunde brauchen, um den Terrorismus in der heutigen, globalisierten Welt zu besiegen. Wo immer es möglich ist, werden die Vereinigten Staaten darauf vertrauen, dass regionale Organisationen und Staaten ihre Verpflichtungen im Kampf gegen den Terrorismus erfüllen. Wo der Kampf gegen den Terrorismus die Kapazitäten einzelner Regierungen übersteigt, werden wir ihre Willenskraft und ihre Ressourcen mit jeder erdenklichen Hilfe ergänzen, die wir und unsere Verbündeten leisten können.

Während wir die Terroristen in Afghanistan verfolgen, werden wir zugleich weiterhin mit internationalen Organisationen wie den Vereinten Nationen zusammenarbeiten, aber auch mit Nichtregierungsorganisationen und anderen Ländern, um die humanitäre, politische, ökonomische und sicherheitsrelevante Hilfe zu bieten, die notwendig ist, um Afghanistan wieder aufzubauen – damit dieser Staat nie wieder sein Volk missbraucht, seine Nachbarn bedroht und Terroristen einen sicheren Hafen bietet.

Im Krieg gegen den globalen Terrorismus werden wir nie vergessen, dass wir letztlich für unsere demokratischen Werte und unsere Lebensweise kämpfen. Freiheit und Angst befinden sich im Krieg, und es wird kein schnelles oder einfaches Ende dieses Konfliktes geben. Als Anführer der Kampagne gegen Terrorismus schmieden wir neue, produktive internationale Beziehungen und definieren die bestehenden in einer Weise neu, die den Herausforderungen des 21. Jahrhunderts angemessen ist. (…)

Abhalten unserer Feinde davon, uns, unsere Verbündeten und unsere Freunde mit Massenvernichtungswaffen zu bedrohen

»Die größte Gefahr für die Freiheit liegt an der Schnittstelle von Radikalismus und Technologie. Wenn die Verbreitung chemischer, biologischer und atomarer Waffen mit Raketentechnologie – wenn dies eintritt, können selbst schwache Staaten und kleine Gruppen die katastrophale Macht erlangen, große Nationen anzugreifen. Unsere Feinde haben genau diese Absicht erklärt, und sie wurden bei dem Versuch gestellt, sich diese schrecklichen Waffen zu beschaffen. Sie wollen die Fähigkeit erlangen, uns zu erpressen oder uns zu verwunden oder unsere Freunde zu verwunden – und wir werden uns ihnen mit all unserer Macht entgegenstellen.«

Präsident Bush
West Point, New York
1. Juni 2001

Das Wesen der Bedrohung des Kalten Krieges verlangte es von den Vereinigten Staaten – mit ihren Verbündeten und Freunden –, die

Abschreckung der Gewaltanwendung durch den Feind in den Vordergrund zu stellen, was eine unerbittliche Strategie der gegenseitigen gesicherten Zerstörung hervorbrachte. Mit dem Zusammenbruch der Sowjetunion und dem Ende des Kalten Krieges hat unser sicherheitspolitisches Umfeld eine grundlegende Veränderung erfahren. Nachdem die Konfrontation als Kennzeichen unserer Beziehungen zu Russland heute der Kooperation gewichen ist, ist die Dividende deutlich sichtbar: das Ende eines Gleichgewichts des Schreckens, das uns trennte; eine historische Verringerung der Nukleararsenale auf beiden Seiten; eine Zusammenarbeit in Bereichen wie Terrorismusbekämpfung und Raketenabwehr, was bis vor kurzem undenkbar war.

Neue tödliche Herausforderungen gehen heute jedoch von Schurkenstaaten und Terroristen aus. Keine dieser aktuellen Bedrohungen kommt der schieren Zerstörungskraft gleich, die seitens der Sowjetunion gegen uns gerichtet war. Aber das Wesen und die Beweggründe dieser neuen Gegner, ihre Entschlossenheit, Zerstörungskräfte zu erlangen, über die bisher nur die stärksten Staaten der Welt verfügten, und die höhere Wahrscheinlichkeit, dass sie Massenvernichtungswaffen gegen uns einsetzen werden, machen die heutige Sicherheitslage komplexer und gefährlicher.

Die neunziger Jahre sahen das Aufkommen einer kleinen Zahl von Schurkenstaaten, die, obwohl in wichtigen Punkten verschieden, doch einige Gemeinsamkeiten aufweisen.

Diese Staaten:

- zeigen brutales Verhalten gegen ihr eigenes Volk und verschwenden ihre nationalen Ressourcen zur persönlichen Bereicherung der Regierenden;
- missachten das Völkerrecht, bedrohen ihre Nachbarn und brechen ungerührt internationale Verträge, deren Mitglieder sie sind;
- sind dazu entschlossen, Massenvernichtungswaffen und andere hoch entwickelte Militärtechnologie zu erlangen und sie als Drohung oder offensiv zur Durchsetzung der aggressiven Pläne ihrer Regime einzusetzen;
- unterstützen Terrorismus weltweit;
- lehnen grundlegende menschliche Werte ab und hassen die Vereinigten Staaten und alles, wofür sie stehen.

Zur Zeit des Golfkrieges erhielten wir unwiderlegbare Beweise dafür, dass der Irak seine Pläne nicht auf die chemischen Waffen beschränkt hatte, die er gegen den Iran und gegen sein eigenes Volk eingesetzt hatte, sondern dass sie sich auch auf den Erwerb von nuklearen und biologischen Waffen erstreckten. Während des vergangenen Jahrzehnts wurde Nordkorea zum weltweit führenden Lieferanten von ballistischen Raketen, testete zunehmend leistungsfähigere Raketen und arbeitete an der Entwicklung eines eigenen Massenvernichtungswaffen-Arsenals. Andere Schurkenregime versuchen ebenfalls, sich nukleare, chemische und biologische Waffen zu verschaffen. Das Streben nach und der globale Handel mit solchen Waffen durch diese Staaten sind zu einer drohenden Gefahr für alle Nationen geworden.

Wir müssen darauf vorbereitet sein, Schurkenstaaten und ihre terroristischen Klientel aufzuhalten, bevor sie in der Lage sind, die Vereinigten Staaten und unsere Verbündeten und Freunde mit Massenvernichtungswaffen zu bedrohen oder sie gegen uns einzusetzen.

Unsere Reaktion muss sich die Vorteile zunutze machen, die sich aus gestärkten Bündnissen, der Bildung neuer Partnerschaften mit früheren Gegnern, Neuerungen beim Einsatz von Militärstreitkräften, modernen Technologien einschließlich der Entwicklung eines wirksamen Raketenabwehrsystems und der stärkeren Betonung geheimdienstlicher Datensammlung und -analyse ergeben.

Unsere umfassende Strategie zur Bekämpfung von Massenvernichtungswaffen beinhaltet:

Proaktive Bemühungen um Counterproliferation. Wir müssen die Gefahr abschrecken und uns gegen sie verteidigen, bevor sie entfesselt ist. Wir müssen sicherstellen, dass Schlüsselfähigkeiten – Aufdeckung, aktive und passive Verteidigung und Gegenschlagspotenziale – in die Umstrukturierung unserer Verteidigung und in unsere Heimatschutz-Systeme eingebunden werden. Counterproliferation muss zudem in die Doktrin, in die Ausbildung und die Ausstattung unserer Streitkräfte und die unserer Verbündeten eingebunden werden, um sicherzustellen, dass wir in jedem Konflikt mit Gegnern, die im Besitz von Massenvernichtungswaffen sind, bestehen können.

Verstärkte Bemühungen um Nichtverbreitung, um Schurkenstaaten und Terroristen davon abzuhalten, sich die für Massenvernichtungswaffen nötigen Materialien, Technologien und Expertise zu verschaffen. Wir werden Diplomatie, Rüstungskontrolle, multilaterale Exportkontrollen und die Hilfe zur Bedrohungsreduktion so verbessern, dass sie die Staaten und Terroristen, die sich Massenvernichtungswaffen verschaffen wollen, in ihrem Vorhaben behindern. Außerdem werden wir, wenn nötig, relevante Technologien und Materialien abfangen.

Um diese Bemühungen voranzubringen, werden wir auch weiterhin Koalitionen bilden und diese zu verstärkter politischer und finanzieller Unterstützung von Nichtverbreitung und Programmen zur Bedrohungsreduktion ermuntern. Die kürzlich getroffene Vereinbarung der G-8, für ein globales Bündnis gegen Proliferation 20 Mrd. US-Dollar bereitzustellen, ist ein bedeutender Schritt nach vorn.

Effektives Folgenmanagement zur Reaktion auf die Auswirkungen eines Einsatzes von Massenvernichtungswaffen, ob durch Terroristen oder feindliche Staaten. Wenn wir die Auswirkungen eines Einsatzes von Massenvernichtungswaffen gegen unser Volk so gering wie möglich halten, werden wir jene abschrecken, die solche Waffen besitzen, und diejenigen von ihrer Absicht abbringen, die sich diese Waffen beschaffen wollen – denn wir werden unsere Feinde davon überzeugen, dass sie ihre angestrebten Ziele nicht erreichen können. Die Vereinigten Staaten müssen auch darauf vorbereitet sein, auf die Auswirkungen eines Einsatzes von Massenvernichtungswaffen gegen im Ausland stationierte Truppen zu reagieren sowie Freunden und Verbündeten im Falle eines Angriffs Hilfe zu leisten.

Es hat beinahe ein Jahrzehnt gedauert, bis wir die wahre Natur dieser neuen Bedrohung verstanden hatten. Angesichts der Ziele von Schurkenstaaten und Terroristen können die Vereinigten Staaten nicht länger allein auf eine reaktive Haltung vertrauen, wie es in der Vergangenheit der Fall war. Die Unfähigkeit, einen potenziellen Angreifer abzuschrecken, die Unmittelbarkeit der heutigen Gefahren und die Größenordnung des potenziellen Schadens, der aus der Waffenwahl unserer Gegner erwachsen könnte, lassen diese Option nicht zu. Wir dürfen unsere Feinde nicht zuerst zuschlagen lassen.

Während des Kalten Krieges, insbesondere nach der Kuba-Krise, standen wir einem Gegner gegenüber, der im Allgemeinen dem Erhalt des Status quo zu- und dem Eingehen von Risiken abgeneigt war. Abschreckung war eine wirksame Verteidigungsstrategie. Es ist jedoch weit weniger wahrscheinlich, dass Abschreckung, die nur auf der Androhung von Vergeltung beruht, auch gegenüber den Führern von Schurkenstaaten wirkt, die eher bereit sind, Risiken einzugehen und dabei das Leben ihrer Bevölkerungen und den Wohlstand ihrer Nationen aufs Spiel zu setzen.

Während des Kalten Krieges wurden Massenvernichtungswaffen als Ultima Ratio betrachtet, deren Gebrauch das Risiko der Vernichtung für diejenigen einschloss, die sie einsetzten. Heute werden Massenvernichtungswaffen von unseren Feinden als ein Mittel ihrer Wahl angesehen. Für Schurkenstaaten sind sie Werkzeuge der Einschüchterung und der militärischen Aggression gegen ihre Nachbarn. Sie könnten ihnen den Versuch ermöglichen, die Vereinigten Staaten und unsere Verbündeten zu erpressen, um uns von der Abschreckung oder Abwehr des aggressiven Verhaltens von Schurkenstaaten abzuhalten. Solche Staaten sehen Massenvernichtungswaffen darüber hinaus als ihr bestes Mittel, die konventionelle Überlegenheit der Vereinigten Staaten zu überwinden.

Herkömmliche Abschreckungskonzepte greifen gegenüber einem terroristischen Feind nicht, dessen erklärte Taktiken mutwillige Zerstörung und das Zielen auf Unschuldige sind, dessen so genannte Soldaten das Märtyrertum im Tod suchen und dessen bester Schutz die Staatenlosigkeit ist. Die Überschneidung zwischen Staaten, die Terrorismus unterstützen, und jenen, die nach Massenvernichtungswaffen streben, zwingt uns zum Handeln.

Jahrhundertelang erkannte das Völkerrecht an, dass Staaten nicht erst einen Angriff erleiden müssen, bevor die Verteidigung gegen Streitkräfte, von denen eine unmittelbare Angriffsgefahr ausgeht, rechtmäßig ist. Rechtswissenschaftler und Juristen des Völkerrechts banden die Legitimität von Prävention häufig an die Existenz einer unmittelbaren Gefahr – zumeist eine sichtbare Mobilisierung von Land-, See- und Luftstreitkräften, die sich auf einen Angriff vorbereiten.

Wir müssen das Konzept der unmittelbaren Bedrohung an die Fähigkeiten und Ziele der heutigen Gegner anpassen. Schurkenstaaten und Terroristen wollen uns nicht mit konventionellen Waffen angreifen. Sie wissen, dass solche Angriffe fehlschlagen würden. Stattdessen greifen sie auf terroristische Akte und potenziell auf den Einsatz von Massenvernichtungswaffen zurück – Waffen, die leicht verborgen sowie im Geheimen und ohne Warnung ans Ziel gebracht werden können.

Die Ziele dieser Angriffe sind unsere Streitkräfte und unsere Zivilbevölkerung, was unmittelbar eine der grundlegenden Normen des Kriegsvölkerrechts verletzt. Wie die Verluste am 11. September gezeigt haben, sind massenhafte zivile Opfer das erklärte Ziel von Terroristen, und die Verluste wären um ein Vielfaches höher, wenn Terroristen Massenvernichtungswaffen erwerben und einsetzen würden.

Die Vereinigten Staaten haben sich seit langem die Option präventiver Handlungen offen gehalten, um einer hinreichend großen Bedrohung der nationalen Sicherheit begegnen zu können. Je größer die Bedrohung, desto größer das Risiko, das aus Tatenlosigkeit erwächst – und desto zwingender das Argument für antizipierende Aktionen zur Selbstverteidigung, selbst wenn Unsicherheit darüber besteht, wann und wo der Feind angreifen wird.

Die Vereinigten Staaten werden nicht in allen Fällen Gewalt anwenden, um aufkommenden Bedrohungen zuvorzukommen, und Staaten sollten Prävention auch nicht als Vorwand für Aggression benutzen. In einer Zeit aber, in der die Feinde der Zivilisation offen und aktiv nach den zerstörerischsten Technologien streben, können die Vereinigten Staaten nicht untätig bleiben, wenn die Gefahren zunehmen.

Wir werden immer überlegt vorgehen und dabei die Konsequenzen unserer Handlungen abwägen. Um präventive Optionen zu unterstützen, werden wir

- bessere, stärker integrierte Geheimdienst-Fähigkeiten aufbauen, die rechtzeitig akkurate Informationen über Bedrohungen, wo immer sie auftauchen mögen, liefern;
- uns eng mit Verbündeten koordinieren, um so zu einer gemeinsamen Bewertung der gefährlichsten Bedrohungen zu gelangen;
- die Umstrukturierung unserer Streitkräfte fortsetzen, um sicherzustellen, dass wir schnelle und präzise Operationen durchführen können, um maßgebliche Ergebnisse zu erzielen.

Der Zweck unserer Handlungen wird es immer sein, eine spezifische Bedrohung für die Vereinigten Staaten oder unsere Verbündeten und Freunde zu eliminieren. Die Gründe für unsere Handlungen werden eindeutig sein, die Gewalt maßvoll und die Sache gerecht. (…)

Wir werden im kommenden Jahr und in der darauf folgenden Zeit schwere Entscheidungen treffen, um das richtige Maß und die richtige Verteilung der Regierungsausgaben für nationale Sicherheit zu gewährleisten. Die Regierung der Vereinigten Staaten muss ihre Verteidigung stärken, um diesen Krieg zu gewinnen.

Die oberste Priorität zu Hause muss sein, die Heimat für das amerikanische Volk zu schützen.

Die Grenze zwischen innen- und außenpolitischen Fragen verwischt zusehends. In einer globalisierten Welt haben Ereignisse jenseits von Amerikas Grenzen größere Auswirkungen in ihrem Innern. Unsere Gesellschaft muss für Menschen, Ideen und Güter aus der ganzen Welt offen sein. Die Dinge, die wir am meisten schätzen – unsere Freiheit, unsere Städte, unsere Transportsysteme und das moderne Leben –, sind durch Terrorismus verwundbar. Diese Verwundbarkeit wird noch lange bestehen bleiben, nachdem wir die der Gerechtigkeit zugeführt haben, die für die Anschläge vom 11. September verantwortlich sind. Mit der Zeit könnten Einzelne Zugang zu Mitteln der Zerstörung erhalten, über die bisher nur Armeen, Flotten und Fliegerstaffeln verfügen konnten. Dies sind neue Lebensbedingungen. Wir werden uns ihnen anpassen und weiter gedeihen – ihnen zum Trotz.

Bei der Wahrnehmung unserer Führungsrolle werden wir die Werte, Urteile und Interessen unserer Freunde und Partner respektieren. Wir werden jedoch bereit sein, allein zu handeln, wenn unsere Interessen und besondere Verantwortung dies erfordern. Bei Uneinigkeiten über Einzelheiten werden wir die Gründe für unsere Anliegen deutlich erklären und uns bemühen, brauchbare Alternativen zu entwickeln. Wir werden es nicht zulassen, dass solche Uneinigkeiten unsere Entschlossenheit verschleiern, gemeinsam mit unseren Verbündeten und Freunden unsere geteilten fundamentalen Interessen und Werte zu sichern.

Letztendlich liegt die Grundlage für die amerikanische Stärke im eigenen Land. Sie liegt in den Fähigkeiten unseres Volkes, der Dynamik unserer Ökonomie und der Stabilität unserer Institutionen. Einer vielseitigen, modernen Gesellschaft wohnt eine eigene ehrgeizige, unternehmerische Energie inne. Unsere Stärke kommt aus dem, was wir mit dieser Energie tun. Hier beginnt unsere nationale Sicherheit.

Anhang 2

Die Energieversorgung der Großmächte in den kommenden 25 Jahren: mögliche Auswirkungen auf die Geopolitik

Von Walter Haffner

Walter Haffner, seit Anfang 2005 stellvertretender Botschafter der Schweiz in Berlin, war zuvor als stellvertretender Leiter des »Zentrums für Analyse und prospektive Studien« im Schweizer Außenministerium mit Fragen der internationalen Energiepolitik befasst. Die nachfolgende Analyse berücksichtigt alle relevanten Daten und Entwicklungen bis Mitte Februar 2005.

Zusammenfassung

Wie wird sich die Energieversorgung der Großmächte im ersten Viertel des 21. Jahrhunderts entwickeln und welche Perspektiven ergeben sich daraus für die Geopolitik? [1]

Das weltweite Bevölkerungs- und Wirtschaftswachstum wird den globalen Energiebedarf bis 2015 um rund 30 Prozent und bis 2025 um rund 50 Prozent des heutigen Verbrauchs erhöhen. Der rapide zunehmende Energiebedarf Chinas und Indiens hat zur Folge, dass Asien gegen 50 Prozent des für die nächsten 20 Jahre prognostizierten Energiezuwachses in Anspruch nehmen wird.

Vorab aus wirtschaftlichen Überlegungen wird die weltweite Zunahme des Energiekonsums hauptsächlich durch fossile Brennstoffe gedeckt werden. Die dafür notwendigen Reserven an Erdöl, Erdgas und Kohle scheinen mengenmäßig gemäß Prognosen der Internationalen Energieagentur (IEA) bis ins Jahr 2030 gesichert. Risiken in Bezug auf eine ununterbrochene Energieversorgung sieht die IEA lediglich bezüglich Förder- und Transportkapazitäten, Preisentwick-

---

[1] Der Autor dankt Jean-Christophe Füeg vom Bundesamt für Energie herzlich für seine wichtigen Korrekturen und hilfreichen Anmerkungen zu diesem Bericht.

lung sowie bezüglich politischer Stabilität der Förder- und Transitregionen. Die IEA geht davon aus, dass die OPEC-Staaten des Mittleren Ostens bis 2030 über 50 Mio. Barrel Erdöl pro Tag liefern werden.

Bei genauerem Hinschauen zeigt sich, dass mit »Mittlerer Osten« in Zukunft eigentlich nur zwei Länder gemeint sein können: Saudi-Arabien und Irak. Wenn kritische Experten Recht bekommen und diese zwei Staaten bis 2030 die Verdoppelung ihrer Produktion auf je 15 bis 20 Mio. Barrel pro Tag nicht schaffen, fällt das zuversichtliche Szenario der IEA für die Deckung des steigenden Energiekonsums aus fossilen Brennstoffen wie ein Kartenhaus zusammen.

Vor allem die rasant wachsenden Volkswirtschaften Chinas und Indiens würde eine solche Entwicklung vor massive Probleme stellen oder ihr Wachstum sogar zum Stillstand bringen. Auch die anderen Großkonsumenten (USA, Japan, EU) und die weltweite Energieversorgung – insbesondere auch in den finanzschwachen Entwicklungs- und Schwellenländern – würden unter diesen Vorzeichen in eine gravierende Krise schlittern.

Aber auch wenn sich das optimistische Produktionsszenario der IEA als realistisch erweisen sollte, wird das Streben nach Energieversorgungssicherheit die geopolitische Landschaft der kommenden 25 Jahre verändern. Die rasch wachsende Importabhängigkeit der asiatischen Großmächte von der Erdölproduktion des Mittleren Ostens dürfte angesichts des daraus resultierenden langfristigen Interesses an stabilen Verhältnissen früher oder später eine aktivere Rolle dieser Mächte in dieser Krisenregion nach sich ziehen. Europa kann bezüglich Energieversorgung seit 1945 als »Trittbrettfahrer« der US-Mittelostpolitik betrachtet werden und sollte die sich abzeichnende teilweise »Abkehr« der USA von Saudi-Arabien sowie das bevorstehende stärkere Engagement Chinas in der Region Mittlerer Osten aufmerksam verfolgen.

Meinungsverschiedenheiten bis hin zu Konfrontationen zwischen den asiatischen Großmächten – bzw. zwischen ihnen und den USA – wegen Energieressourcen sind in Zukunft nicht auszuschließen. Vor allem dann nicht, wenn es früher als von der IEA erwartet zu Versorgungsengpässen kommt. Die immer stärker ausgeprägte Symbiose im Energiebereich zwischen der EU und der Russischen Föderation dürfte das Interesse der EU an einer stabilen wirtschaftlichen und politischen Entwicklung Russlands und den Einbezug des großen

Nachbarn in die europäische Sicherheitsarchitektur in den kommenden Jahrzehnten zu einem Kernanliegen der europäischen Außen- und Sicherheitspolitik machen.

Dem Iran als einem der größten Erdölproduzenten und dem Land mit den (nach Russland) weltweit zweitgrößten Gasreserven wird in den kommenden Jahrzehnten eine Schlüsselrolle auf dem strategischen Energiesektor zukommen. Unter Berücksichtigung der zweifelhaften Aussichten bezüglich der künftigen Förderkapazitäten Saudi-Arabiens und des Irak stellt sich die Frage, wie lange es sich der Westen – insbesondere die USA – noch leisten können, dieses für die weltweite Energieversorgung so wichtige Land zu isolieren.

Einleitung

Die nachfolgenden Perspektiven stützen sich hauptsächlich auf das Referenzszenario der Internationalen Energieagentur (IEA). Bei solchen Szenarien handelt es sich vereinfacht gesagt um die Extrapolation heutiger Trends, ohne signifikante politische, wirtschaftliche oder technologische Veränderungen oder Wendepunkte einzubeziehen. Die IEA leitet aus ihrem Referenzszenario etliche Aussagen ab, u.a. dass die CO_2-Konzentration und die Mittelost-Abhängigkeit beim Erdöl wahrhaftig Besorgnis erregende Ausmaße annehmen werden. Welche Konsequenzen die Politik daraus ziehen kann oder sollte, wird nur fallweise besprochen (z.B. Alternativszenario zur effektiven Umsetzung klimapolitischer Maßnahmen). Bei vielen dem Referenzszenario zugrunde liegenden Annahmen sind schon heute Anzeichen einer gewissen Kursänderung zu beobachten (z.B. Hoch-Ölpreis-Szenario, Meinungsumschwung zugunsten Kernkraft in Europa und USA, langsameres Erdgas-Wachstum und Kohle-Comeback), doch ist es noch zu früh, diese Anzeichen zu modellisieren.

Der weltweite Energiekonsum wird in den kommenden Jahrzehnten vor allem durch den wirtschaftlichen Aufschwung von Schwellen- und Entwicklungsländern stark anwachsen.[2] Das weltweite

[2] Die traditionellen Industrien sowie der Transportsektor werden zwar zunehmend effizienter in ihrem Energieverbrauch, und der am stärksten wachsende Sektor der Weltwirtschaft, der Dienstleistungsbereich, ist weniger energieintensiv als die wirtschaftlichen Aktivitäten, die er ersetzt. Effizienzgewinne und Verlagerungsprozesse in weniger energieintensive Wirtschaftssektoren werden das Wachstum der Energienachfrage aber nur leicht abflachen.

Bevölkerungs- und Wirtschaftswachstum wird den globalen Energiebedarf bis 2015 um rund 30 Prozent und bis 2025 um rund 50 Prozent des heutigen Verbrauchs erhöhen. Der weitaus größte Teil der zusätzlichen Energie wird vorab aus Kostengründen aus Kohlenwasserstoffen stammen.

Die dafür notwendigen weltweiten Reserven an Erdöl, Erdgas und Kohle scheinen mengenmäßig gemäß Prognosen der IEA bis ins Jahr 2030 gesichert. Risiken in Bezug auf eine ununterbrochene Energieversorgung bestehen jedoch bezüglich Förder- und Transportkapazitäten (wenn nicht rechtzeitig die notwendigen Investitionen getätigt werden)[3], Preisentwicklung sowie bezüglich politischer Stabilität der Förder- und Transitregionen und -staaten. Auch die Unterbrechung von Pipelines und Schifffahrtsrouten durch gewalttätige Konflikte oder terroristische Anschläge ist eine ständige Bedrohung der Energieversorgungssicherheit.

Der Wettstreit um die begrenzt vorhandenen fossilen Ressourcen wird so oder so in den kommenden Jahrzehnten ein treibender Faktor der Geopolitik sein, dem immer größere Bedeutung zukommen wird.[4]

Das vorliegende Papier befasst sich mit der Frage, wie die Energieversorgung der Großmächte im ersten Viertel des 21. Jahrhunderts aufgrund ihrer spezifischen Ausgangslage und Perspektiven aussehen könnte und was sich daraus eventuell für Schlüsse auf die Entwicklung der Geopolitik ziehen lassen. Der Fokus liegt dabei klar auf der Versorgung mit fossilen Energieträgern und den damit verbundenen Abhängigkeiten und gegenseitigen Beeinflussungen von Produzenten- und Konsumentenstaaten bzw. -regionen. Andere für die

---

[3] Die Finanzierung der notwendigen Investitionen ist eine große Herausforderung für die Weltwirtschaft. Die IEA geht davon aus, dass bis 2030 jedes Jahr über 500 Mrd. US-Dollar und insgesamt 16.000 Mrd. US-Dollar aufgewendet werden müssen, um die notwendigen Investitionen zu tätigen. Das globale Finanzsystem sei zwar grundsätzlich in der Lage, diese Aufgabe zu lösen, doch es werde dazu nur bereit sein, wenn die äußeren Bedingungen (politische Rahmenbedingungen in den Investitionsländern) stimmen.

[4] Als Beispiel sei hier stellvertretend für viele andere der Bericht »Global Trends 2020« des National Intelligence Council (NIC) genannt, der gegenüber seinen 1997 und 2000 verfassten Vorgängerstudien (»Global Trends« 2010 und 2015) der Energieversorgung einen weit größeren Stellenwert als »Driver« für die geopolitische Entwicklung beimisst.

Energieversorgung ebenfalls sehr wichtige Faktoren, wie etwa Fragen der Energieeffizienz, der technologischen Entwicklung, der Energiebesteuerung, des elementaren Zielkonfliktes zwischen Energie- und Umweltpolitik oder der möglichen Auswirkungen internationaler Vereinbarungen (z. B. Kyoto-Protokoll) werden nicht oder nur am Rande behandelt. Die Studie beschränkt sich außerdem auf das Handeln staatlicher Akteure – im Wissen, dass gerade im Energiesektor nichtstaatliche Akteure (multinationale Erdöl- und Erdgaskonzerne) oder internationale Organisationen (wie etwa die OPEC im Erdölsektor) eine zentrale Rolle spielen. Ebenfalls nicht oder nur am Rande in die Studie einbezogen werden Auswirkungen geopolitischer Verwerfungen – wie etwa der Konflikt zwischen Israel und Palästinensern oder das Patt zwischen den USA und Iran –, obwohl sie die Energieversorgung und die Energiepolitik der Großmächte stark beeinflussen.

Das Konfliktpotenzial im Energiesektor besteht hauptsächlich aus Verteilungskonflikten, wenn auch andere Konfliktarten – wie etwa die Akzeptanzprobleme bei der friedlichen Nutzung der Nuklearenergie oder die Vereinbarkeit von Energiepolitik und Umweltpolitik – von großer Bedeutung sein können. Der Verteilungskonflikt um die nicht erneuerbaren Energien ist seit der Industrialisierung eine konstante Ursache internationaler Spannungen und Konflikte. Noch im 19. und 20. Jahrhundert waren die Auseinandersetzungen um die Kohle zwischen Deutschland und Frankreich virulent. Die uns heute banal erscheinende Verbindung geopolitischer Strategien mit dem Erdöl als Hauptenergiequelle ist hingegen eine relativ neue Erscheinung.

Vor dem Zweiten Weltkrieg stand die Kohle in den industrialisierten Staaten – mit Ausnahme der USA, die schon in der Zwischenkriegszeit auf Erdöl umgestellt hatte – als Hauptenergielieferant im Vordergrund. Erst die strategische Entscheidung der Alliierten, den Wiederaufbau Europas mit Erdöl anstatt Kohle voranzutreiben, machte das Erdöl zum politischen Faktor, indem die Erschließung und politisch-militärische Sicherung neuer Ölquellen notwendig wurde.[5] Der Mittlere Osten mit seinen weltweit größten Erdölvor-

[5] Als Illustration dafür sei daran erinnert, dass vor dem Zweiten Weltkrieg die USA 90 Prozent des europäischen Ölbedarfs abdeckten, bereits 1948 aber zum ersten Mal in ihrer Geschichte ein Netto-Erdölimporteur wurden. Leonardo Maugeri: »Not in Oil's Name«, in: Foreign Affairs 4/2003, Vol. 82

kommen rückte mit einem Schlag in den Fokus der Industrienationen und somit ins grelle Rampenlicht der Weltpolitik. Die Ölkrisen der siebziger Jahre haben die Abhängigkeit der industrialisierten Welt mit ihrem stetig steigenden Energiebedarf von dieser Weltregion aufgezeigt. Im letzten Viertel des 20. und zu Beginn des 21. Jahrhunderts hat die lange Zeit hauptsächlich aus nationaler Optik geführte Energiepolitik im Rahmen der Globalisierung durch die miteinander verknüpften Themen der Umweltverschmutzung (Klimaerwärmung) und des Grabens zwischen Arm und Reich (Armutsbekämpfung) globale Dimensionen erhalten, welche die weltweite Energieversorgung zu einem der wichtigsten Leitmotive der Außenpolitik machen.

1. Entwicklungsperspektiven der wichtigsten Energieträger

Aufgeteilt auf die einzelnen konventionellen Energieträger wird der heutige Gesamt-Energieverbrauch zu 36 Prozent aus Erdöl, zu 23 Prozent aus Kohle, zu 21 Prozent aus Erdgas, zu 11 Prozent aus Biomasse/Abfällen, zu etwas über 6 Prozent aus Kernkraft und zu rund 2 Prozent aus Wasserkraft abgedeckt. Alternative erneuerbare Energien (Windenergie, Solarenergie, Erdwärme etc.) decken hingegen erst etwa 1 Prozent des weltweiten Energiebedarfs ab.

Rund 80 Prozent der kommerziell produzierten Energie stammt somit aus den Kohlenwasserstoffen Erdöl, Kohle und Erdgas. Aufgeteilt auf diese drei wichtigsten Energieträger sind bis 2030 folgende Entwicklungen absehbar:

Erdöl wird bei einer jährlichen Bedarfszunahme von 1,6 Prozent (bei einem Niedrigpreisszenario; niedrigeres Wachstum beim Hochpreisszenario) der wichtigste Energieträger bleiben. Der größte Teil der steigenden Nachfrage (rund 60 Prozent) wird aus den Asien (+17,5 Mio. Barrel/Tag) und USA (+6,9 Mio. Barrel/Tag) stammen und der größte Teil der zusätzlichen Produktion aus der OPEC – und innerhalb der OPEC aus dem Mittleren Osten.

Erdgas wird über die kommenden drei Jahrzehnte die größten Zuwachsraten aufweisen und die Kohle als zweitwichtigsten Energielieferanten ablösen. Der Großteil des zusätzlichen Gasbedarfs wird (in dieser Reihenfolge) aus der GUS, Mittelost, Asien, Afrika und Lateinamerika stammen und der größte Teil des zusätzlich produzierten Erdgases aus der GUS und dem Mittleren Osten (2030 GUS rund ein Viertel, Mittelost rund ein Fünftel der weltweiten Gasproduktion), der Rest mehr oder weniger gleichmäßig verteilt aus Asien, Afrika und Lateinamerika und Europa (Nordamerika wird immer noch zweitgrößter Produzent sein).

Kohle wird mit jährlichen Zuwachsraten von 1,5 Prozent im Jahre 2025 immer noch rund ein Viertel des weltweiten Energiekonsums ausmachen. Weitaus am stärksten wird der Kohlekonsum in Asien anwachsen, wobei 70 Prozent des asiatischen Mehrkonsums auf China und Indien entfallen werden. Der größte Zuwachs in der Kohleproduktion wird in Asien erfolgen, wo 2030 mehr als die Hälfte der weltweiten Kohleproduktion erfolgen wird.

In den meisten Energieszenarien wird davon ausgegangen, dass der Anteil der Nuklearenergie an der Gesamtenergieproduktion (heute über 6 Prozent) mittel- und langfristig rückläufig ist und im Jahr 2030 schätzungsweise nur noch bei rund 4 Prozent liegen dürfte. Diese Einschätzung geht von der Überlegung aus, dass die erste Generation der Atomkraftwerke sich dem Ende ihrer natürlichen Betriebsphase nähert und neue Kernkraftwerke vorab in Europa wegen mangelnder politischer Akzeptanz und Kostenrisiko (sehr hohe Initialkosten) kaum noch geplant werden. Es gibt jedoch Anzeichen dafür, dass in Europa und den USA ein Meinungsumschwung zugunsten der Nuklearenergie durchaus denkbar ist. Die IEA geht davon aus, dass bis 2030 weltweit am meisten neue Kernreaktoren in Europa gebaut werden, doch wird dies kaum zur Kenntnis genommen, weil diese bestehende, alternde Reaktoren ersetzen werden und nicht wie anderswo Netto-Zusatzkapazität erbringen. In den Entwicklungs- und Schwellenländern und in Russland ist die Netto-Produktion von Nuklearenergie noch immer im Steigen begriffen – vor allem in den asiatischen Entwicklungsregionen, die 96 Prozent des Zuwachses der Nuklearenergie in den Entwicklungsländern produzieren werden (zuvorderst stehen China und Indien).

Fazit

Trotz aller Bemühungen um die Förderung von erneuerbaren Energien wird der enorme Zuwachs am Weltenergiekonsum in den kommenden 25 Jahren – vorab aus wirtschaftlichen Überlegungen – vor allem durch fossile Brennstoffe gedeckt werden müssen. Das Erdöl wird dabei seinen Spitzenplatz behaupten, und das Erdgas wird die

Kohle schon 2010 als zweitwichtigster Energieträger abgelöst haben, obwohl diese ihre große Bedeutung – vorab für die Stromproduktion in den Entwicklungsländern – behaupten wird. Trotz großer Entwicklungsprojekte z. B. in Zentralasien (Kaspisches Meer), in Trinidad und in Indonesien wird somit der weitaus größte Anteil am Welthandel mit Erdöl und Erdgas (gemäß IEA-Schätzungen über 80 Prozent des Welthandels im Jahre 2015) auch in Zukunft aus lediglich drei Regionen stammen: aus dem Mittleren Osten, aus Russland und aus Afrika.

2. Unterschiedliche Ausgangslagen und Strategien der Großverbraucher

Vorbemerkung: Die vorliegende Analyse beschränkt sich auf die Energieversorgung der größten Energieverbraucher, die gleichzeitig den Status regionaler Großmächte haben oder beanspruchen. Dabei würde natürlich auch Russland als weltweit drittgrößtem Energieverbraucher ein eigenes Kapitel zukommen. Russland, das über die weltweit größten Gasreserven und die siebtgrößten Erdölreserven verfügt, ist aber gleichzeitig der weltweit größte Gasproduzent und der zweitgrößte – zeitweise sogar größte – Ölproduzent und somit ein Sonderfall unter den Großverbrauchern, indem es auf dem Energiemarkt praktisch nur als Anbieter auftritt. In dieser Rolle wird es im vorliegenden Papier auch behandelt.

2.1 USA

Energieversorgungssicherheit war stets ein fundamentaler Faktor für die Wohlfahrt und Sicherheit des amerikanischen Staates. Mit Beginn der industriellen Erdölförderung Mitte des 19. Jahrhunderts stand zuerst der Verteilungskonflikt auf nationaler Ebene im Vordergrund, den der Bundesstaat gegenüber den erdölreichen Gliedstaaten und den Ölgesellschaften relativ rasch zu seinen Gunsten entschied. Vor dem Zweiten Weltkrieg deckten die USA 90 Prozent des – damals im Vergleich zum Kohlebedarf natürlich noch relativ geringen – europäischen Ölbedarfs ab. Bereits 1948 waren die USA aber zum ersten Mal in ihrer Geschichte ein Netto-Erdölimporteur, und von diesem Moment an war die Energieversorgungssicherheit stets ein bestimmender Faktor der US-Außenpolitik. Auf dem Hintergrund der Tatsache, dass die unangefochtene militärische und wirtschaftliche Weltmacht USA heute als weltweit größter Netto-Erdölimporteur mehr als ein Viertel der weltweit geförderten Erdölmenge konsumiert[6] – und auch die Autarkie in der Erdgasversorgung zu Ende geht –, hat diese lapidare Feststellung weitreichende Folgen für die internationale Politik.

In den USA fehlt bis jetzt der politische Wille zu einer langfristigen, nachhaltigen Energiepolitik, die auch der Energienachfrage (Energieeffizienz und -einsparungen) und den erneuerbaren Energien Priorität gibt. Der Importanteil des amerikanischen Erdölkonsums liegt heute bei 55 Prozent. Bis 2020 dürfte der Importanteil auf 65 Prozent anwachsen. Weil bis zu diesem Zeitpunkt auch der absolute Gesamtverbrauch wesentlich wachsen wird, dürften die USA schon 2020 rund 60 Prozent mehr Erdöl als heute importieren müssen. Entsprechend sind die amerikanischen Bemühungen im Energiesektor schwerpunktmäßig auf die Erhaltung der Energie-Versorgungssicherheit durch die wirtschaftliche und militärische Sicherung genügender und bezüglich Herkunftsregionen möglichst diversifizierter Rohstoffzufuhren ausgerichtet.

Die von US-Analysten geforderte vernetzte Langzeitstrategie, welche die mittel- und langfristige Sicherung der nationalen Energieversorgung mit der globalen Umweltproblematik und der weltweiten Armutsbekämpfung verknüpft und den USA – im ureigenen nationalen Interesse – die Wahrnehmung ihrer Führungsrolle auf diesen zentralen Gebieten nahe legt (Kyoto-Protokoll, Doha-Prozess), ist noch nirgends in Sicht. Das wegweisende Dokument, das die Sicherung des wachsenden Energiebedarfs der USA über die nächsten 25 Jahre zum Inhalt hat, ist der im Mai 2001 vorgelegte Bericht der National Energy Policy Group (nach seinem Hauptverfasser »Cheney-Report« genannt).

Die USA haben seit den Ölkrisen konsequent darauf hingewirkt, ihre Mittelost-Importe auf andere Quellen zu diversifizieren, und es ist ihnen, zumindest was die Anteile betrifft, gelungen. Der Cheney Report fordert für die USA »so viel Öl aus Nicht-Mittelost wie nur möglich, so wenig Öl aus Mittelost wie notwendig«. Dies soll durch

6 Rund 20 Mio. Barrel Erdöl pro Tag von knapp 80 Mio. Barrel, die täglich gefördert werden

vermehrte Direktinvestitionen in die Förderkapazitäten der befreundeten Länder und andererseits durch weitere Diversifizierung der Erdölimporte erreicht werden. Kolumbien, Mexiko und Venezuela werden weiterhin wichtige Lieferanten für die USA bleiben.

Die amerikanischen Diversifizierungsbemühungen zielen vor allem in Richtung Kaspisches Meer (insbesondere Aserbaidschan und Kasachstan), Afrika (insbesondere Angola und neu auch Offshore-Vorkommen im Golf von Guinea). Neue Quellen in Westafrika sind vor allem Tiefsee-Erdöl in bestehenden Produzenten-Ländern sowie neuen Ländern (Equatorial-Guinea, Sao Tomé, Elfenbeinküste, künftig Mauretanien) und »inländisches« Öl (Tschad). Wichtig sind auch Bemühungen um neue Förderung in Nordamerika (kanadische Arktis, Alaska, US-Naturreservate inkl. Westküste Floridas).

Beim Erdgas könnte Russland mit dem geplanten Flüssiggas-Terminal in Murmansk ein Gaslieferant für die USA werden, genauso wie bald Norwegen mit dem Snovhit-Projekt in der Nähe des Nordkaps. Für Flüssiggas bieten sich Nigeria und künftig Angola an.

Ein neue Dreifaltigkeit der US-Außenpolitik?

Seit dem 11. September 2001 sind die USA so demonstrativ mit dem weltweit geführten Krieg gegen den Terrorismus beschäftigt, dass zwei konstante Prioritäten der US-Außenpolitik etwas in den Hintergrund getreten sind. Die Regierung Bush hat seit ihrem Einzug ins Weiße Haus die Modernisierung und Erweiterung des militärischen Potenzials der USA und die langfristige Sicherung der Zufuhr von genügend Rohöl mit konstanter Intensität und Beharrlichkeit verfolgt. Beide Ziele waren ursprünglich voneinander unabhängig, sie sind aber inzwischen miteinander und mit dem Kampf gegen den Terrorismus eng verflochten und können durchaus als einheitliches strategisches Konzept der US-Außenpolitik bezeichnet werden[7], dessen Umsetzung sich an der US-Außen- und Sicherheitspolitik der letzten Jahre ablesen lässt.

Im Bewusstsein, dass die aktuelle Verteilung der US-Streitkräfte mit Schwerpunkten in Westeuropa und Nordostasien zum großen Teil noch auf den strategischen Vorgaben des Kalten Krieges beruht,

[7] Michael T. Klare, »Zeitalter der US-Hegemonie«, in: Le Monde diplomatique, 15.11.2002

ist die Bush-Administration dabei, die Redislozierung der US-Streitkräfte zu überprüfen. Die grundsätzliche Ausrichtung der sich dabei abzeichnenden Strategie ist bereits klar erkennbar: Westeuropa hat gegenüber dem Schwarzen Meer, dem Kaukasus, dem Kaspischen Meer, Zentralasien und Afrika klar an Bedeutung verloren. Diese Neuausrichtung spiegelt zunächst einmal die veränderte Sicherheitslage nach der NATO-Osterweiterung. Hinter dem gestiegenen Interesse am Kaukasus, an Zentralasien und an Afrika steht aber neben dem Kampf gegen den islamischen Terrorismus eindeutig auch das Bestreben der USA nach einer militärisch abgesicherten größeren Diversifizierung ihrer Energieversorgung. Die Redislozierung der US-Truppen dürfte frühestens Ende 2006 beginnen.

2.2 China

China deckt heute noch fast 60 Prozent seines Energiebedarfs durch einheimische Kohle ab, ist jedoch dabei, seine relative Abhängigkeit von Kohle vor allem aus Umweltgründen zu reduzieren. Kohle wird vornehmlich für Verstromung eingesetzt. Als Alternativen werden Erdgas, Kern- und Wasserkraft sowie erneuerbare Energien gefördert, wobei diese den Anteil von Kohle nur leicht mindern, Kohle aber keinesfalls ersetzen werden.

Nachdem China erst 1993 zum Netto-Ölimporteur wurde, überholte es 2003 Japan bereits als weltweit zweitgrößter Importeur. Seine Erdölimporte werden bis 2030 um ca. 400 Prozent (von rund 2,5 auf 10 Mio. Barrel pro Tag) ansteigen. Erdgasimporte sollen 2005 beginnen und 2030 ca. 40 Mrd. Kubikmeter erreichen (bei einer Gesamtnachfrage von etwa 157 Mrd. Kubikmeter). Schon ums Jahr 2020 dürfte China das Dreifache seiner eigenen Erdölproduktion importieren und 2030 insgesamt so viel Erdöl importieren wie die USA heute. Der weitaus größte Teil der Erdöl- und Erdgasimporte (gegen 90 Prozent für Erdöl, weniger für Erdgas) dürfte aus der Golfregion stammen.

Die Kohle wird weiterhin eine bedeutende Rolle für die Energieversorgung Chinas spielen – mit den damit einhergehenden Umweltproblemen. Sogar bei der Kohle (China ist weltweit der größte Kohleproduzent) könnte China bei gewissen Qualitäten mittelfristig zum Nettoimporteur werden. Längerfristig rechnet man jedoch kaum mit massiven Einfuhren.

Chinas doppelte Energiepolitik zielt einerseits auf eine geographische Diversifizierung seiner Importe (Russland/Zentralasien, Mittelost [vor allem Iran], Afrika [Sudan, Nordafrika, Venezuela und andere]) und andererseits auf eine konsequente Förderung seiner maritimen und Handelsinteressen. Bisher ist es China jedoch nicht nachhaltig gelungen, die geopolitisch nahe liegende Erschließung der enormen Erdöl- und Gasreserven Russlands und Zentralasiens für seine Importe zu realisieren. Momentan scheint für China deshalb der Weg in eine starke Abhängigkeit von den Importen aus der Golfregion vorgezeichnet.

2.3 Indien

Indien ist hinter den USA, China und Russland bereits heute der viertgrößte Energiekonsument. Der indische Energiekonsum hat sich seit 1970 verdreifacht, und man geht davon aus, dass er sich in den kommenden 30 Jahren noch einmal verdoppeln wird. Der steigende Energiekonsum bei den kommerziellen Energien wird z. T. auch durch die fortschreitende Ersetzung von nicht-kommerzieller Biomasse und Abfall (heute noch rund 35 Prozent des Energieverbrauchs, ebenso viel wie Kohle!) durch kommerzielle Energieträger bedingt. Indiens Energieversorgung wird dabei – wie diejenige Chinas – stark vom einheimischen Energieträger Kohle geprägt bleiben, wo Indien mit den weltweit drittgrößten Reserven und als drittgrößtes Förderland über gute Voraussetzungen verfügt.

Interessant ist derzeit eine (kommerziell beeinflusste?) Debatte in Indien, wonach impliziert wird, dass Reserven indischer Kohle von »guter« (d.h. rentabler) Qualität in den nächsten Jahrzehnten an Grenzen stoßen werden. Man vermutet, dass das Argument von indischen Kohleproduzenten »eingeflüstert« wird, um längst überfällige Sektorreformen in Angriff zu nehmen. Viele indische Konzerne könnten nämlich kostengünstiger in Australien produzierte Kohle einführen, als ruinöse einheimische Zechen weiterzubetreiben. Das zeigt, dass sogar in einem stark nationalistisch denkenden Land wie Indien kommerzielles Denken versorgungsstrategische Barrieren einreißen kann. Eine große Herausforderung für Indien (ebenso wie für China) wird somit die Einführung möglichst umweltfreundlicher Technologie (Clean Coal Technology) sein. Da diese Technologie relativ teuer ist, dürften sich zunächst Investitionen in elementarere Technologien wie Kohlewaschen aufdrängen, um die Verbrennungseffizienz zu verbessern und die Schadstoffemissionen zu verringern.

Neben dem weiterhin hohen Kohlekonsum wird vor allem der enorme Mehrbedarf an Erdöl und Erdgas die indische Energiepolitik prägen. Die Erdölimporte Indiens dürften sich bis 2030 verdreifachen und die heute bei knapp unter 70 Prozent liegende Importabhängigkeit auf knapp über 90 Prozent erhöhen. Auch auf dem Erdgassektor wird Indiens Importabhängigkeit stark zunehmen. Da sich mögliche Pipeline-Verbindungen (von Turkmenistan oder dem Iran) aus geographischen Gründen nicht realisieren lassen, solange der Konflikt mit Pakistan (resp. Stabilisierung Afghanistans) nicht dauerhaft gelöst ist, scheint Indien momentan auf Flüssiggasimporte zu setzen (sowie Erdgas aus Bangladesh und Myanmar), was jedoch mit großen Investitionskosten verbunden ist. Indien versucht zudem, seine Energieversorgungssicherheit durch Diversifizierung zu verbessern, indem die Nuklearkapazitäten weiter ausgebaut und die erneuerbaren Energien noch stärker gefördert werden.

All diese Anstrengungen werden aber nichts daran ändern, dass Indien aufgrund seines stark wachsenden Energiekonsums in den kommenden Jahrzehnten in eine gegenüber heute ungleich größere Importabhängigkeit – vor allem gegenüber dem Mittleren Osten – geraten wird.

2.4 Japan

Die zweitgrößte Wirtschaftsmacht der Welt ist bezüglich Energieversorgung ein Sonderfall unter den Großkonsumenten. Praktisch ohne eigene Energiereserven ist der wirtschaftliche Gigant im Energiesektor zu 80 Prozent von Importen abhängig. Der weitaus größte Teil der japanischen Erdölimporte stammt aus dem Persischen Golf, der Großteil der Erdgasimporte aus Südostasien (über die Hälfte aus Indonesien und Malaysia), und der momentan wichtigste Kohlelieferant ist Australien (60 Prozent). Japan hat angesichts seiner extremen Importabhängigkeit stets große und erfolgreiche Investitionen bezüglich Energieeffizienz getätigt. Um die Energieversorgungssicherheit zu steigern, wird der weitere Ausbau der Nuklearenergie um 30 Prozent bis 2010 angestrebt (was den Anteil von Nuklearenergie am Strommix von heute 30 Prozent um einige Punkte steigern wird).

Eines der Hauptziele der japanischen Energiepolitik ist die Verminderung der Abhängigkeit vom Mittleren Osten. Nachdem das japanische Wirtschaftsministerium lange Jahre mit zweifelhaftem Erfolg ein schwerfälliges Konsortium japanischer Erdölfirmen subventionierte, scheint den Bemühungen zur Diversifizierung der Erdölbezüge in jüngster Zeit durch effizientere Geschäftstätigkeit mehr Erfolg beschieden zu sein. Japanische Erdölfirmen verfügen überall auf der Welt über Konzessionen. Der Anteil des Erdgases am Gesamtverbrauch soll erhöht werden, wobei auch hier die Bezüge weiter diversifiziert werden sollen (Gaslieferungen aus Australien seit diesem Jahr, Flüssiggasprojekt von der russischen Insel Sachalin bis 2007).

Von großer Bedeutung dürfte mittelfristig das auf guten Wegen befindliche Projekt einer durch japanische Kredite finanzierten Pipeline von ostsibirischen Öl- und Gasfeldern zum russischen Pazifikhafen Nakhodka sein, das ab 2010 u. a. Japan mit ostsibirischem Erdöl und Erdgas versorgen könnte. Japan dürfte gegenüber der chinesischen Alternative wohl auch deshalb den Vorzug erhalten haben, weil Russland via Nakhodka den gesamten asiatischen und letztlich den Weltmarkt bedienen kann, während man sonst an chinesische Abnahmebedingungen gebunden gewesen wäre.

2.5 Die Europäische Union (bzw. die EU-30-Gruppe)

Energiestatistisch und versorgungspolitisch ist die auch im EU-Grünbuch zur Energieversorgungssicherheit zugrunde gelegte EU-30-Gruppe (EU plus Schweiz, Norwegen, Bulgarien, Rumänien und Türkei) relevanter als die EU der 25. Die EU-30-Gruppe verfügt zwar über relativ bescheidene eigene Energiereserven, sie war aber bis jetzt imstande, rund 45 Prozent ihres Erdölkonsums und über 60 Prozent ihres Erdgaskonsums durch Eigenproduktion abzudecken. Bis ins Jahr 2030 wird jedoch aufgrund des zunehmenden Energiebedarfs und der aus verschiedenen Gründen zurückgehenden Eigenproduktion mit einem Importanteil von Erdgas von gegen 70 Prozent – beim Erdöl sogar gegen 90 Prozent – gerechnet.

Im europäischen Energiemix wird das Erdgas in dieser Zeit am stärksten wachsen. Die erneuerbaren Energieformen werden ebenfalls stark wachsen, ihr Anteil am Energiemix wird aber mit geschätzten 6 Prozent relativ bescheiden bleiben. Das Erdöl wird seine große Bedeutung behalten und die Importe aus außereuropäischen Regionen werden zunehmen (heute stammen rund 40 Prozent aus der Russischen Föderation und der GUS, 25 Prozent aus Afrika und rund 25 Prozent aus dem Mittleren Osten). Der Anteil der anderen Energieformen wird abnehmen (Nuklearenergie, Kohle) oder konstant bleiben (Hydroenergie).

Eine gesamteuropäische Energiepolitik ist erst im Entstehen begriffen. Der sehr unterschiedliche Grad der Abhängigkeit der 25 Mitgliedstaaten von verschiedenen Rohstoffen und verschiedenen Lieferländern und -regionen sowie die heute noch weitgehend fehlenden oder geteilten Kompetenzen der EU auf dem Energiesektor behindern vorläufig eine einheitliche Energiepolitik der Union. Laut Verfassung soll Energie eine geteilte Kompetenz sein, doch in vielen Detailbereichen, insbesondere bei versorgungstechnischen Belangen, wehren sich die EU-Staaten gegen Einmischung aus Brüssel.

Das 2000 veröffentlichte EU-Grünbuch zur Energieversorgungssicherheit zeigt aber klar die Richtung auf, in der die Union gehen möchte. Energieeffizienz und Energieeinsparungen genießen dabei ebenso hohe Priorität wie die Diversifizierung der Energieträger hin zu erneuerbaren Energien (vgl. Richtlinie zur Stromerzeugung aus erneuerbaren Energiequellen im Jahr 2010 sowie – besonders für Erdöl relevant – die Biotreibstoff-Direktive). Bei geplanten Maßnahmen zur Erhöhung der Energieversorgungssicherheit im Erdöl- und Erdgassektor ist Brüssel hingegen bis jetzt gescheitert. Die vorgeschlagene Erhöhung der strategischen Erdöllager und deren gemeinsame Bewirtschaftung – u. a. auch zur Preisdämpfung – wurden aufgegeben. Derzeit werden ähnliche Versuche beim Erdgas unternommen, doch sind deren Erfolgschancen gering.

Besondere Bedeutung misst das Grünbuch angesichts der stark ansteigenden Erdgasimporte dem Dialog mit den Lieferländern zu. Der EU-Russland-Dialog steht dabei an erster Stelle, da davon ausgegangen wird, dass die EU bis 2030 rund ein Viertel ihres Erdgases aus der Russischen Föderation beziehen wird. Die Abhängigkeit der EU von russischen Erdgaslieferungen ist durch die EU-Osterweiterung noch gestiegen, da diese Staaten ans russische Pipelinenetz angeschlossen sind.

Aber auch Nordafrika (Algerien, Libyen, Ägypten) und in zunehmendem Maße Aserbaidschan, Iran, Katar, VAE und künftig möglicherweise der Irak werden für die europäische Gasversorgung wichtig sein, während für die Erdölbezüge der Mittlere Osten, Afrika sowie die Russische Föderation und die GUS zentral bleiben werden.

3. Auswirkungen auf die Geopolitik

Steigende Importabhängigkeit der Großmächte

Die Importabhängigkeit der Energie-Großkonsumenten wird in den kommenden zwei Jahrzehnten bezüglich Erdöl und Erdgas stark anwachsen. Japan ist schon heute praktisch zu 100 Prozent importabhängig. Europa wird schon 2015 gegen 70 Prozent seines Erdöl- und 50 Prozent Erdgasbedarfs importieren, die USA 65 Prozent ihres Erdöl- und 30 Prozent ihres Erdgasbedarfs. China wird schon 2010 rund 55 Prozent seines enormen Erdölbedarfs importieren müssen, und sein Importbedarf wird danach weiter stark zunehmen (die Erdölimporte werden 2030 gegenüber heute um 400 Prozent zugenommen haben, die Erdgasimporte werden dann ein Viertel der chinesischen Nachfrage abdecken müssen). Indiens Erdöl-Importabhängigkeit wird bis 2030 auf gegen 90 Prozent ansteigen.

Auch bezüglich Kohle wird die Importabhängigkeit stark zunehmen. Vor allem China wird vermehrt Kohle importieren müssen und die Europäische Union dürfte bis 2030 fast ihren gesamten Kohlebedarf importieren.

Asien als treibende Kraft der wachsenden Energienachfrage

Der durch das rapide Wachstum ihrer Volkswirtschaften stark zunehmende Energiebedarf Chinas und Indiens hat – zusammen mit dem Wachstum der anderen asiatischen Volkswirtschaften – zur Folge, dass Asien gegen 50 Prozent des für die nächsten 20 Jahre prognostizierten Energiezuwachses in Anspruch nehmen wird. Asien wird in dieser Zeit Nordamerika als die führende Region bezüglich Energiekonsum ablösen. Diese Entwicklung wird die Verhältnisse auf dem Energiemarkt wesentlich verändern. Da gleichzeitig auch der Energiebedarf der bisherigen Großverbraucher USA, Europa und Japan weiter ansteigt und nach Japan auch die USA und Europa in immer größere Importabhängigkeiten geraten werden, wird das Streben nach Energieversorgungssicherheit in einem zunehmend kompetitiven Umfeld stattfinden. Energieversorgungssicherheit wird auf diesem Hintergrund in Zukunft noch verstärkt ein integraler Teil der Außenpolitik, der Außenhandelspolitik und der Sicherheitspolitik der Großkonsumenten werden.

Verstärkte regionale Abhängigkeiten im Energiesektor
Während bezüglich Versorgungssicherheit beim Energieträger Kohle durch die weiträumige Streuung der Kohlereserven auf dem Erdball und das gegenüber Erdöl und Erdgas geringe Welthandelsvolumen kein unmittelbarer Anlass zur Sorge besteht (von den Großkonsumenten ist nur Japan ganz importabhängig und die EU dürfte es bis 2030 größtenteils werden), werden sich bei den Welthandelsgütern Erdöl und Erdgas regionale Abhängigkeiten verändern.

Erdöl: Ab dem Jahr 2020 dürfte nur noch halb so viel Erdöl aus dem Persischen Golf auf die westlichen Märkte gelangen (rund ein Drittel) – rund zwei Drittel dürften nach Asien geliefert werden. Die asiatischen Großkonsumenten China, Japan und Indien werden sehr stark von Erdöllieferungen aus dem Mittleren Osten abhängig bleiben (Japan) bzw. werden (China und Indien), und die strategische Bedeutung des Mittleren Ostens für die Energieversorgung von ganz Asien wird noch einmal wesentlich zunehmen. Aber nicht nur Asien, auch die westlichen Erdölbezieher werden weiterhin vom – noch steigenden – Einfluss des Mittleren Ostens auf die Weltmarktpreise betroffen sein. Es stellt sich allerdings die Frage, ob die Erwartungen in die zukünftigen Förderkapazitäten des Mittleren Ostens realistisch sind.

Die Internationale Energieagentur (IEA) und andere rechnen in ihren Energieszenarien vor, dass die OPEC-Staaten des Mittleren Ostens bis 2030 über 50 Mio. Barrel pro Tag liefern werden. Dabei gilt es zu beachten, dass das, was bezüglich Energie-Rohstoffen unter »Mittlerem Osten« als Sammelbegriff summiert wird, in Zukunft eigentlich nur zwei Länder sein können. Wenn man bedenkt, dass die Exportkapazitäten Kuwaits, der Vereinigten Arabischen Emirate und Katars aufgrund der Geologie und des Iran aufgrund des wachsenden internen Konsums und der Geologie sich stabilisieren bzw. reduzieren werden, bleiben nur noch Saudi-Arabien und der Irak als »Producers of last resort« übrig. Aufgeschlüsselt heißt das, dass diese beiden Staaten 2030 je 15 bis 20 Mio. Barrel pro Tag produzieren sollten – Zahlen, die sich heute kaum jemand vorstellen kann.

Namhafte Experten haben in jüngster Zeit dargelegt, dass solche Produktionserwartungen kaum realistisch sind.[8] Aufgrund verschiedener Analysen und Überlegungen[9] bezeichnen sie die Erwartung, dass Saudi-Arabien und der Irak ihre Ölproduktion über die nächsten zwei Jahrzehnte mehr als verdoppeln könnten (was sie gemäß den gängigen Szenarien müssten, um die Erdölnachfrage zu befriedigen), als Wunschvorstellung, die sich kaum realisieren lassen werde. Wenn diese Befürchtungen zutreffen, fallen die Szenarien der IEA für die Deckung des steigenden Energiekonsums aus fossilen Brennstoffen wie ein Kartenhaus zusammen.

Erdgas: Die Regionalisierung der drei Erdgasmärkte (NAFTA, Europa-Russland, Ferner Osten) wird zwar weiterhin Bestand haben, sie wird aber wegen des wachsenden Handels mit Flüssiggas weniger ausgeprägt sein. Bezogen auf die fünf Großkonsumenten bedeutet dies, dass die USA sich noch intensiver um Erdgaslieferungen aus dem NAFTA-Markt (der nordamerikanischen Freihandelszone mit Kanada, Mexiko und den USA) bemühen, aber auch außerhalb des NAFTA-Marktes auf dem Gasmarkt vermehrt in Erscheinung treten werden, da die Autarkie des NAFTA-Gasmarktes zu Ende geht. Die Abhängigkeit der EU-30 von den Erdgaslieferungen aus den GUS-Staaten wird 2030 25 Prozent betragen und eine enge Kooperation zwischen Russland und der EU bedingen. China, Japan und Indien werden (nebst den weiterhin wichtigen Bezügen aus asiatischen Quellen wie etwa Indonesien oder Malaysia) auch bei den Erdgasbezügen zunehmend vom Mittleren Osten abhängig werden, wenn ihnen der Zugang zu den Erdgasreserven des kaspischen Raumes, Zentralasiens oder Russlands nicht gelingt.

---

[8] Z. B: C. J. Campbell in seinem Artikel »Middle East Oil – Reality and Illusions« oder Matt Simmons (zitiert in »Simmons hopes he's wrong« von F. Jay Schempf, in: Petroleum, Vol. 9, No. 31, August 2001, 2004).

[9] Sie bezeichnen die angenommenen Erdölreserven der fünf wichtigsten Produzenten des Mittleren Ostens als weit überschätzt und rechnen am Beispiel Saudi-Arabiens zudem vor, dass der Großteil der Erdölproduktion aus wenigen alten, großen Ölfeldern stammt, welche langsam zur Neige gehen, während das Erdöl aus den verbleibenden kleineren Ölfeldern mit wesentlich höherem technischen und finanziellen Aufwand gefördert werden muss. Aufgrund dieser und anderer Überlegungen kommen sie sogar zum Schluss, dass Saudi-Arabien und der Irak den Peak ihrer Erdölförderung vielleicht schon sehr bald erreicht haben werden.

Neben dieser weiteren Akzentuierung der regionalen Märkte wird aber bis 2030 auch der Anteil des interregionalen Handels mit Erdgas auf gegen 30 Prozent (heute 16 Prozent) steigen, weil die stark wachsende Nachfrage der USA, Asiens und Europas kaum ganz von den regionalen Produzenten gedeckt werden kann.

Hotspots der Energieversorgung
Neben dem Mittleren Osten, der unter sich verändernden Rahmenbedingungen seine zentrale Bedeutung für die weltweite Energieversorgung behalten wird, wird die Russische Föderation (zunächst für Europa, mittelfristig aber auch für Asien) noch an Bedeutung für die weltweite Energieversorgungssicherheit gewinnen. Daneben, wenn auch in weit geringerem Maße, werden auch die Regionen Zentralasien/Kaspisches Meer sowie Afrika (insbesondere Golf von Guinea) in den Fokus der großen Energiekonsumenten geraten. Vor allem in Zentralasien und im Kaspischen Meer treffen dabei allerdings die Energiebedürfnisse der Großkonsumenten (EU, China, Indien, Japan, USA) aufeinander. Auch das Interesse an Lateinamerika wird durch die Energiefrage wieder steigen.

Angesichts der weltweit stark zunehmenden Bedeutung des Erdgases wird mittel- und langfristig auch der Iran (mit den weltweit zweitgrößten Gasreserven) geopolitisch stark an Bedeutung gewinnen. Dies insbesondere deshalb, weil die Islamische Republik durch ihre geographische Lage die Gasversorgung mehrerer gegenwärtiger und zukünftiger Großkonsumenten durch Pipelines (Indien, EU) oder Flüssiggasexporte (China, Japan, USA) langfristig zu vergleichsweise guten Konditionen befriedigen könnte. Ebenfalls zu berücksichtigen ist, dass, falls Iran wieder diplomatisch salonfähig (und damit kreditwürdig) würde, es das Tor für so genanntes »gestrandetes« zentralasiatisches Gas öffnen könnte. Zurzeit kann zentralasiatisches Gas nur nördlich des Kaspischen Meers von Russlands Gnaden exportiert werden. Im Falle einer südlichen Exportroute für zentralasiatisches Gas kämen die GUS-Gas-Allianz und russische Gasexporte nach Europa unter Zugzwang.

Auswirkungen auf das außen- und sicherheitspolitische Verhalten der Großmächte
Energieversorgungssicherheit wird auf dem beschriebenen Hinter-

grund in Zukunft noch verstärkt ein integraler Teil der Außenpolitik, der Außenhandelspolitik und der Sicherheitspolitik der Großkonsumenten werden. Die Abhängigkeiten im Energiesektor zwischen Konsumenten- und Produzentenregionen sowie die zunehmende Konkurrenzierung der Großverbraucher im Wettlauf um die geringer werdenden Energieressourcen werden mittelfristig auch Auswirkungen auf die außen- und sicherheitspolitischen Agenden der Großmächte haben. Folgende Entwicklungen sollten in den kommenden Jahren und Jahrzehnten mit besonderer Aufmerksamkeit verfolgt werden, wobei zwei grundsätzliche Szenarien unterschieden werden müssen.

Ein eigentliches Horrorszenario ergibt sich auf dem Hintergrund der Annahme, dass die künftigen Förderkapazitäten des Mittleren Ostens weit überschätzt werden.

Wenn die von namhaften Experten geäußerten Befürchtungen zutreffen und die zukünftigen Förderkapazitäten der beiden wesentlichen »Producers of last resort« Saudi-Arabien und Irak tatsächlich maßlos überschätzt werden, wird der prognostizierte Zuwachs des weltweiten Energiekonsums nicht realisierbar sein. Vor allem die rasant wachsenden Volkswirtschaften Chinas und Indiens würde eine solche Entwicklung vor massive Probleme stellen oder ihr Wachstum sogar zum Stillstand bringen. Auch die anderen Großkonsumenten (USA, Japan, EU) und die weltweite Energieversorgung – insbesondere auch in den finanzschwachen Entwicklungs- und Schwellenländern – würden unter diesen Vorzeichen in eine gravierende Krise mit unabsehbaren Folgen schlittern. Eine massive Verteuerung der Energierohstoffe und ein entsprechend verschärfter Verteilungskampf würden die Stabilität der Weltwirtschaft erheblich gefährden.

Auch wenn die optimistischen Annahmen der IEA bezüglich der zukünftigen Förderkapazitäten des Mittleren Ostens (sprich Saudi-Arabien und Irak) zutreffen sollten, wird das Streben nach Energieversorgungssicherheit die geopolitische Landschaft der kommenden Jahrzehnte verändern.

In welcher Weise geopolitische Faktoren die Verfügbarkeit und die Verlässlichkeit der weltweiten oder regionalen Energieversorgung beeinflussen werden, wird im Wesentlichen von der Politik der Supermacht USA und anderer regionaler Mächte (insbesondere China, Indien, Japan, EU und Russland) sowie von der innenpolitischen Stabilität der Erdöl und Erdgas produzierenden Staaten und der Transitstaaten abhängen.[10]

Eine oft unterschätzte Dimension ist die Tatsache, dass sich die USA seit der Weltwirtschaftskrise 1929/30 unter dem Motto »Was der Wirtschaft unserer Alliierten hilft, hilft auch unserer Wirtschaft« ebenso für Versorgungssicherheit ihrer Alliierten einsetzen. Jüngste Beispiele sind die 2004 von den USA und Singapur vorgeschlagenen gemeinsamen Patrouillen der Malacca-Meerenge zur Bekämpfung der Piraterie (was von China abgewehrt wurde) oder der Einsatz für den Baku-Ceyhan-Pipelinekorridor, der fürs Erdöl prioritär und fürs Erdgas ausschließlich Europa und nicht den USA dient. In dem Sinne kann Europa seit 1945 teilweise – und seit Mossadegh und Suezkrise gänzlich – als »Trittbrettfahrer« der US-Mittelostpolitik betrachtet werden und sollte die sich abzeichnende teilweise »Abkehr« der USA von Saudi-Arabien sowie das bevorstehende stärkere Engagement Chinas in der Region Mittlerer Osten aufmerksam verfolgen.

Die bestehende (Japan) und rasch wachsende (China und Indien) Importabhängigkeit der asiatischen Großmächte von der Erdölproduktion des Mittleren Ostens dürfte angesichts des daraus resultierenden langfristigen Interesses an stabilen Verhältnissen früher oder später eine aktivere Rolle dieser Mächte in dieser Krisenregion nach sich ziehen. Die Interessen Chinas (und Indiens) müssen sich dabei nicht zwangsläufig mit denjenigen der USA oder Europas decken.

Meinungsverschiedenheiten bis hin zu Konfrontationen zwischen den asiatischen Großmächten – bzw. zwischen ihnen und den USA – wegen Energieressourcen sind in Zukunft nicht auszuschließen. Eines von vielen Beispielen ist der Streit zwischen China und Japan um die Erdgasvorkommen im so genannten »Chunxiao«-Gasfeld nordwestlich von Okinawa.[11] Für die regionale Stabilität wird viel davon abhängen, ob sich solche Auseinandersetzungen auch bei sich

[10] Vgl. dazu: »Die Sicherheit der internationalen Energieversorgung: außen- und sicherheitspolitische Herausforderungen nach dem 11. September 2001« von Stormy Mildner und Frank Umbach, Deutsche Gesellschaft für Auswärtige Politik, Juni 2002.
[11] Vgl. dazu China aktuell vom Juli 2004.

möglicherweise bald verknappenden fossilen Reserven im Rahmen friedlicher Kooperation lösen lassen.

Die immer stärker ausgeprägte Symbiose im Energiebereich zwischen der EU und der Russischen Föderation dürfte das Interesse der EU an einer stabilen wirtschaftlichen und politischen Entwicklung Russlands und den Einbezug des großen Nachbarn in die europäische Sicherheitsarchitektur in den kommenden Jahrzehnten zu einem Kernanliegen der europäischen Außen- und Sicherheitspolitik machen. Grundsätzlich sind zwar Lieferanten und Abnehmer bei leitungsgebundenem Transport gegenseitig voneinander abhängig, solange beide nur begrenzt über alternative Marktzugänge verfügen. Trotzdem hat in Deutschland (mit Abstand der größte Abnehmer russischen Erdgases) und in anderen europäischen Ländern eine Diskussion darüber eingesetzt, inwieweit die zunehmende Abhängigkeit von russischen Gaslieferungen die Außenpolitik der europäischen Länder anfällig für Zugeständnisse an Russland macht.[12]

Europa wird seinen zusätzlichen Gasbedarf auf lange Sicht vermehrt aus dem Mittleren Osten (inklusive Iran) decken müssen – vor allem dann, wenn die russische Gasproduktion schon um das Jahr 2015 ihren Höhepunkt erreichen sollte (während der Peak im Mittleren Osten wohl frühestens zwischen 2030 und 2040 erreicht sein dürfte). Aber auch Algerien wird als Land mit den weltweit achtgrößten Erdgasreserven für die Gasversorgung der Europäischen Union zunehmend an Bedeutung gewinnen.

Dem Iran als einem der größten Erdölproduzenten und dem Land mit den (nach Russland) weltweit zweitgrößten Gasreserven wird in den kommenden Jahrzehnten eine Schlüsselrolle auf dem strategischen Energiesektor zukommen. Unter Berücksichtigung der zweifelhaften Aussichten bezüglich der künftigen Förderkapazitäten Saudi-Arabiens und des Irak stellt sich die Frage, wie lange es sich der Westen – insbesondere die USA – noch leisten kann, dieses für die weltweite Energieversorgung so wichtige Land zu isolieren. Für die EU wäre ein wieder salonfähiger (sprich kreditwürdiger) Iran auch deshalb von großer Bedeutung, weil dadurch die Abhängigkeit von russischen Gaslieferungen gemildert werden könnte (südliche Ex-

[12] Vgl. dazu »Schweigen für Gas?« von Roland Götz, in: SWP-Aktuell 43 vom September 2004.

portroute für zentralasiatisches Gas – vgl. oben »Hotspots der Energieversorgung«).

China und Indien zögern jedenfalls nicht, die Beziehungen zum Iran auf dem Energiesektor weiter auszubauen. Vor allem Chinas Iranpolitik ist auf dem Hintergrund einer wachsenden Zusammenarbeit im Energiesektor stark von energiepolitischen Überlegungen geprägt. Dies hat sich zuletzt auch an Chinas Haltung im Atomstreit mit den USA gezeigt.[13]

13 China hat Iran zugesichert, dass es sich jedem Versuch der USA widersetzen werde, das Thema zur Verhandlung vor den Weltsicherheitsrat zu bringen (China aktuell, November 2004).

Anhang 3

»In größerer Freiheit: auf dem Weg zu Entwicklung, Sicherheit und Menschenrechten für alle«

Auszug aus dem Reformbericht von UNO-Generalsekretär Kofi Annan an die Generalversammlung vom 21. März 2005

E. Anwendung von Gewalt

122. Schließlich muss ein wesentlicher Teil des Konsenses, nach dem wir streben, in einer Einigung darüber bestehen, wann und wie Gewalt angewandt werden kann, um den Weltfrieden und die internationale Sicherheit zu verteidigen. In den letzten Jahren hat diese Frage zu einer tiefen Spaltung der Mitgliedsstaaten geführt. Sie waren uneins darüber, ob Staaten das Recht haben, militärische Gewalt präemptiv anzuwenden, um sich gegen unmittelbar drohende Gefahren zu verteidigen; ob sie das Recht haben, sie präventiv einzusetzen, um sich gegen latente oder nicht unmittelbar drohende Gefahren zu verteidigen; und ob sie das Recht – oder vielleicht die Pflicht – haben, sie schützend anzuwenden, um die Bürger von Drittstaaten vor Völkermord oder ähnlichen Verbrechen zu retten.

123. Über diese Fragen muss eine Einigung herbeigeführt werden, wenn die Vereinten Nationen – wie ursprünglich gedacht war – ein Forum für die Beilegung von Meinungsverschiedenheiten und nicht nur eine Bühne für das Ausagieren von Differenzen sein sollen. Dennoch bin ich der Meinung, dass die Charta der Vereinten Nationen in ihrer jetzigen Fassung eine gute Grundlage für die notwendige Verständigung bietet.

124. Unmittelbar drohende Gefahren sind durch Artikel 51 vollständig abgedeckt, der das naturgegebene Recht souveräner Staaten zur Selbstverteidigung im Falle eines bewaffneten Angriffs gewährleistet. Juristen erkennen schon lange an, dass dies sowohl einen

unmittelbar drohenden als auch einen bereits erfolgten Angriff umfasst.

125. Wenn es sich nicht um eine unmittelbar drohende Gefahr, sondern um eine latente Bedrohung handelt, überträgt die Charta dem Sicherheitsrat die volle Autorität für die Anwendung militärischer Gewalt, auch präventiv, um den Weltfrieden und die internationale Sicherheit zu wahren. Was Völkermord, ethnische Säuberungen und andere derartige Verbrechen gegen die Menschlichkeit betrifft, sind diese nicht auch Bedrohungen des Weltfriedens und der internationalen Sicherheit, bei denen sich die Menschheit um Schutz an den Sicherheitsrat wenden können sollte?

126. Es geht nicht darum, Alternativen zum Sicherheitsrat als Quelle der Autorität zu finden, sondern darum, seine Arbeitsweise zu verbessern. Wenn der Rat erwägt, die Anwendung militärischer Gewalt zu genehmigen oder zu billigen, sollte er zu einer gemeinsamen Auffassung darüber gelangen, wie der Ernst der Bedrohung einzustufen ist, ob die vorgeschlagene Militäraktion einem redlichen Motiv dient, ob ein plausibler Grund zu der Annahme besteht, dass andere Mittel als die Anwendung von Gewalt der Bedrohung möglicherweise Einhalt gebieten könnten, ob die militärische Option der vorliegenden Bedrohung angemessen ist und ob eine realistische Aussicht auf Erfolg besteht. Falls sich der Rat verpflichten sollte, Militäraktionen anhand dieser Kriterien zu begründen, so würde dies die Transparenz seiner Beratungen erhöhen und dazu beitragen, dass seine Beschlüsse sowohl von den Regierungen als auch von der Weltöffentlichkeit eher respektiert werden.

Daher empfehle ich dem Sicherheitsrat, eine Resolution zu verabschieden, in der diese Grundsätze festgeschrieben werden und in der er seine Absicht kundtut, sich von ihnen leiten zu lassen, wenn er Beschlüsse über die Genehmigung oder Mandatierung der Anwendung von Gewalt trifft.

Anhang 4

»Eine sichere Welt: unsere gemeinsame Verantwortung«

Auszüge aus dem Bericht der von UNO-Generalsekretär Kofi Annan eingesetzten hochrangigen internationalen Expertengruppe (»High Panel«) zu globalen Bedrohungen, Herausforderungen und Wandel; vorgelegt am 2. Dezember 2004

IX. Anwendung von Gewalt: Regeln und Leitlinien

183. Die Verfasser der Charta der Vereinten Nationen waren sich bewusst, dass es unter Umständen notwendig sein kann, Gewalt anzuwenden, »um Bedrohungen des Friedens zu verhüten und zu beseitigen [und] Angriffshandlungen und andere Friedensbrüche zu unterdrücken«. Rechtmäßig und richtig angewandte militärische Gewalt ist ein wesentlicher Bestandteil jedes tragfähigen Systems der kollektiven Sicherheit, sei es in der herkömmlichen engen Definition oder im von uns vorgezogenen weiteren Sinn. Dennoch gibt es heute nur wenige politische Fragen, die mehr Schwierigkeiten bereiten und bei denen mehr auf dem Spiel steht als die Grundsätze für den Einsatz von militärischer Gewalt und ihre Anwendung im Einzelfall.

184. Die Wahrung des Weltfriedens und der internationalen Sicherheit hängt ganz wesentlich davon ab, dass ein gemeinsames weltweites Verständnis und eine gemeinsame weltweite Akzeptanz dafür vorhanden sind, wann die Anwendung von Gewalt sowohl rechtmäßig als auch legitim ist. Wenn eine dieser Voraussetzungen gegeben ist, aber nicht die andere, so wird die internationale Rechtsordnung unweigerlich geschwächt und die Sicherheit von Staaten wie von Menschen dadurch größerer Gefahr ausgesetzt.

A. Die Frage der Rechtmäßigkeit

185. Artikel 2 Absatz 4 der Charta der Vereinten Nationen unter-

sagt den Mitgliedstaaten ausdrücklich die gegenseitige Anwendung oder Androhung von Gewalt und lässt dabei nur zwei Ausnahmen zu: zum einen die Selbstverteidigung nach Artikel 51 und zum anderen vom Sicherheitsrat genehmigte militärische Maßnahmen nach Kapitel VII (und damit auch nach Kapitel VIII durch Regionalorganisationen) in Antwort auf »eine Bedrohung oder [einen] Bruch des Friedens oder eine Angriffshandlung«.

186. In den ersten 44 Jahren des Bestehens der Vereinten Nationen verstießen Mitgliedsstaaten oft gegen diese Regeln und wandten buchstäblich Hunderte von Male militärische Gewalt an, wobei ein blockierter Sicherheitsrat nur sehr wenige Resolutionen nach Kapitel VII verabschiedete und Artikel 51 nur selten glaubhafte Rechtfertigung bot. Seit dem Ende des Kalten Krieges ist jedoch die Sehnsucht nach einem internationalen System, das der Herrschaft des Rechts untersteht, gewachsen. Es gibt kaum Anhaltspunkte für eine internationale Akzeptanz der Vorstellung, dass die Sicherheit am besten durch ein Machtgleichgewicht oder durch eine einzige Supermacht – und seien ihre Motive noch so lauter – gewahrt wird.

187. Bei dem Bemühen, den ausdrücklichen Wortlaut der Charta anzuwenden, erheben sich in der Praxis jedoch drei besonders schwierige Fragen: erstens, wenn ein Staat als Antwort auf eine nicht unmittelbar drohende Gefahr für sich das Recht geltend macht, in Selbstverteidigung einen Präventivschlag durchzuführen; zweitens, wenn ein Staat eine tatsächliche oder potenzielle externe Bedrohung für andere Staaten oder Menschen außerhalb seiner Grenzen darzustellen scheint, jedoch im Sicherheitsrat Uneinigkeit darüber besteht, wie zu verfahren ist, und drittens, wenn die Bedrohung sich in erster Linie nach innen, gegen die eigene Bevölkerung eines Staates, richtet.

1. Artikel 51 der Charta der Vereinten Nationen und die Selbstverteidigung

188. Der Wortlaut dieses Artikels ist restriktiv: »Diese Charta beeinträchtigt im Falle eines bewaffneten Angriffs gegen ein Mitglied der Vereinten Nationen keineswegs das naturgegebene Recht zur individuellen oder kollektiven Selbstverteidigung, bis der Sicherheitsrat die zur Wahrung des Weltfriedens und der internationalen Sicherheit erforderlichen Maßnahmen getroffen hat.« Indessen kann ein bedrohter Staat nach lange etablierten Regeln des Völkerrechts

militärische Maßnahmen ergreifen, solange der angedrohte Angriff *unmittelbar* bevorsteht, durch kein anderes Mittel abzuwenden ist und die Maßnahmen verhältnismäßig sind. Ein Problem entsteht dann, wenn die fragliche Gefahr nicht unmittelbar droht, aber dennoch als real dargestellt wird, beispielsweise der in mutmaßlich feindseliger Absicht erfolgende Erwerb der Fähigkeit zur Herstellung von Nuklearwaffen.

189. Kann ein Staat, ohne sich an den Sicherheitsrat zu wenden, unter diesen Umständen das Recht für sich beanspruchen, in antizipatorischer Selbstverteidigung nicht nur präemptiv (gegen eine unmittelbar drohende oder nahe Gefahr), sondern präventiv (gegen eine nicht unmittelbar drohende oder nahe Gefahr) zu handeln? Diejenigen, die dies bejahen, vertreten den Standpunkt, dass manche Gefahren (wie z.B. im Besitz einer Kernwaffe befindliche Terroristen) ein so großes Schadenspotenzial haben, dass man einfach das Risiko nicht eingehen kann, abzuwarten, bis sie zu einer unmittelbaren Bedrohung werden, und dass durch frühzeitigeres Handeln unter Umständen weniger Schaden angerichtet wird (etwa durch die Vermeidung eines nuklearen Schlagabtauschs oder des radioaktiven Niederschlags aus einer Reaktorzerstörung).

190. Um diese Frage kurz zu beantworten: Wenn gute, durch handfeste Beweise erhärtete Argumente für militärische Präventivmaßnahmen vorliegen, so sollten diese dem Sicherheitsrat unterbreitet werden, der die Maßnahmen sodann nach seinem Gutdünken genehmigen kann. Tut er dies nicht, besteht per definitionem Zeit genug, um andere Strategien zu verfolgen, darunter Überzeugungsarbeit, Verhandlungen, Abschreckung und Eindämmungspolitik, und danach die militärische Option erneut zu prüfen.

191. Denjenigen, die einer solchen Antwort mit Ungeduld begegnen, muss entgegengehalten werden, dass in dieser Welt voll mutmaßlicher potenzieller Bedrohungen die Gefahr für die globale Ordnung und die Norm der Nichtintervention, auf der diese nach wie vor aufbaut, einfach zu groß ist, als dass einseitige Präventivmaßnahmen, im Unterschied zu kollektiv gebilligten Maßnahmen, als rechtmäßig akzeptiert werden könnten. Einem zu gestatten, so zu handeln, bedeutet, es allen zu gestatten.

192. Wir befürworten keine Neufassung oder Neuauslegung des Artikels 51.

2. Kapitel VII der Charta der Vereinten Nationen und externe Bedrohungen

193. Stellt ein Staat eine Bedrohung für andere Staaten, Menschen außerhalb seiner Grenzen oder ganz allgemein für die internationale Ordnung dar, ist der Wortlaut von Kapitel VII von vornherein umfassend genug und ist auch hinlänglich umfassend ausgelegt worden, um es dem Sicherheitsrat zu gestatten, jede wie auch immer geartete Zwangsmaßnahme, einschließlich militärischer Maßnahmen, gegen einen Staat zu genehmigen, wenn er dies für erforderlich erachtet, »um den Weltfrieden und die internationale Sicherheit zu wahren oder wiederherzustellen«. Dies gilt unabhängig davon, ob die Gefahr jetzt, in der unmittelbaren Zukunft oder in einer entfernteren Zukunft droht, ob sie Handlungen des Staates selbst umfasst oder Handlungen nichtstaatlicher Akteure, denen der Staat Zuflucht gewährt oder die er unterstützt, oder ob sie die Form einer Handlung oder Unterlassung, einer tatsächlichen oder potenziellen Gewalthandlung oder einfach einer Herausforderung der Autorität des Rates annimmt.

194. Wir betonen, dass die von uns zum Ausdruck gebrachten Bedenken hinsichtlich der Rechtmäßigkeit der präventiven Anwendung militärischer Gewalt zur Selbstverteidigung nach Artikel 51 nicht für nach Kapitel VII genehmigte Kollektivmaßnahmen gelten. In der Welt des 21. Jahrhunderts muss sich die internationale Gemeinschaft um Horrorszenarien sorgen, in denen es zu einer Kombination von Terroristen, Massenvernichtungswaffen, verantwortungslosen Staaten und vielen weiteren Faktoren kommen kann, was die nicht allein reaktive, sondern auch die präventive Anwendung von Gewalt rechtfertigen könnte, bevor eine latente Gefahr sich zu einer unmittelbar drohenden Gefahr entwickelt. Die Frage, ob eine solche Maßnahme getroffen werden kann, stellt sich dabei nicht: Der Sicherheitsrat, als die Stimme der internationalen Gemeinschaft für kollektive Sicherheit, kann jederzeit solche Maßnahmen treffen, wenn er der Auffassung ist, dass eine Bedrohung des Weltfriedens und der internationalen Sicherheit vorliegt. Der Rat wird wohl künftig bereit sein müssen, in diesen Fragen viel proaktiver vorzugehen und frühzeitiger und entschlossener zu handeln, als er dies in der Vergangenheit getan hat.

195. Neben Fragen der Legalität stellt sich auch die Frage, ob es klug

oder legitim wäre, solche Präventivmaßnahmen zu ergreifen: Ausschlaggebend ist hier vor allem, ob glaubhaft nachgewiesen werden kann, dass tatsächlich Gefahr droht (unter Berücksichtigung sowohl der Fähigkeit als auch des konkreten Vorsatzes), und ob ein militärisches Vorgehen unter den gegebenen Umständen die einzig vernünftige Lösung ist. Wir setzen uns nachstehend weiter mit diesen Fragen auseinander.

196. Einige Staaten werden wohl immer die Auffassung vertreten, dass sie sowohl die Verpflichtung gegenüber ihren eigenen Bürgern haben als auch die entsprechende Fähigkeit besitzen, alles ihrer Meinung nach Notwendige zu tun, ohne sich den Zwängen des kollektiven Prozesses im Rahmen des Sicherheitsrats zu unterwerfen. So verständlich dieser Ansatz in den Jahren des Kalten Krieges, in denen die Vereinten Nationen offensichtlich nicht als effektives System der kollektiven Sicherheit fungierten, auch gewesen sein mag – inzwischen hat sich die Welt verändert, und es bestehen erheblich höhere Erwartungen hinsichtlich der Einhaltung rechtlicher Verpflichtungen.

197. Ein Grund dafür, warum Staaten den Sicherheitsrat umgehen, mag mangelndes Vertrauen in die Qualität und Objektivität seiner Entscheidungsfindung sein. Die Entscheidungen des Rates waren häufig nicht konsistent und überzeugend genug und gingen nicht voll auf die realen Sicherheitsbedürfnisse von Staaten und Menschen ein. Die Lösung besteht jedoch nicht darin, den Rat zur Macht- und Bedeutungslosigkeit zu verdammen, sondern von innen heraus an seiner Reform zu arbeiten, unter anderem auf den in diesem Bericht vorgeschlagenen Wegen.

198. Der Sicherheitsrat ist nach Kapitel VII der Charta der Vereinten Nationen uneingeschränkt bevollmächtigt, sich mit der gesamten Bandbreite der Sicherheitsbedrohungen zu befassen, denen sich Staaten gegenübersehen. Es geht nicht darum, Alternativen zum Sicherheitsrat als Quelle der Autorität zu finden, sondern dafür zu sorgen, dass er besser funktioniert als bisher.

3. Kapitel VII der Charta der Vereinten Nationen, innerstaatliche Bedrohungen und Schutzverantwortung

199. Die Charta der Vereinten Nationen könnte eindeutiger formuliert sein, wenn es darum geht, in Situationen, in denen es innerhalb von Ländern zu massenhaften Gräueltaten kommt, Leben zu

retten. Sie bekräftigt zwar den »Glauben an die Grundrechte des Menschen«, trägt aber kaum zu ihrem Schutz bei, und Artikel 2 Absatz 7 untersagt das Eingreifen »in Angelegenheiten, die ihrem Wesen nach zur inneren Zuständigkeit eines Staates gehören«. Infolgedessen besteht in der internationalen Gemeinschaft ein alter Streit zwischen denjenigen, die auf einem »Interventionsrecht« bei von Menschen verursachten Katastrophen beharren, und denjenigen, die die Haltung vertreten, dass es dem Sicherheitsrat trotz aller seiner Befugnisse nach Kapitel VII, »den Weltfrieden und die internationale Sicherheit zu wahren oder wiederherzustellen«, untersagt ist, wie auch immer geartete Zwangsmaßnahmen gegen souveräne Staaten zu genehmigen, gleichviel, was innerhalb ihrer Grenzen vor sich geht.

200. Mit der Konvention über die Verhütung und Bestrafung des Völkermordes (Völkermord-Konvention) sind die Staaten übereingekommen, dass Völkermord, ob in Friedens- oder Kriegszeiten begangen, nach dem Völkerrecht ein Verbrechen ist, zu dessen Verhütung und Bestrafung sie sich verpflichten. Seither herrscht die Auffassung, dass Völkermord, unabhängig davon, wo er verübt wird, eine Bedrohung der Sicherheit aller darstellt und niemals toleriert werden darf. Der Grundsatz der Nichtintervention in die inneren Angelegenheiten kann nicht zur Verteidigung von Völkermord oder anderen Gräueltaten, wie massiven Verstößen gegen das humanitäre Völkerrecht oder umfangreichen ethnischen Säuberungen, geltend gemacht werden, die zu Recht als eine Bedrohung der internationalen Sicherheit angesehen werden können und somit das Tätigwerden des Sicherheitsrats bewirken.

201. Die aufeinander folgenden humanitären Katastrophen in Somalia, Bosnien und Herzegowina, Ruanda, im Kosovo und jetzt in Darfur (Sudan) haben die Aufmerksamkeit nicht auf die Immunitäten souveräner Regierungen gelenkt, sondern vielmehr auf ihre Verantwortlichkeiten, sowohl gegenüber ihrer eigenen Bevölkerung als auch gegenüber der internationalen Gemeinschaft allgemein. Immer mehr setzt sich die Erkenntnis durch, dass es weniger um die Frage des »Interventionsrechts« eines Staates geht als um die »Schutzverantwortung« *jedes* Staates, wenn Menschen vermeidbare Katastrophen erleiden und Opfer von Massenmord und Vergewaltigung und von ethnischer Säuberung durch Zwangsvertreibung und Terror werden oder vorsätzlich dem Hungertod preisgegeben oder Krank-

heiten ausgesetzt werden. Ebenso wird immer mehr akzeptiert, dass souveräne Regierungen zwar die Hauptverantwortung für den Schutz ihrer eigenen Staatsbürger vor solchen Katastrophen tragen, dass aber – sollten sie dazu nicht in der Lage oder nicht bereit sein – die internationale Gemeinschaft als Ganze diese Verantwortung übernehmen sollte, wobei dies ein Kontinuum von Maßnahmen wie die Prävention, die Reaktion auf Gewalt, falls erforderlich, sowie den Wiederaufbau zerrütteter Gesellschaften umfassen kann. Das Hauptgewicht sollte auf der Hilfe bei der Beendigung der Gewalt, durch Vermittlung und andere Instrumente, und auf dem Schutz der Menschen durch Maßnahmen wie der Entsendung von humanitären, Menschenrechts- und Polizeimissionen liegen. Gewalt sollte, wenn überhaupt, erst nach Ausschöpfung aller anderen Mittel angewandt werden.

202. Bislang war der Sicherheitsrat bei der Auseinandersetzung mit solchen Fällen weder sehr konsistent noch sonderlich wirksam und hat sehr oft zu spät, zu zögerlich oder überhaupt nicht gehandelt. Inzwischen haben der Rat und die internationale Gemeinschaft jedoch Schritt um Schritt immer mehr akzeptiert, dass der Rat nach Kapitel VII und gemäß der sich herausbildenden Norm einer kollektiven internationalen Schutzverantwortung stets militärische Maßnahmen zur Beseitigung katastrophalen innerstaatlichen Unrechts genehmigen kann, wenn er bereit ist zu erklären, dass die Situation eine »Bedrohung des Weltfriedens und der internationalen Sicherheit« darstellt, was bei Verstößen gegen das Völkerrecht nicht gerade schwierig ist.

203. Wir unterstützen die sich herausbildende Norm, der zufolge eine kollektive internationale Schutzverantwortung besteht, die vom Sicherheitsrat wahrzunehmen ist, der als letztes Mittel eine militärische Intervention genehmigt, falls es zu Völkermord und anderen Massentötungen, ethnischer Säuberung oder schweren Verstößen gegen das humanitäre Völkerrecht kommt und souveräne Regierungen sich als machtlos oder nicht willens erwiesen haben, diese zu verhindern.

B. Die Frage der Legitimität

204. Die Wirksamkeit des globalen Systems der kollektiven Sicherheit hängt ebenso wie diejenige jeder anderen Rechtsordnung letzt-

lich nicht nur von der Rechtmäßigkeit der getroffenen Entscheidungen ab, sondern auch davon, ob diese gemeinhin als legitim angesehen werden, also auf Grundlage solider Beweise und aus den richtigen moralischen wie auch rechtlichen Gründen gefällt werden.

205. Wenn der Sicherheitsrat den Respekt gewinnen soll, den er als oberste Instanz des Systems der kollektiven Sicherheit genießen muss, kommt es maßgeblich darauf an, dass seine wichtigsten und einflussreichsten Beschlüsse, die mit weitreichenden, über Leben und Tod entscheidenden Auswirkungen verbunden sind, besser getroffen, besser begründet und besser kommuniziert werden. Vor allem wenn es darum geht, über die Genehmigung der Anwendung von Gewalt zu entscheiden, sollte der Rat einen Katalog einvernehmlicher Leitlinien annehmen und systematisch anwenden, die von vornherein nicht der Frage gelten, ob Gewalt rechtmäßigerweise angewandt werden *kann*, sondern vielmehr der Frage, ob sie guten Gewissens und vernünftigerweise angewandt werden *sollte*.

206. Die von uns vorgeschlagenen Leitlinien werden nicht dazu führen, dass künftig auf Knopfdruck vorhersehbare einvernehmliche Schlussfolgerungen erzielt werden. Ihre Verabschiedung soll keine Garantie sein, dass sich stets das objektiv beste Ergebnis durchsetzt. Vielmehr sollen durch sie die bestmöglichen Voraussetzungen für einen Konsens im Sicherheitsrat zu der Frage geschaffen werden, wann die Anwendung von Zwangsmaßnahmen einschließlich Waffengewalt angebracht ist und wann nicht; ferner soll möglichst große internationale Unterstützung für jede wie auch immer geartete Entscheidung des Sicherheitsrats hergestellt und die Möglichkeit einer Umgehung des Sicherheitsrats durch einzelne Mitgliedstaaten weitestgehend ausgeräumt werden.

207. Bei seinen Beratungen über die Genehmigung oder Billigung der Anwendung militärischer Gewalt sollte der Sicherheitsrat – ungeachtet aller sonstigen Gesichtspunkte, die er dabei berücksichtigt – stets zumindest von den folgenden fünf grundlegenden Legitimitätskriterien ausgehen:

a) *dem Ernst der Bedrohung*. Ist der Schaden, der der staatlichen oder menschlichen Sicherheit droht, so geartet und hinlänglich offenkundig und schwer, dass der Einsatz militärischer Gewalt prima facie gerechtfertigt erscheint? Liegen bei innerstaatlichen Bedrohungen tatsächliche oder unmittelbar zu befürchtende Fälle von Völkermord oder anderen Massentötungen, ethnischer Säuberung oder schweren Verstößen gegen das humanitäre Völkerrecht vor?

b) *der Redlichkeit der Motive.* Ist offenkundig, dass das Hauptziel der militärischen Aktion darin besteht, einer drohenden Gefahr Einhalt zu gebieten beziehungsweise sie abzuwenden, unabhängig davon, welche sonstigen Zielsetzungen oder Motive im Spiel sind?

c) *der Anwendung als letztes Mittel.* Wurde jede nicht-militärische Option zur Abwendung der Bedrohung in Erwägung gezogen und liegen hinreichende Gründe zu der Annahme vor, dass andere Maßnahmen keine Aussicht auf Erfolg haben?

d) *der Verhältnismäßigkeit der Mittel.* Entsprechen Umfang, Dauer und Intensität der vorgesehenen militärischen Aktion dem notwendigen Mindestmaß, um die Bedrohung abzuwenden?

e) *der Angemessenheit der Folgen.* Besteht hinreichende Aussicht, dass die Bedrohung durch militärische Maßnahmen erfolgreich abgewendet werden kann und dass die Folgen dieser Maßnahmen aller Voraussicht nach nicht schlimmer sein werden als die Folgen des Nichthandelns?

208. Diese Leitlinien für die Genehmigung der Anwendung von Gewalt sollten in Resolutionen des Sicherheitsrats und der Generalversammlung in Form von entsprechenden Erklärungen festgeschrieben werden.

209. Des Weiteren hielten wir es für wertvoll, wenn einzelne Mitgliedstaaten, gleichviel, ob sie Mitglieder des Sicherheitsrats sind oder nicht, sich diese Leitlinien zu Eigen machen würden.